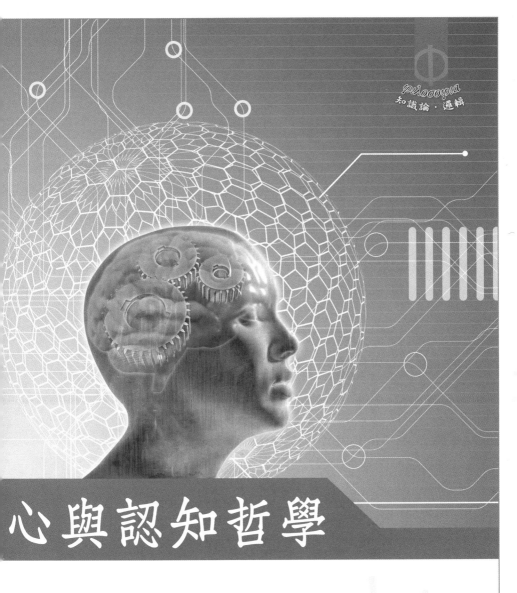

φιλοσοφια
知識論・邏輯

心與認知哲學

彭孟堯 著

 三民書局

國家圖書館出版品預行編目資料

心與認知哲學 / 彭孟堯著.－－初版一刷.－－臺北市：
三民, 2011
　　面；　公分

　ISBN 978-957-14-5548-8　（平裝）

　1. 知識論 2. 認知心理學

161　　　　　　　　　　　　　　　　　　100015052

© 　心與認知哲學

著 作 人	彭孟堯
企劃編輯	蔡宜珍
責任編輯	蔡忠穎
美術設計	陳宛琳
發 行 人	劉振強
著作財產權人	三民書局股份有限公司
發 行 所	三民書局股份有限公司
	地址　臺北市復興北路386號
	電話　(02)25006600
	郵撥帳號　0009998-5
門 市 部	(復北店) 臺北市復興北路386號
	(重南店) 臺北市重慶南路一段61號
出版日期	初版一刷　2011年9月
編　　號	S 141180

行政院新聞局登記證局版臺業字第○二○○號

有著作權·不准侵害

ISBN　978-957-14-5548-8　（平裝）

http://www.sanmin.com.tw　三民網路書店

※本書如有缺頁、破損或裝訂錯誤，請寄回本公司更換。

自　序

　　我在美國讀書的第二年，選修了一門心與認知哲學的基礎課。從那之後，我對這領域深深著迷。究竟要如何理解人的心理現象與認知活動呢？理論上有可能出現會思考甚至有情緒的機器人嗎？這樣的機器人需要什麼理論？人以外的動物呢？牠們是否也有心智？還是說有些「比較高等」的動物確實有心智，但有些「比較低下」的動物就沒有了呢？如何做出這區隔呢？要如何對這些問題進行思考呢？種種問題，百思不解！

　　當代哲學最值得重視的一大發展，就我看來，莫過於心與認知哲學了。在短短數十年間，這門領域蓬勃發展的程度已經遠遠超過了其他的哲學領域。不僅如此，這門領域見證了哲學研究與科學研究之間是如何的契合：當代哲學界對於心與認知的研究，促成了認知科學的興起，提供認知科學的理論基礎，引領認知科學的研究方向，設定認知科學探討的議題，卻又同時將認知科學研究的成果引進心與認知哲學的反思。當代對於心與認知的研究如火如荼，更吸引了來自資訊科學界、數學界、物理學界、生物學界、語言學界等眾多的菁英，一起投入這個領域，一起努力探討心與認知的來龍去脈。哲學與科學的交流與互動由此可知！

　　這些年來我在研究所、大學部甚至通識都開了很多次心與認知哲學這個領域的課，深感教學相長。一方面，藉著準備教材，讓自

己更清楚掌握某些議題之間的理論關聯；另一方面，透過上課與討論，更清楚如何開發自己的研究課題。我很感謝這些大學生和研究生。

　　當代心與認知的哲學研究成果太過豐碩，已經不是小小一本書能夠涵蓋的了。我能做的，是盡量在這本書裡逐一解說基本問題並介紹主要哲學學說；篩選材料的依據不是重要性，而是著眼在基礎的建立以及能夠引領進一步的思考與研究。我的願望倒是多重的：及早將西方學術界在心與認知領域的研究成果引進中文界，讓更多人瞭解；除了知道這些研究成果之外，更能有系統地深入思考這領域的種種問題；讓正確認知與理性思考取代混淆的腦袋。這些願望當然不是這麼一本小書能達成的，但至少，這本書是個開始！

彭　孟　堯

台灣大學哲學系

心與認知哲學

目次

自 序

第一章　心與認知的哲學問題

　　人是具有高超程度心與認知的動物，或許人也是唯一具有心與認知的動物！有趣的是，人的判斷、推論、欲望、思考、想像等心智活動是如此地平常，以至於一般人都視為理所當然，不太認為有什麼值得研究的；人的喜怒哀樂、七情六欲各種情緒和感受，是如此地熟悉，以至於一般人都視為理所當然，不太認為有什麼需要研究的。但事實上，人類幾千年來根本不知道要如何研究人的心與認知。幾千年來，人類只是將這種心智能力與心理現象歸因到神祕不可知的靈魂所具有的力量。

　　隨著當代腦神經科學的進步，憑著一些有關大腦的名詞與粗淺的瞭解，一般人很快又將人的心理現象與心智活動歸因到大腦的作用。大腦和靈魂當然是兩回事。如果人的心理現象與心智活動可以訴諸大腦的作用來解釋，又何須再訴諸「靈魂」呢？

　　在這同時，一般人亦輕易接受了科幻電影裡具備心智能力的機器人存在的可能性。不少人認為製造會思考的機器人的科技遲早會突破的，或許到時候滿街都是會思考的機器人。然而，機器人的運作方式跟人腦的運作方式卻是有很大差異的！如果機器人能夠擁有心智能力，甚至擁有情緒和情感，對於心理現象與心智能力的理解似乎不該侷限在人腦的作用，畢竟機器人跟人腦是基於不同的原理而運作的。如果心理現象與心智能力僅能來自於大腦的作用，機器

人不該有心智表現和情感的；如果機器人也可以展現出心智能力和情感，想必研究人腦的運作是不足以瞭解心智能力和心理現象的。或者，事情沒那麼簡單？

自二十世紀後半期開始，哲學界與科學界對於心的研究有很大的進展。新理論的提出，隨之而來的新的研究方法論，各門科學領域的加入，使得我們對於心有了更多的瞭解，也更知道如何研究心。當然，理論困難仍然很多，哲學難題仍然需要解決。這一章先從與心智研究有關的基本概念與基礎問題開始，以便在接著各個章節逐步引進對於心智的種種探討。

一、引　言

對於心與認知的研究，長期以來一直是哲學的一支。直到十九世紀晚期，科學界才開始有對於心與認知的研究。1879 年德國的馮德成立了第一所心理實驗室；1890 年美國哲學家詹姆斯出版《心理學原理》，為科學心理學的研究奠定了基礎；1927 年蘇俄的巴夫洛夫提出所謂的「古典制約」理論；1913 年美國的華生開始倡導行為主義心理學，這學派在史金納手上發揚光大，行為主義的思潮宰制了美國的心理學乃至於其他社會科學的研究數十年之久，直到六○年代它的影響才消褪，取而代之的是人工智能乃至於認知科學的興起。認知科學是一門科際整合的學門，整合了哲學、邏輯、心理學、語言學、資訊科學、認知神經科學、生物學等學門的研究，甚至還進一步發展出了其他新的科學研究領域，例如認知動物行為學、認知人類學、演化心理學、認知考古學等 ❶。

　　哲學界對於心與認知的研究早在兩千多年前就已經開始了。亞理斯多德在他的《論靈魂》一書就已經著手探討人類的推論能力和知覺能力。到了笛卡爾更開啟了三百多年來哲學界對於心與認知的存有論研究，其影響之大，恐無人可比。從二十世紀初到現在百餘年，心與認知哲學研究的蓬勃發展帶動了認知科學的興起，在理論基礎上將心與認知的研究引領到一個全新的境界。

　　對於心與認知的研究必定涉及到心與物的對照。為了方便解說，這裡先對於「心」和「物」兩個詞作一些簡短的說明。「物」一詞通常指的是具體可被知覺的、存在於自然界的事物，包括借助各種器具（如顯微鏡和望遠鏡）而觀察到的事物，小自細菌病毒，大至日月星辰都是所謂的「物」；此外，科學家認為自然界還存在一些不可能被知覺到的事物（如粒子）。所有這些「物」哲學稱之為物理元項（「元項」是「個體」的意思）。物理元項擁有的性質、所處的狀態、造成的現象、產生的變化、彼此相互的作用，都涵括在「物」或「物理的」一詞之下，例如物體的形狀、大小、體積、運動、產生的物理變化等。不過，在心與認知哲學的討論裡，「物」和「物理的」涵蓋的範圍不僅僅是一般常說的物理性質和物理現象，也包括化學的、天文的、地質的、生物的、生理的、大腦神經的……領域。哲學家常用「物理世界」、「物理實在界」、「外在世界」來統稱所有這些元項、性質、狀態、現象、作用、歷程、機制等。

　　與「物理世界」相對的是所謂的「心理世界」或者「心理實在界」。對照於物理世界來說，心理世界自然也包括心理元項、心理性

---

❶　這一小段的歷史回顧並未提及心理分析、人文心理學、完形心理學等發展。一般心理學導論的教科書都會有交代，有興趣的讀者可自行參閱。

質、心理狀態、心理歷程、心理機制，以及種種心理現象和心理活動。對於心理世界的瞭解以及心理世界與物理世界之間關聯的掌握，正是當代心與認知哲學家與認知科學家共同努力的領域。

二、心理狀態

哲學家對於心與認知的研究分別從心理狀態（包括心理現象）和心理機制（包括心理歷程）著手。所謂「心理機制」或「心理歷程」包括推論、記憶、知覺、辨識、概念化、語言習得……歷程或機制。有關心理機制留待第五章再繼續說明。至於心理狀態，可從兩個面向來理解。首先，哲學家依據意向性這個特徵將心理狀態分為兩大類：意向狀態與非意向狀態。非意向狀態一般亦稱為感質。

意向狀態

有一些心理狀態具有意向性，例如相信、希望、懷疑、想像、以為、認知、判斷、意圖、擔心、好奇……。如果用英文來表達這類心理狀態，則在「相信」之類動詞的後面緊接著一個名詞子句，用以陳述其內容。由於這類心理狀態都「指向」或者「關涉」名詞子句表達的命題，羅素將它們稱為命題態度，因為它們都具有命題內容。所謂「意向性」就是這種指向性或者關涉性，是這類心理狀態的根本特徵。

命題態度又分為知性的與意願的兩個次類：

(1)知性狀態：像相信、知道、懷疑、判斷、思考……，屬於這一次類，它們都是帶有資訊內容的心理狀態，可對之進行真假值的

評估（所以稱之為「知性的」）。

⑵意願狀態：像意欲、希望、喜好、擔心、渴求……，屬於這一次類。它們也是具有內容的，但我們並不對這類心理狀態進行真假值的評估，而是考慮它們是否被實現，或者被滿足。

相同的「態度」可以有不同的內容或者對象。例如，「老王希望老張買宵夜回來」以及「老王希望老陳別再熬夜」，兩者是相同的心理狀態（亦即「希望」），但是具有不同的命題內容。另一方面，不同種類的「態度」可以有相同的內容。例如，「老王相信老張昨天熬夜」以及「老王擔心老張昨天熬夜」，兩者是不同種類的心理狀態，但具有相同的命題內容。

有一些心理狀態跟這一大類相似，也具有意向性或指向性，但卻不是指向一件命題，而是以某個個體或者某類個體為對象的。例如，老王喜歡巧克力冰淇淋。老王處於「喜歡」這種心理狀態，其對象則是「巧克力冰淇淋」這類事物。再例如，老王討厭老張。老王處於「討厭」這種心理狀態，其對象則是老張。有些哲學家認為這類心理狀態經過分析之後，還是可以化約到具有命題內容的心理狀態，歸結到底，這些仍然是命題態度。這個說法仍有爭議，由於對本書的介紹影響不大，這裡略過。

感　質

第二大類是不具備意向性的心理狀態，這類心理狀態由於具有質性的特徵，哲學界統稱之為「感質」。「感質」包括至少底下幾個次類：

⑴知覺經驗，例如各種視覺經驗（像是看到色彩、形狀、物體

的移動等，產生的知覺經驗)，各種聽覺經驗(像是聽到震耳欲聾的聲音、尖銳的聲音、低沉的鼓音、風鈴的叮噹聲音等，產生的知覺經驗)，各種嗅覺經驗(像是聞到臭豆腐的味道、聞到千年檜木的味道、聞到十天沒洗澡的味道等，產生的知覺經驗)，各種味覺經驗(像是吃巧克力、東坡肉、黃連、喝咖啡、檸檬汁等，產生的知覺經驗)，各種觸感(像是綢緞摸起來的平滑感、風乾老橘皮的觸感、摸大象身體的那種毛毛刺刺的觸感等，產生的知覺經驗)。

⑵身體經驗，例如各種痛(像是牙疼、頭疼、仙人掌扎到的痛)、各種癢、坐太久後腳麻麻的感覺、吃了不新鮮的海產造成身體過敏的感覺、夏日午後昏昏欲睡的感覺、長跑完後氣喘如牛的感覺、女子懷孕時的身體感覺……。

⑶情緒，像是高興、發怒、生氣、悲傷、哀痛、快樂、狂喜……。

⑷感受，像是輕微的喜悅、淡淡的哀愁、莫名的憂傷、達到願望後的心滿意足、挫敗感、失落感、成就感、鬱悶、焦躁、煩惱……。

前兩類感質和我們的身體狀況有直接而密切的關聯。知覺經驗乃是五官感覺系統運作的結果，身體經驗似乎就是直接反映了身體的狀況。情緒和感受則與五官感覺系統以及身體狀況比較沒有那麼直接的關聯。當然，很多時候，身體狀況以及五官感覺系統的運作會引起人的某些情緒和感受，不過也有很多情緒和感受並不是由五官或身體狀況引起的。

「感質」一詞在心與認知哲學的文獻裡其實有兩種用法。第一種用法就是指上述不具意向性的心理狀態。第二種用法則是指這種心理狀態的某種讓人感受到的方式。例如按照第一種用法，牙痛是一種感質；就第二種用法來看，牙痛給人的那種酸酸刺刺的感受才

是感質。這個細緻的差別有時候在哲學討論裡會引起一些誤解。本書以第一種用法為主，如採取第二種用法時，會特別交代。

當下信念與傾性信念

另一方面，心理狀態（尤其是信念）可區分為當下的以及傾性的❷。底下以信念為例來說明。

所謂信念 p 是當下的，意思是說，認知主體 S 在當時當刻對 p 產生了「相信」的心理狀態（S 具有以 p 為內容的信念），而且 S 當時當刻意識到自己是有那個信念的。例如，當你看到新聞報導強烈颱風吹斷了某座橋的時候，你相信了強烈颱風吹斷了某座橋，你也意識到你有這件信念。你此時的這件信念便是當下的。

「傾性」是一種性質，與之相對的是定性的性質，例如方糖的水溶性是它的一種傾性，方糖的形狀、大小等是它的定性性質。物體具有的傾性是必然的、有規律的。傳統上「傾性」是用如若條件句來說明的❸。為方便後續的解說，本書以「如若 x 是 F，則必當 y 是 G」來表示如若條件句，以符號記述為：Fx □→ Gy（x 和 y 可以是同一個物體，也可以是不同物體，F 和 G 都是定性的性質）。所謂一物體 x 具有某傾性，意思是說，如若 x 處於某種情境並具有 F 性質，則必當 x 以某種方式反應（亦即 x 具有 G 性質）❹。當 x 真地

---

❷　可能還有所謂「潛意識」的心理狀態，本書不討論。

❸　如若條件句在英文是以假設語氣的文法表示的，由於中文沒有相應的文法，本書以「如若……，則必當……」翻譯如若條件句，以「如果……，則……」來翻譯直敘條件句。有關如若條件句的理論，可參王文方 (2007)。

❹　當代哲學主要將這種關聯理解為決定論式的，但也有使用「機率」概念

進入那種情境時，它的傾性就顯現了。以方糖的水溶性為例。如若將某塊方糖放入水裡，則必當那塊方糖會溶解。當那塊方糖真地放入水裡時，它就出現了溶解的現象；也就是說，這時候它的水溶性顯現了。會對於「傾性」使用如若條件句來說明，是由於傾性有可能沒有顯現的時候。那塊方糖未必有機會被放入水裡，因此它未必有機會出現溶解的現象，但即使如此，它還是有水溶性的。一般來說，物體具有的傾性其規律性與必然性是來自於物體的微觀結構，所以只有改變物體的微觀結構才可能改變其傾性。然而，改變物體的微觀結構就等於改變了該物體，使得它變成別種物體，所以我們可以說，物體具有的傾性是它必定擁有的性質。

將這些觀念用到傾性信念上，對於傾性信念同樣使用如若條件句來說明：對任何認知主體 S 來說，所謂某個信念 p 是傾性的，意思是說，如若某些相干的條件出現，則必當 S 相信 p。當這些條件成為事實時，S 就出現了對於 p 的信念，此時，這個傾性信念就顯現了。當 S 也意識到自己有這個顯現出來的信念時，它就是 S 的一件當下信念（不過，並不是每件當下信念都是由傾性信念而來的）。設住在大都市的老王聽人家說雨傘節都是有毒的。平常在大都市見到蛇的機率當然是相當低的，更別說是雨傘節了，老王當然也不會老想著這件事。但是，只要進入某些情境（例如看到一條雨傘節），老王關於〔雨傘節是有毒的〕這信念就會顯現出來。老王這個信念就是他具有的一個傾性信念。不過，老王這個傾性信念未必有機會顯現出來，因為說不定老王終其一生都沒有機會看到雨傘節❺。

來理解「傾性」的。參 Crane, T. (Ed.) (1996)。

❺ 本書以中括號（亦即〔……〕）表示心理內容、概念、表徵，以角號（亦

三、心與認知的哲學問題

　　除了少數哲學家以外，絕大多數人都同意人是有心與認知的動物。但人類未必是唯一具備認知能力、能夠呈現心理現象的個體。或許人以外的某些動物也有心與認知的特徵；或許有外星人存在，他們也具備心與認知的特徵；或許有一天我們能創造出來有心與認知的機器人。在沒有進一步探討其理論可能性之前，我們不能驟下定論，認為只有人類才是唯一具有心智的個體。基於這個緣故，哲學家有時候用「認知主體」、「認知系統」來指稱任何能夠展現心與認知特徵的個體。心與認知哲學研究的一大課題就是要瞭解心智系統是否有別於物理系統，抑或心智系統其實仍然只是某種物理系統而已。

　　雖然認知科學企圖以科學的方法研究心與認知，早在十六世紀笛卡爾的哲學就已經出現了重大的、可能是無法克服的難題，稱為**心物難題**。當代哲學家更進一步指出：心有一些很特別的基本性質不是物能夠擁有的，這迫使哲學家不得不慎重考慮，究竟對於心的存有地位應該採取什麼立場。基於本書的導論性質，難以涵蓋當代心與認知的哲學與科學研究的種種問題，僅能就其中比較根源的議題進行解說。

心的存有地位

　　這是關於究竟心存不存在的問題，以及如果心是存在的，心與

即〈……〉）表示命題和性質。

物之間具有什麼關聯的問題。

心理世界是不是真實的？有些哲學家認為心是不存在的，心理世界不是真實的。極端的唯物論就是抱持這種哲學立場。

如果承認心是真實存在的，則我們要進一步探討心是什麼？心與物之間的關聯是什麼？哲學界對於心物之間的關聯提出至少以下五種看法：心物是平行的、心物是等同的（心可化約到物）、物具體實現心、心附隨於物、心是從物浮現出來的。

本書從著名的心物難題開始，以引進相關的形上學議題，解說心具有的一些重要特徵，以及笛卡爾哲學和相關的心物二元論的學說。這是第二章的工作。

在第三章另外介紹一個關於心的形上學問題。笛卡爾在探討知識可能性時，他的思索過程似乎可以推導出獨我論的立場：這個世界只有「我」這個心存在，其他一切都不存在。與獨我論有關的是有名的他心問題，這是知識論的問題：設有他心存在，他心的存在可被我知嗎？如果他心的存在可被我知，我是透過什麼方式知道的呢？本章也將一併介紹。

第四章介紹當代唯物論的幾大派別。唯物論亦稱物理論。這些唯物論學說有些採取「取消」的走向，逕行否認心的存在；有些採取「化約」的走向，或者將心等同於行為樣態，或者將心等同於大腦活動；有些採取「附隨」的走向，反對化約的立場，主張心是附隨在物之上的。本章最後一節特別介紹文獻上知名的知識論證。這個論證是用來反對唯物論的。

第五章專門介紹當代心與認知哲學以及認知科學的主流觀點：功能論。本書介紹因果角色功能論以及算機功能論。算機功能論是

建立在涂林算機的數理基礎上的一套學說,因此本章會先簡略介紹涂林算機的一些基本觀念。算機功能論主張心與物之間是具體實現的關係,不是化約的關係。

另外一個要介紹的是佛德提倡的思維語言假設。佛德認為算機功能論加上他的思維語言假設(合併稱為古典論)最足以說明人的心智系統。

儘管功能論影響相當大,這學說面臨一些困難,有待解決。第六章介紹了文獻上知名的四個形上學上的困難,以及一個方法論的困難。

意向性與心理內容

有一些心理狀態具有意向性,例如當某人相信他的錢包放在抽屜時,他這信念是「指向」、「關涉」到那只錢包的。十九世紀哲學家布倫他諾宣稱:意向性是心的標記。「標記」是用來作辨認的,以「意向性」作為心的標記,表示只要有意向性的地方就是有心在運作的地方。這是心的特徵,也藉以將心與物相區隔。然而,「意向性」、「指向性」或者「關涉性」是什麼性質呢? 第七章將介紹與「意向性」有關的一些議題。

在當代有許多哲學家希望以自然論能夠接受的概念來說明意向性。自然論哲學家的第一步是先從心理內容來說明意向性,並引進心理表徵來說明心理內容;第二步是將「表徵」自然化,使用自然論可以接受的概念來說明表徵。這項工作稱為表徵(內容)的定立。第八章將介紹五套表徵理論,以及與表徵有關的一些理論困難。

概念與心智構造

我們都擁有許多概念。概念是構成思想的組成素。但概念是什麼呢？概念具有什麼結構？複雜概念是如何產生的？第九章將先從存有論的角度來回答「概念是什麼」的問題，然後再介紹幾個關於概念結構的理論，以及簡單概念是如何組合出複雜概念的。

心智的構造是更大的議題。第十章先引進佛德對於心智構造的說明，以及他關於模組性的學說。在這個領域裡一個知名的爭議是：中央認知系統有多大成分是模組的？佛德認為中央認知系統大部分都不是模組的，但有哲學家提出大量模組假設。不過，這爭議似乎僅是表面的，本章會做一些說明。

本書最後一章略微觸及哲學研究與科學研究是如何相互影響的議題。哲學研究與科學研究誠然大不相同，如何說明兩者的區別不是容易的事，也不在本書的範圍內。第十一章以討論一個例子來例示哲學與科學是如何互相影響的。在認知科學界對於人類推論行為做了相當多的實驗，並且發展出了所謂的演化心理學，來說明人類的推論機制。這些發展一方面涉及「模組」的議題，另一方面涉及人類理性的問題。藉由這個例子，我們也可以看到，心與認知的研究對於其他哲學領域的研究也是有影響的。

本章重點回顧

- 馮德 Wilhelm Wundt (1845–1920)
- 詹姆斯 William James (1842–1910)
- 巴夫洛夫 Ivan Pavlov (1849–1936)

- 華生 John B. Watson (1878–1958)
- 史金納 Burrhus Frederic Skinner (1904–1990)
- 亞理斯多德 Aristotle (384BC–322BC)
- 笛卡爾 René Descartes (1596–1650)
- 心 mind
- 物 body; matter
- 元項 entity
- 意向性 intentionality
- 感質 qualia
- 羅素 Bertrand Russell (1872–1970)
- 命題態度 propositional attitude
- 指向性 directedness
- 關涉性 aboutness
- 知性的 doxastic
- 意願的 optative
- 質性 qualitative
- 當下的 occurrent
- 傾性的 dispositional
- 定性的 categorical
- 如若條件句 subjunctive conditional
- 直敘條件句 indicative conditional
- 顯現 manifestation
- 心物難題 the mind-body problem
- 唯物論 materialism
- 平行 parallel
- 等同 identity
- 化約 reduction
- 具體實現 realization

- 附隨 supervenience
- 浮現 emergence
- 獨我論 solipsism
- 他心問題 problem of other minds
- 物理論 physicalism
- 知識論證 knowledge argument
- 功能論 functionalism
- 因果角色功能論 causal role functionalism
- 算機功能論 machine functionalism
- 涂林算機 Turing machine
- 佛德 Jerry A. Fodor (1935–)
- 思維語言假設 Language of Thought Hypothesis
- 古典論 classicism
- 布倫他諾 Franz Brentano (1838–1917)
- 自然論 naturalism
- 表徵 representation
- 定立 fixation
- 模組性 modularity
- 大量模組假設 Massive Modularity Hypothesis

第二章　心物難題

　　在心與認知哲學的傳統裡，笛卡爾是首要的關鍵人物。當代對於心與認知的哲學討論，可說是源自對於笛卡爾哲學的回應、修改與反對。在存有論方面，笛卡爾的哲學建立了心物實體二元論，卻留下了心物難題。在他當時及之後的許多哲學家分別提出了關於心智的不同學說，其中一項重要的用意就在於試圖解決或者解消心物難題。在概念架構方面，笛卡爾的哲學形塑了所謂的概念二元論。瑟爾曾經指出，笛卡爾的形上學對於後世心與認知哲學的一項重大影響，就是使得大家在概念架構上都接受了二元論❶。在概念上，凡是心理的都是「非物理的」，凡是物理的都是「非心理的」。不論在存有論上接受還是反對二元論的哲學家，都接受這種心物二元的概念架構。即使是唯物論者，當他們在存有論上否認「心」的存在，而僅僅承認「物」的存在時，他們仍然是概念二元論者。

　　瑟爾認為我們應該揚棄這種概念二元論。不過，儘管他對於概念二元論的觀察確實值得重視，心與認知的哲學問題是否因而解消，仍有待商榷。揚棄心物二元的概念架構，或許能使得我們對於心與認知問題的思考獲得一定程度的釐清和放寬。但無論如何，人的各種心與認知現象究竟是怎麼一回事？心理世界與物理世界（例如大腦）之間究竟有何關聯？這些仍然都是有待回答的。

❶　參 Searle (1992)。

　　這一章先介紹笛卡爾的實體二元論，他的學說面臨的心物難題，以及在他之後的幾個理論發展。接著，在第三節將介紹現代版的心物難題，在第四節從當代哲學的觀點，解說心與物之間的差異。

一、從笛卡爾開始

　　笛卡爾主張這個世界有而且只有兩大類實體：心與物。我們平常承認的各種物體都是「物」實體；每個認知主體的心都是「心」實體。他的學說是哲學界知名的實體二元論，也因而稱為笛卡爾式二元論。

　　笛卡爾將「實體」定義為可以獨立自存的元項❷。他論證指出：心是可以獨立自存的，所以心是一種實體。他的論證是透過所謂方法論的懷疑來進行的。這整個論證是知識論的進路，過程相當細緻複雜，僅舉其大意如下❸：我們對於外在世界擁有種種信念，有些為真，有些為假。但是我們如何肯定哪些信念為真，哪些信念為假呢？笛卡爾的作法是盡可能懷疑一切，最終的用意則在於找出知識的穩固基礎，亦即具備識知確定性的信念❹，以此作為出發點，進一步建立神的存在，再藉由神的存在，進一步保障外在世界的存在，最後保障我們能夠擁有關於外在世界的知識（真信念）。

---

❷　參 Descartes (1644/1988)。

❸　有關笛卡爾「方法論的懷疑」、他的知識懷疑論論證、以及相關的知識論思路，請參閱彭孟堯 (2009) 一書第十三章的介紹。

❹　「識知的」是指與知識有關的，例如「相信」、「懷疑」、「知道」等，都是識知的狀態。

　　如何盡可能懷疑一切呢? 笛卡爾提出有名的「夢論證」以及「惡魔論證」來進行他的方法論懷疑。這物理世界的一切皆可懷疑是虛幻不存在的, 甚至也能懷疑他自己的身體是不存在的。然而笛卡爾發現, 即使他可以懷疑一切, 他不能懷疑自己正在進行懷疑。正在進行懷疑的「我」是一個正在進行心理活動的個體, 這個個體雖然能夠懷疑身體是不存在的, 卻不可能懷疑自己(這個正在進行心理活動的個體)是不存在的。這是笛卡爾聞名的我思故我在論證。由於心是可以設想獨立於身體以及整個物理世界而存在的, 所以依據笛卡爾對於「實體」的定義, 心是一種實體; 連同他對於「物」這種實體之承認, 就構成了笛卡爾的心物實體二元論。

　　這裡有兩點需要留意:

　　㈠笛卡爾在這裡所說的「故」並不是表示邏輯推論關係, 他並不是以「我思」作為前提來推導出「我存在」這個結論。這裡的「故」也不是表示因果關係,「我思」並不會在因果上導致我存在。基於這些考量, 有些哲學家將笛卡爾的主張理解為「我思, 我在」, 或者「我是思考的存有」。

　　㈡笛卡爾在這裡只是從第一人稱的觀點來論述「我」的存在, 他並沒有論證我以外的其他心的存在。事實上, 如果將笛卡爾的夢論證和惡魔論證發揮到極致, 可以將他的哲學主張推導到只能承認「我」這個心存在, 而不承認我以外的他心的存在。這是所謂獨我論的立場, 第三章會作比較詳盡的討論。

　　上述的笛卡爾論證是從知識論的角度來建立實體二元論的存有論主張。讓我們從形上學的角度來看笛卡爾哲學如何建立實體二元論。笛卡爾主張每種實體都有其獨特的賦性, 構成該類實體的本性;

實體在該賦性之下會呈現各種樣式，就是現在的形上學所謂的「性質」。笛卡爾認為「物」這種實體的賦性就是延展❺，亦即佔有三度空間以及處於某空間位置，「物」具有的種種形狀、種種大小、種種運動方式等，就是「延展」的種種樣式。例如，那顆蘋果是一個物實體，它具有延展性，呈現的樣式則是它的那個形狀、那個體積、那個重量……。另一方面，「心」具有的賦性就是思維，種種觀念、種種意欲、種種情感等，就是「思維」的種種呈現樣式。以現在的哲學用語來說，形狀、大小、運動方式等「延展」的呈現樣式都是物具有的性質；觀念、意欲、情感、感覺等「思維」的呈現樣式都是心具有的性質。

　　笛卡爾究竟是如何從形上學的角度建立起只有兩種實體的二元論主張呢？霍桑曾經指出，笛卡爾哲學裡的「賦性」概念有五項基本特徵（他稱之為「公設」）❻：完整的、獨特的、本質的、廣涵的、排他的。他並進一步指出：笛卡爾的心物實體二元論乃是「賦性」這五項特徵的理論結果。讓我們來看一看：

　　所謂任何一項賦性是完整的，意思是說，有可能存在一個個體，其所有的基本內有性質（樣式）都屬於該賦性❼。讓我們反向思考。設「形狀」是一種賦性。故，個體所有的基本內有樣式（性質）都屬於「形狀」這種賦性。然而，個體的大小是一項基本內有性質，

---

❺　當代有些哲學家認為，笛卡爾以「延展」來說明物實體是不足的，必須增加堅固性以及不可穿透性才行。

❻　參 Hawthorne (1998): 87。

❼　每個個體具有的性質可分為外部的性質以及內有的性質；內有性質又分為「基本的」以及「衍生的」（來自於基本性質的）。

但卻不可能屬於「形狀」這種賦性，亦即「大小」並不是「形狀」呈現的樣式。由於「形狀」不具有完整性，我們反推出形狀不是一種賦性。

所謂賦性是獨特的，意思是說，每一個簡單實體都只具有一種賦性。有些複合實體是由具有相同賦性的簡單實體構成的，但有些複合實體可以擁有多種賦性。就擁有多種賦性的複合實體來說，對於它的任何一件賦性，它必定有一個組成部分是僅僅擁有該賦性的[8]。設某複合實體 S 擁有 A_1、A_2、A_3 三種賦性，則 S 必定具有三個組成部分 S_1、S_2、S_3，且 S_1 僅僅具有 A_1、S_2 僅僅具有 A_2、S_3 僅僅具有 A_3。

所謂一項賦性是本質的，意思是說，如果某個個體擁有該賦性，則它必定擁有該賦性。依據陸克斯，一個個體或者一個類別具有的性質可以分為三種[9]：有些性質是偶然的，個體（或者類）雖然實際擁有這類性質，但並不是必然擁有這類性質，例如水的溫度；有些性質是本質的，個體（或者類）不但實際擁有這些性質，而且必然擁有這些性質，例如水是無色無臭無味的；有些性質則構成個體（或者類）的本質或者本性，個體（或者類）不但實際擁有這些性質，而且必定擁有這些性質，而且只有這個體（或者這一類）擁有這些性質，例如水的化學結構。「本質的性質」與「本質（本性）」的差別在於：前者是個體（或者類）必定具有的性質，後者除了是個體（或者類）必定擁有的性質之外，還是獨特的，只有該個體（或者該類）才具有那種性質。笛卡爾主張賦性構成了實體的本性。賦

---

[8]　笛卡爾區別「簡單實體」以及「複合實體」，後者是由前者構成的。

[9]　參 Loux (2006)。

性乃是實體必然且獨特擁有的。

所謂賦性是廣涵的，意思是說，實體所有的基本內有樣式（性質）都屬於該實體具有的賦性。假設某實體具有賦性 A_1、A_2、A_3，以及基本內有樣式（性質）P_1、P_2、……、P_n，則其任何基本內有樣式（性質）P_i 或者屬於 A_1，或者屬於 A_2，或者屬於 A_3；不會有某個基本內有樣式是既不屬於 A_1，也不屬於 A_2，也不屬於 A_3 的。

所謂賦性是排他的，意思是說，任何一項樣式（性質）如果屬於某個賦性，則不屬於別的賦性；亦即同一個樣式（性質）不會屬於兩種以上的賦性。所以，如果 P_i 屬於 A_1，則 P_i 不屬於 A_2，也不屬於 A_3。由於賦性是廣涵的、排他的，借用當代集合論的用語，A_1、A_2、A_3 將所有基本內有性質區割為三組窮盡且互斥的集合。

如何論證笛卡爾的心物二元論呢？首先，笛卡爾認為有而且只有「思維」與「延展」兩種賦性而已。顯然「延展」和「思維」都應具有上述五項根本特徵。其次，從完整性與獨特性的定義可以看出來，簡單實體是可能存在的，亦即，僅僅擁有「延展」的實體是可能存在的，僅僅擁有「思維」的實體也是可能存在的；前者就是「物」實體，後者就是「心」實體。依據本質性的定義，「延展」是物的本性，「思維」是心的本性。依據廣涵性與排他性的定義，對任何一個物實體來說，其具有的任何基本內有樣式（性質）都恰恰屬於「延展」這種賦性，而不會屬於「思維」這種賦性；對任何一個心實體來說，其具有的任何基本內有樣式（性質）都恰恰屬於「思維」這種賦性，而不會屬於「延展」這種賦性。因此，這個世界可能存在的實體恰恰只有兩種：心與物。其他可能存在的實體必定都是由心與物構成的複合實體❿。

　　笛卡爾的論證亦使得「心」與「物」是相對立的：任何一項性質只要是心理的，就必定是非物理的；只要是物理的，就必定是非心理的。

　　目前為止，笛卡爾只論證出心與物兩種實體可能存在而已。如何進一步論證心與物實際存在呢？前面提到「方法論的懷疑」的思辨過程，就是笛卡爾論證心與物實際存在的思路。在論證這個世界（心與物）是實際存在的之後，我們進一步推知，存在於這個世界的任何事物，或者屬於「物」這類實體，或者屬於「心」這類實體，或者是心與物的複合實體。由於人類具有「思維」與「延展」兩項賦性，所以人類是複合實體。每個人都有兩個組成成分，其一僅僅具有「思維」，其另一僅僅具有「延展」；也就是說，每個人都是由「心」和「物」這兩種實體構成的。到此，笛卡爾建立了心物實體二元論的哲學。

理論困難

　　笛卡爾的哲學學說在他的年代就已經面臨質疑：就一個複合實體來看，心與物兩個如此不同的實體怎麼可能複合呢？它們又如何可能產生因果交互作用呢？心與物既然能夠複合並且能夠產生因果交互作用，則必定存在某個性質 F，用以「媒介」心與物。但是，依據「賦性」具有的五項特徵，以及只有「延展」和「思維」兩種

---

❿　這裡的「可能存在」是指在笛卡爾的形上學裡能夠承認存在的元項。由於只有兩種賦性，因此在笛卡爾的形上學是不承認既無延展、亦無思維的個體的存在，亦即沒有非心非物的中性元項，例如萊布尼茲的單子（抽象事物另當別論）。

賦性，性質 F 或者僅僅屬於「延展」這個賦性，或者僅僅屬於「思維」這個賦性；換句話說，不可能存在有任何性質能夠作為心與物的媒介。這是笛卡爾實體二元論面臨的心物難題。

笛卡爾的回答是：心與物的交互影響與複合乃是一項經驗事實，我們從日常生活就可以觀察到。由於當時醫學界發現了大腦皮質下的松果腺，笛卡爾進一步的回答是：松果腺就是心物交互作用之所在，心有能力驅動松果腺，造成大腦活動，進而產生行為。

笛卡爾的回答當然不能令人滿意。首先，如果訴諸「這是經驗事實」就足以回答心物如何交互影響的問題，訴諸「這是經驗事實」自然也足以回答「心」與「物」是否存在的問題。若是如此，笛卡爾又何須大費周章來對這問題進行細密複雜的哲學論證？其次，松果腺以及大腦活動都是物理世界的一部分，笛卡爾仍然沒有真正回答心與物如何複合、如何交互作用的問題。這個心物難題是笛卡爾哲學產生的內部理論困難。除非修改或者放棄關於「實體」和「賦性」的主張，否則心物難題依然存在於他的心物實體二元論中。

儘管笛卡爾自身的哲學使得他無以回答心物難題，他訴諸當時最新的腦科學研究成果來試圖瞭解心的產生機制與運作方式，卻是一件值得重視的事情。在現代，認知神經科學的研究成果對於心與認知哲學的研究有許多啟發與影響，早就已經不容忽視。這想必是笛卡爾樂見的發展。

其他還有一些次要的問題。例如能量是物理的，但是能量並不佔有空間，不具有延展性。因此，以「延展」作為物的本性並不恰當。這個批駁可能過於嚴苛了。在笛卡爾的時代自然科學的研究才剛起步，對於物的認識僅僅侷限在延展性上，對於人腦的瞭解更是

粗淺。即使以「延展」作為物的本性並不恰當，原則上並沒有動搖
笛卡爾形上學的根本，他仍然可以嘗試找出別的賦性作為「物」這
種實體的本性。

另外一個批駁是這樣的。按照笛卡爾的主張，心理狀態是不具
備空間性的。然而痛雖然不具有延展性，卻是一種發生在身體某個
部位的心理現象。當老王被熱水燙到右手背時，他感覺到右手背相
當灼痛，那灼痛的感覺出現在他的右手背。若是如此，至少有一些
心理狀態是有空間性的。然而，根據定義，佔有空間是物實體才具
有的賦性，因此笛卡爾的理論是有問題的。

笛卡爾本人可能很難回應這點，當代則有比較好的回應。依據
目前所知，有所謂幻肢痛的現象。例如，患者因戰爭或車禍失去右
手，但在失去之後，仍會感到右手掌疼痛。但是這個「右手掌痛」
的心理狀態不會出現在右手，因為已經沒有右手了 ❶。幻肢痛的現
象還需要更多的研究，但這種現象的存在至少指出：日常認為佔有
空間位置的某些感質可能並不是真地佔有空間位置。所以，笛卡爾
關於心不具有延展性的主張還是有可能維持的。

---

❶　前幾年電視的「發現頻道」曾經報導，有位醫生以「欺騙」大腦的方法
　　治好了幻肢痛。患者失去右手，但仍感到右手拳頭握得過緊的疼痛。他
　　要患者伸出左手練習握緊放鬆，將一面鏡子放在對稱的相當於伸出右
　　手的位置，並要患者同時看著鏡子反射的鏡像。那鏡像看起來就像是右
　　手拳頭在反覆握緊放鬆。經過六個月後，患者果然不再感到右手的疼痛
　　了。不過，究竟這是真地用「欺騙大腦」的方式將幻肢痛治好了，或者
　　只是因為幻肢痛的現象時間久了自然就消失了，或是其他原因，仍有待
　　進一步的研究。

二、笛卡爾之後

心物截然不同的想法畢竟根深蒂固。在不願意放棄心物實體二元論的情形下，笛卡爾之後的一些哲學家選擇否認心物兩種實體之間具有因果關聯，其最主要的兩個學說是平行論，以萊布尼茲為主要人物，以及機遇論，以馬勒布朗雪為主要代表人物。另外一條路線則是發展實體一元論的學說，包括雙面向論、唯心論、唯物論。到了當代，則另外興起所謂的副現象論，是由澳洲哲學家傑克遜提倡的。

平行論與機遇論

平行論和機遇論都主張心物因果交互作用只是表象而已，事實上心與物之間並不具有因果關聯，心理世界與物理世界是「平行的」。這兩套學說的差異在於對心物平行的解釋不同。平行論主張，心理世界的事件自成一個因果系列，物理世界的事件另成一個因果系列，並沒有任何因果關係串連兩個世界，兩個世界之間僅僅是「共變的」，如下圖所示（P 表示物理事件、M 表示心理事件）（「$\xrightarrow{c}$」表示因致關係）❷：

$$P_1 \xrightarrow{c} P_2 \xrightarrow{c} P_3 \xrightarrow{c} P_4$$
$$M_1 \xrightarrow{c} M_2 \xrightarrow{c} M_3 \xrightarrow{c} M_4$$

平行論

---

❷　這裡接受哲學界較通用的說法，將因果關係視為介於事件之間的關聯。

所謂心理世界與物理世界之間僅僅具有共變關係，意思是說，P_i 發生，若且唯若，M_i 發生。心與物之間僅僅具有這種共變關係，是我們錯將這種共變現象當作因果關係。然而，如何進一步解釋這種共變現象呢？平行論有兩種回答。第一種回答是主張這種共變關係已經是無法再被解釋的事實。這回答大概沒有人會滿意，畢竟我們通常認為共變關係應該不會是純粹的巧合。第二種回答訴諸神的存在。神不但創造出心理世界以及物理世界，並且將兩者創造為共變的。哲學文獻裡經常提到的比喻就是鐘錶匠造了兩個時鐘，他將這兩個時鐘調成同步之後，這兩個時鐘各自運轉，互不干擾，但兩者的運轉卻恰好是共變的。例如，當其中一個指著十二點時，另一個也正好指著十二點。平行論主張，心與物之間的共變關係就像這種情形。

　　機遇論比起平行論又更激進一些，不僅否認心物之間具有因果關聯，甚至根本否認因果關係。心理世界的事件之間並沒有因果關聯，物理世界的事件之間同樣也沒有因果關聯，更別說兩個世界之間有因果關聯了。機遇論的主張如下圖所示：

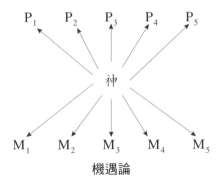

機遇論

機遇論和第二種回答的平行論一樣，提出神來解釋心與物之間的共變現象。不同的是，就物理世界來說，物理事件的系列並沒有因果關聯，神創造了每一個物理事件，產生了物理事件的系列❸。神對心理世界也是一樣，神創造了每個心理事件，產生了心理事件的系列，但心理事件之間並沒有因果關聯。更重要的是：神創造 P_i，若且唯若，神創造 M_i。神的積極運作說明了心物之間的共變現象。

　　平行論和機遇論藉由訴諸神的運作，解消了笛卡爾的心物難題。不過，不論是平行論還是機遇論，訴諸神仍有其理論困難。這理論困難源自於笛卡爾的哲學：依據前一節的解說，笛卡爾哲學僅僅能夠承認心與物兩種實體，「神」如何還能是一個實體？照理說，依據定義，實體是能夠獨立自存的事物，神是獨立自存的，因此神是實體。但是依據笛卡爾訴諸「賦性」的論證，只存在有「心」與「物」兩種實體，神既不是心實體，也不是物實體，更不會是心與物的複合實體。笛卡爾哲學將如何說明神也是實體呢？這是笛卡爾哲學的另一個內部理論困難。平行論和機遇論都接受笛卡爾的「實體」和「賦性」概念，也都接受他的實體二元論。在這情形下，在訴諸神以解消心物難題時，他們如何在理論上將神承認為第三種實體呢？尤其，笛卡爾心物難題的出現是「實體」概念造成的。如果神是第三種實體，這實體如何能夠「創造」心實體以及物實體？不論我們如何理解「創造」，這「創造」仍然是存在於兩種實體之間的關聯。因此，平行論、機遇論，乃至於笛卡爾的哲學，在提出神時，勢必會面臨理論困難。

---

❸　機遇論這種對於因果現象的理解，可能影響到後來英國哲學家修姆對於因果關係提出的規律論。

實體一元論

這個困難雖然是純粹形上學的，對於心與認知哲學的發展仍有影響。荷蘭哲學家史賓諾沙否認笛卡爾的心物實體二元論。他主張心與物都不是實體；只有一種實體存在，而且這種實體只有一個，就是神。他的學說因而是實體一元論的立場。他主張心與物並不是實體，而是神這個實體具有的兩個面向。他的學說因而也稱為雙面向論。史賓諾沙的學說避免了笛卡爾哲學面臨的理論難題。

如果不考慮對於神的承認，並且將史賓諾沙的哲學重新敘述，他的哲學將是一種承認只有一種實體存在，而且這種實體同時具有心理性質以及物理性質。這種實體一元但性質二元的主張或許是當代性質二元論的濫觴。

還有一些哲學家也選擇否認實體有兩種，而僅承認一種，也是實體一元論的立場，但與史賓諾沙的主張並不同。唯心論否認物實體，僅承認心實體，而且一般人所說的物體和物理性質等，其實都是心理的。唯心論的主要提倡人是十八世紀的英國哲學家柏克萊，當代已經少有人接受這個哲學學說。

另外一個實體一元論的重要學說是唯物論。唯物論否認心實體，僅承認物實體，這個世界的一切都是物體、物理性質，以及物體與物體之間的物理關係。由於力和能量等都是物理的，但它們不是物體，也很難說它們是性質，「物質」一詞已經不足以涵蓋整個物理世界，因此當代許多哲學家已經改用「物理論」來代替「唯物論」一詞。對物理論來說，這個世界並不是分為心理世界以及物理世界兩個互斥的部分，這個世界就是物理世界；心理世界或者不存在，或

者其實是物理世界的一部分。主張心理世界不存在的，是極端的物理論立場，在存有論上採「取消」的走向；主張心理世界是物理世界一部分的，是溫和的物理論立場，在存有論上採「化約」的走向。

最後，當代實體一元但性質二元的學說最主要的是副現象論，是一種浮現論的主張。十九世紀的赫胥黎首先提倡副現象論❶，在二十世紀則以澳洲哲學家傑克遜為主要人物。

副現象論主張心理現象是被物理現象因致的，但是心理現象不會因致物理現象，因此心物之間的因果關係是單方面的。圖示如下：

$$P \xrightarrow{c} M$$

此外，原則上可以允許反方向的心物因果關係，也就是心理現象可以因致物理現象，但物理現象不會因致心理現象，這是另外一種單向的心物因果關係。這種主張稱為逆反副現象論。圖示如下：

$$M \xrightarrow{c} P$$

不過哲學界並沒有人持這種主張，所以我們也略過。

在傑克遜的副現象論裡，心理現象是從大腦神經系統的運作浮現出來的。「浮現」是科學哲學裡的一個專技概念，要如何理解呢？「浮現」這個概念既具有知識論的面向，也具有存有論的面向。

在形上學裡有所謂的層級存有論，主張這個世界存在的事物構成一個層級：物理的層級、化學的層級、生物的層級、生理的層級、心理的層級、社會的層級。詳細來說，這個層級粗略如下圖所示：

---

❶　參 Huxley (1874)。

社會系統的層級

有意識的生物

有機生物的層級

器官的層級

細胞的層級

鉅分子的層級

分子的層級

原子的層級

粒子的層級

夸克的層級

「層級存有論」主張世界上的存在物可以依據「部分—整體」的關係來排列成一個層級。下層事物構成上層事物，例如器官是由細胞構成的，分子是由原子構成的。第 i 層的事物相對於第 i + 1 層的事物來說，稱為「微元項」，構造出來的第 i + 1 層的事物，稱為「整體」。例如相對於分子層級來說，原子是微元項，分子是整體；相對於器官來說，細胞是微元項，器官是整體。

　　「浮現」是一個上下層級的相對概念。在哲學史上「浮現」具有四種不同的含意：非增加性、新奇性、不可預測性、不可演繹性❶。「非增加性」是「浮現」概念的存有論面向的說明，其他三點則是這概念的知識論面向的說明。在當代科學哲學界與心與認知哲學界，對於這概念有更進一步的說明。依據霍寧根—修恩的觀察，「浮現性質」這個概念有兩種不同的理解❶。第一種理解是說，微元項在以

---

❶　參 Stephan (1992)。

某種結構方式組構成一個整體之後，微元項本身會出現一些性質，是在還沒有構造出整體之前不曾具有的。目前為止，這個意義下的「浮現性質」並沒有任何論證支持，所以就不列入考慮。

第二種對於「浮現性質」的理解是說，當一群微元項共同構造出某個整體之後，這個整體會呈現出一些特別的性質，是這些微元項沒有的；而且即使我們對於這群微元項擁有完整的知識（知道它們擁有哪些性質），對於這類性質也是無法預期的。換個方式來說，設第 i 層的事物具有的性質包括 P_1 和 P_2。所謂性質 Q 是浮現的，意思是說，(1)第 i + 1 層的事物是由第 i 層的事物構造出來的，(2)第 i + 1 層的事物具有性質 Q，但是(3)第 i 層的事物沒有性質 Q，(4)即使我們知道第 i 層的事物具有性質 P_1 和性質 P_2，我們也無法依據這知識就能知道第 i + 1 層的事物具有性質 Q。前面三點是從存有論的面向來說明「浮現」概念，第四點則是從知識論的面向來說明的[17]。

瑟爾對於「浮現」概念也提出了一些看法。他區別兩種意義，分別稱為「浮現1」和「浮現2」[18]。所謂一個整體的某個性質 Q 是「浮現 1」的，並不是說這個性質等同於其下層組成分子所具有的任何性質，亦即性質 Q 不等同於性質 P_1，也不等同於性質 P_2。性質 Q 乃是經由下層的微元項交互作用而產生的。所謂一個整體的某個性質 Q 是「浮現 2」的，則是說這個性質除了是「浮現 1」的之外，

[16] 參 Hoyningen-Huene (1989): 34–35。

[17] 摩爾完全從知識論的面向來理解「浮現」概念，主張這概念的提出，只是反映出我們當前的無知而已，他因此會否認第四點，也否認新奇性、不可預測性、不可演繹性。參 Mohr (1989)。

[18] 參 Searle (1992)。

它具有的因果力無法由其下層微元項的交互作用來解釋。但是瑟爾基於因果關係具有遞移的性質，而「浮現 2」的性質違反這個原則，因此他認為「浮現 2」的性質是不太可能出現的。瑟爾的「浮現 1」可說是在前面四點之外，再補充指出第 i + 1 層的事物具有的性質 Q 乃是第 i 層的事物因果交互作用的結果。

在心與認知哲學的領域裡，瑟爾的主張是意識現象是由大腦神經系統的活動而「浮現 1」出來的。傑克遜的副現象論同樣主張心是大腦活動交互作用而浮現出來的性質。這兩套學說看起來非常相似，但其實有重大差別。正如本章一開始提到的，瑟爾否認「心物二元」的概念架構，心理的並不是非物理的。然而，副現象論是一種實體一元但性質二元的立場，心理的都是非物理的。不但如此，傑克遜的副現象論訴諸演化以指出，心理現象的出現乃是演化的副產品，在人類演化出大腦神經系統以應付存活時，大腦的活動同時浮現出心理現象，但這些心理現象都是沒有因果力的，不會對於這個物理世界起任何因果作用。

三、當代心物難題

以上幾個學說都可視為企圖解決或者解消笛卡爾心物難題的理論出路，基本上這些學說仍然沿用笛卡爾的「實體」概念和「賦性」概念。或許另外一個免除笛卡爾心物難題的路徑是放棄這兩個概念。當代心與認知哲學的發展確實也不再引入這兩個概念來思考問題。可惜，即使如此，我們仍然脫離不了心物難題的籠罩。當代哲學家依據下列三條原則與論理產生了當代版的心物難題：

(T1) 心物因果交互作用論理

(T2) 物理因果封閉原則

(T3) 心物差異論理

　　首先，心物因果交互作用論理是說，心理世界與物理世界之間具有因果關聯。這條論理描述了日常生活中相當普遍的現象。例如，老王喜歡吃冰淇淋，於是去買了冰淇淋來吃；冰淇淋太冰了，引起老王牙疼，老王趕快喝口溫水，希望能止疼。又例如，老王騎腳踏車壓到了你的腳，你感到腳一陣痛，用手抓著腳，大叫一聲：「唉喲！」你甚至因而認為老王是故意的。你的某些心理狀態促使你出現某些身體反應（包括口頭反應和臉部表情），你的某些物理（身體）狀況使得你產生了某些心理狀態。

　　物理因果封閉原則是說：如果任何兩事件之間有因果關係，而且其中一事件是物理的，則另一事件也是物理的。以 "e_i" 和 "e_j" 代表任何兩個事件，依據物理因果封閉原則，以下兩項推論都是有效的：㈠ e_i 因致 e_j，e_i 是物理的，所以 e_j 是物理的；㈡ e_i 因致 e_j，e_j 是物理的，所以 e_i 是物理的。依據物理因果封閉原則，在同一條因果鏈上，只要有一個事件是物理的，則這條因果鏈上所有的事件都是物理的；在同一張因果網上，如果有一個網點（事件）是物理的，則這張因果網上的所有網點都是物理的❿。

　　物理因果封閉原則似乎不是能輕易否定的。我們大致上承認「因

---

❿　這說法不排除有多張各自獨立的因果網，彼此沒有重疊，但各自都仍然滿足物理因果封閉原則。至於這個世界是否有多張各自獨立的因果網，需要形上學進一步深入探討，本書略過。

果」概念是正當的，可用來描述一些物理事件或者現象❷。否認物理因果封閉原則，表示我們願意承認有些物理現象是由非物理的原因造成的，或者有些物理事件會因致非物理的結果。但如此一來只怕將會摧毀自然科學。就人類知性發展的歷史粗略來看，人類對於許多物理現象的瞭解，經常是先從假設一些超自然的、非物理的「怪力亂神」作為原因而開始的。例如，古人認為日蝕是「天狗食日」❷、地震是地牛翻身造成的、生病是邪魔附身……。對於許多物理事件或現象的發生，人類（不論古今）習慣訴諸非物理的原因。但隨著人類知性的努力，人類逐步脫離了這種思維模式。科學的建立即在於試圖純粹以物理現象來說明物理現象。例如，中國民間俗稱的「鬼壓床」現象，在世界各地，甚至北極的愛斯基摩人和南美洲的土著，都有報導。但不同文化背景的人民對於這種現象的說法不一，例如美國人認為那是遭到外星人綁架，正被外星人檢查身體的緣故。但這種現象事實上是一種出現在快速眼動期的睡眠麻痺症狀，既不是靈魂出竅，也不是外星人在作什麼實驗，更不是所謂的「撞鬼」。

對於物理現象的發生，我們之所以願意尋求並接受物理原因來解釋，關鍵就在於：冒然引進非物理原因來解釋物理現象，並不會

---

❷ 與「所有物理現象都可使用因果概念描述」的主張相比，這裡的說法是比較弱的。「是否有些物理現象是無法使用因果概念來描述的？」這問題涉及到如何理解因果關係，是形上學與科學哲學的一項重大議題，本書略過。

❷ 即使現在已經是二十一世紀了，不久前日全蝕發生時，據新聞報導，印度仍有許多人認為日蝕是太陽被惡魔吃掉的現象。不知他們是否想過，既然太陽被吃掉了，為什麼後來太陽還是會再出現？

使得我們因而更瞭解該物理現象。何況我們並沒有什麼好的理由可以否定當代科學的成就，畢竟當代科學的研究成果是如此的豐碩，已經使得我們對於這個世界有了相當深廣的認識。除非我們有強而有力的理論支持，否則冒然否認科學並不是理性的作法。即使科學未必有可能解釋這個世界的一切現象，即使在科學能夠提供解釋的範圍內，其解釋也未必全部都是因果解釋的，在沒有足夠理由支持下，訴諸非物理的原因來解釋某些物理現象，只怕除了折損科學的正當性之外，我們並不會因而就掌握了真象。所以，在還沒有提出更好的論證之前，我們應該接受物理因果封閉原則。

　　至於心物差異論理，由於這項議題很大，留待下一節再來詳述。目前我們暫時假設心與物之間確實存在有極大的差異，心有一些特徵是物不可能擁有的。這些心獨有的特徵使得心理的都是非物理的，物理的都是非心理的。簡單說，基於那些特徵，心與物是對立互斥的兩種存在。

　　從當代哲學來看，「心物難題」是指以上三條原則或論理個別來看，都是有足夠理由證立的，但是共同接受三者會產生矛盾。茲推論如下：根據 (T1)，心與物之間有因果交互作用；亦即心理的因致物理的，或者物理的因致心理的。然而根據 (T2)，任何因果關聯的兩個事件或現象，如果其中之一是物理的，則另一也是物理的。所以，如果要同時接受 (T1) 和 (T2)，只有兩項選擇：㈠承認所有心理的其實都是物理的，而不是「非物理的」；㈡承認所有物理的都是心理的，而不是「非心理的」。這兩項選擇都主張「心理的」和「物理的」並不是對立的，不是兩大類不同的事物，而是屬於同一類的事物。然而，不論選擇哪一項都會違反 (T3)。因此，接受這三條原則

或論理勢必會產生理論矛盾！

　　上述兩項選擇都是承認心與物是真實存在的。要避免上述理論矛盾其實還有兩個方式：否認物理世界的存在，以及否認心理世界的存在。前者太過極端，大概不會有人願意接受。後者也是非常極端的，不過有趣的是，在當代心理學界和哲學界這主張卻是相當有影響的；極端的物理論，例如取消行為主義以及取消唯物論，就是抱持這種立場。

　　另一方面，如果我們承認心與物都是存在的，要避免理論矛盾，以解決當代心物難題，原則上有三種途徑：或者否定 (T1) 心物因果交互作用論理，或者否定 (T2) 物理因果封閉原則，或者否定 (T3) 心物差異論理。否認 (T1) 違反大多數人的想法，至於 (T2)，前面已經試圖指出，我們最好不要輕易否認物理因果封閉原則，因此當代大部分哲學家選擇否定 (T3) 來解決心物難題，然而，不容否認，心理世界跟物理世界確實是有很大差異的。看來，不論放棄哪一條原則，我們都得付出相當的理論代價。

　　就選擇否定 (T3) 的方向來看，當代哲學家採的是物理論的走向，主張心理世界是物理世界的一部分，而不是非物理的。事實上，心物難題甚至被當代一些哲學家用來辯護物理論。如果心與物之間確實有因果交互作用，而且因果關係確實在物理世界是封閉的，則最妥適的選擇應該是物理論。大概也是基於這個緣故，物理因果封閉原則成了關注的對象。目前所知，還沒有哲學家具體否認物理因果封閉原則，但是究竟應該如何恰當陳述物理因果封閉原則呢？這條原則真地那麼值得辯護嗎？這成了物理論的一大課題。

四、心與物的差異

這一節將解說心與物的差異。心物差異論理主張：心有一些特徵是物不可能擁有的。這些特徵有知識論面向的，也有形上學面向的，前者包括私密性以及透明性，後者包括質性、意向性、主體性。

知識論的差異

㈠私密性

「私密性」是心與物在知識論上的差異，涉及的是認知主體獲取資訊的方式。所謂心理世界具有私密性，意思是說，認知主體對於自己當下的心理世界具有特許達取的識知地位。如果認知主體 S 當下正處於某個命題態度，則只有 S 自己有直接的管道知道自己所處命題態度的內容，亦即無須透過觀察與推論，就可以知道自己處於什麼心理狀態。如果別人能夠知道 S 所處命題態度的內容，這必定是由於別人依據對於 S 外顯行為（包括臉部表情）的觀察，然後做了推論或者解釋的緣故，或者是由於 S 報導了自己所處命題態度的內容，而且他的報導被他人採信的緣故。同樣地，如果認知主體 S 當下正處於某個感質，則只有 S 自己有直接的管道知道自己所處感質的那種感受。如果別人能夠知道 S 所處感質的那種感受，這必定是由於別人依據對於 S 外顯行為的觀察，進行推論的緣故。簡單說，認知主體可以直接掌握到自己的心理世界，無須透過推論，但別人對於認知主體的心理世界是不可能有直接掌握的。

相對來看，物理世界並不具備私密性。物理世界的資訊是可公

開擷取的，所有掌握到的關於物理世界的訊息不僅是可傳遞的，而且是可檢測的。任何認知主體對於物理世界都不具有特許達取的識知地位，因為物理世界是開放給所有認知主體的，並不侷限於某個認知主體：如果某物理現象能被某認知主體以某種方式認知，原則上任何認知主體都能以相同方式認知到該物理現象 ❷。

㈡透明性

心理世界的另一重要特徵是它具有透明性 ❷。所謂心理世界是透明的，意指下列兩項推論是有效的：

(A)我（認知主體自己）正處於某心理狀態。

所以，我知道我正處於該心理狀態。

(B)我（認知主體自己）相信我正處於某心理狀態。

所以，我正處於該心理狀態。

假設老王相信老張昨晚熬夜。依據「透明性」，老王知道他自己相信老張昨晚熬夜，不論老張昨晚事實上是不是真地熬夜。另一方面，如果老王相信他自己相信老張昨晚熬夜，則依據「透明性」，老王相信老張昨晚熬夜。

---

❷ 或許有人會主張認知主體有很多種類，或者依其認知能力可分為很多等級。例如，或許有人會主張人以外還有其他動物（如貓狗等）也是認知主體，但其他動物與人類有一些認知能力的差異，使得有些物理現象是人類能夠理解的，但其他動物不能。還好，這考量只是使得這裡的解說變得比較繁複而已，並不影響主旨。

❷ 心理世界另有所謂的指涉隱蔽現象，不可與這裡解說的「透明性」相混淆。請參第七章第四節。

　　「透明性」的兩項推論並不適用於物理世界。從「我正處於某物理狀態」不論是要推導「我知道我正處於該物理狀態」還是「我不知道我正處於該物理狀態」，這些推論都是無效的。例如，從「我身高 180 公分」推導「我知道我身高 180 公分」，這推論是無效的。即使前提描述的是物理事實，不可能有效推論出我知道這件事實，否則我早就知道與我有關的各種物理事實了。

　　「私密性」以及「透明性」是特別針對當下的心理狀態或者現象來說的，並不適用於傾性的（或潛意識的）心理狀態。儘管「透明性」不適用於傾性的（以及其他不是當下的）心理狀態，還是有人提出一些例子來反駁「透明性」❷。假設老王被很燙的東西灼傷背部，老王會經驗到背部燙傷的地方有灼熱的感覺。但假設現在我們拿一個冰冷的東西碰觸老王的背部，老王還是感覺到灼熱的樣子，然而事實上老王經歷的是非常冰冷的感覺。所以，老王雖然事實上經驗到的是冰冷的感覺，他並不知道他經驗到了冰冷的感覺。上述的推論(A)因而是無效的。這個反例是一種後續感覺經驗受到先前感覺經驗干擾的情形，因而使得老王沒有正確辨別出他此時經驗的感覺。若是如此，推論(A)不能適用到所有浮現在意識層面的心理現象。

　　我們還能辯駁這類反對意見嗎？卓斯基曾經區分「純感覺模式」的意識經驗以及「概念模式」（或者「表徵模式」）的意識經驗；前者毫不涉及概念，後者則必定涉及到概念❷。例如，當老王的背癢癢時，老王有「背癢癢的」這個意識經驗。假設老王知道他自己的

---

❷　例如丹尼特就舉了很多不同的例子，用來顯示推論(A)的錯誤，參
　　Dennett (1988)。

❷　參 Dretske (1995)。

背癢癢的，則他已經將這個「背癢癢的」意識經驗概念化了，他知道他自己處的是「背癢癢的」這種心理狀態，而不是其他的心理狀態❷。從這點來看，在上述的反駁裡，確實有可能老王實際上正經驗到的是冰冷的感覺，但是老王誤以為那是灼熱的感覺，因此老王不知道他自己正經驗到的是冰冷的感覺。推論(A)是無效的。

　　話雖如此，這裡仍有斟酌的餘地。「知道」有兩種詮釋方式：個物式以及命題式；後者必定涉及概念化，前者並沒有。設 S 知道他自己處於背癢癢的狀態。依據個物式詮釋：存在一個背癢癢的狀態，S 處於該狀態，而且 S 知道他自己處於該狀態。在這詮釋下，S 並未將他所處的心理狀態概念化。這正好相當於卓斯基所謂意識經驗的純感覺模式。另一方面，依據命題式詮釋：S 知道〈他自己處於背癢癢的狀態〉。在這詮釋下，S 必定已將該心理狀態概念化。這相當於卓斯基說所謂意識經驗的概念模式。

　　如果依據命題式詮釋來理解推論(A)的結論，則這推論是無效的。但是，如果依據個物式詮釋來理解推論(A)的結論，則這推論仍然是有效的，前面舉的例子將不足以構成反駁。當然，這樣的回應涉及到如何詮釋推論(A)的結論，進而影響對於「透明性」的瞭解。提出「透明性」主張的學者確實有必要釐清這點。關於信念的「個物式詮釋」與「命題式詮釋」，第七章第四節還會有更多的說明。

形上學的差異

　　為什麼心理世界和物理世界之間會有上述知識論面向的差異？

---

❷　認知主體 S 對於 X 具有概念，至少表示 S 具有將 X 與其他事物區辨開來的能力。參第九章關於「概念」的介紹。

如果心與物之間僅僅在知識論面向上有差異，還不足以在形上學裡承認心與物是不同的。心物差異論理是形上學的主張，因此我們必須確定心與物在形上學的面向上確實也是有差異的。哲學家指出，心與物之間的形上學差異在於心具有質性、意向性或者主體性，物則完全沒有這三項性質；而且，心之具有這三件形上學的特徵，解釋了為什麼心具有私密性和透明性這兩件知識論上的特徵。

(一)質性

心理現象（主要是感質）的一項特徵是必定給人一種質性的感受。當你牙疼時，那牙疼給你一種感受，一種不同於胃痛、頭疼的感受。這種質性的感受是不可能透過推論得來的，只能直接經驗到的。而且，這種質性的感受通常也是語言難以描述的；甚至我們可以說，無論語言再如何豐富，也不可能精確描述那種質性的感受。（在第一章第二節提出「感質」一詞的第二種用法，就是指這種質性感受。）

不但如此，每個感質呈現給認知主體的那種質性感受就是它的本質。帕南曾經指出，我們也許會有看到一隻粉紅色的大象的幻覺，但我們絕不可能會有「痛」的幻覺 **㉗**。幻覺不同於真實的知覺。如果我們在某時出現的知覺是真實的，則必定被知覺到的那事物是存在的。反過來說，即使某事物真實存在，不表示我們對它的知覺就是真實的 **㉘**。粉紅色大象是不存在的，因此就更不可能會有任何認知主體能夠產生關於粉紅色大象的真實知覺。感質卻截然不同。例

㉗ 參 Putnam (1963): 331。

㉘ Lewis (1980) 提到「真實幻覺」的情形：被知覺的事物確實存在，知覺內容也與該事物相同，但卻是一種幻覺。

如，我們不可能在沒有痛覺的情形下幻覺到自己覺得痛，我們也不可能在沒有出現悲傷的情形下幻覺到自己正在悲傷。「幻覺的痛」是個令人困惑的語詞。這裡涉及到哲學界的一項區別：表象與實在（或者實在界）；表象未必真實反映實在界的真象。我們日常就有許多感官知覺的經驗，是沒有反映真實世界的，幻覺和錯覺的例子不勝枚舉。然而，「表象」與「實在」的區別並不適用於感質。帕南和瑟爾都指出：對於感質這類心理狀態來說，表象就是實在❷。例如，牙疼給人的那種感受，就是「牙疼」這感質的本質；如果你感覺到某種疼痛，但不是牙疼給你的那種感受，那疼痛絕對不是牙疼。

在非洲有一種莓，俗稱「奇蹟果」或「神祕果」。檸檬汁原本喝起來酸酸的，但如果先吃過奇蹟果再喝檸檬汁，卻會喝到甜甜的感覺。那麼，這是味覺方面的一種幻覺嗎？我們要說：那實際上仍然是酸酸的感覺，但我們誤以為那是甜甜的感覺嗎？看來並不是的。既然我們沒有感受到酸酸的感覺，那個感質就不存在；既然我們感受到的是甜甜的感覺，我們所處的那感質就是喝起來甜甜的感覺狀態，那個感質才是存在的。吃了奇蹟果之後，會改變味蕾以產生新的味覺，但這是真實的味覺，不是幻覺。

每個感質帶給認知主體的那種質性感受就是它的本質。然而，物理世界沒有這樣的特徵。物理世界的事物呈現的表象通常並不是事物的本質。因此，「質性感受」構成心與物的一項形上學差異。

㈡意向性

有一些心理狀態，例如希望、相信、懷疑、想像、以為、擔心、認知、後悔、判斷、愛、恨、意識到……，都是具有內容或者以某

❷ 參 Searle (1992)。

些個體為對象的。早在中世紀時就已經有哲學家注意到這種特徵，稱之為「意向性」。如果用英文來描述，則在上述這類心理動詞之後必定緊接著一個名詞或者名詞子句作為受詞，用以表示其所指向、關涉的對象，稱為「意向對象」。不過，「意向性」這個概念沉寂了相當長的一段時間，直到十九世紀的布倫他諾和他的學生胡塞爾才重新將「意向性」帶回哲學，影響至今。由於這種「指向」、「關涉」的意向性特徵是心理世界才有、物理世界絕對沒有的，布倫他諾宣稱：「意向性乃是心的標記。」

　　意向狀態的一個特殊之處在於其對象不一定在當時當刻出現在那個情境。假設老王今天確實沒來上課，老師點名後也因而相信老王今天沒來上課。老師的信念內容是〈老王今天沒來上課〉，儘管老王當時並不在場，老師還是可以擁有關於老王的這項信念。信念是能夠以不在現場的事物為內容的。表面上這似乎看不出在哲學上有什麼重要，不過，試比較這個情形：假設老張今天確實有來上課，老師點名後也因而相信老張今天有來上課。老張之出現在課堂上使得老師因而產生了該信念。我們大致上可以理解，如何對於一件有發生的事情擁有信念——兩件事之間有因果關係。但是老王今天之沒有出現在課堂上，如何能使得老師擁有〔老王今天沒來上課〕的信念呢？對於〈老王今天沒來上課〉這件事（這命題），通常我們會說〈老王今天有來上課〉這件事沒有發生，而不是說〈老王今天沒來上課〉這件事有發生。可是一件沒發生的事不會跟一件有發生的事之間有任何因果關係。既是如此，對於一件沒有發生的事情也可以擁有信念，我們要如何理解呢？

　　意向狀態最獨特之處在於它的意向對象未必是實際存在的。意

向狀態能指向曾經存在但後來不存在的事物，像是相信孔子做過大司寇。意向狀態也能指向實際不存在但可能變成實際存在的事物，「希望世界大同」或許就是個例子。意向狀態還能指向實際不存在、不會變成實際存在、而僅僅是可能存在的事物，例如相信孫悟空會七十二變。甚至，意向狀態能夠以不可能的事物作為對象，例如相信沒有圓的方。關於意向性，第七章還會有詳細的解說。

　　然而，沒有任何物理元項或者物理狀態具有意向性，物理世界的事物不會有指向、關涉到某個對象的特徵；尤其，更不會有任何物理世界的事物能夠指向不存在的事物。當然，正如前面提到的，就如同「透明性」不是所有心理狀態都具有的特徵一樣，並不是所有的心理狀態都具有「意向性」這個特徵。感質就不具有意向性。但是這並不會因而抹煞心與物之間的差異：凡是物理的都不具有意向性。

(三)主體性

　　感質雖然不具有意向性，它們卻具有主體性，而且沒有任何物理狀態具備這種主體性。「主體性」這個概念並不是很明確，文獻上至少有十二種說法❸。這裡以「嚴格擁有者」來說明。所謂感質具有主體性，至少表示，如果某感質出現，則它出自某個嚴格意義的擁有者。感質這種狀態的存在蘊涵某個獨特的個體作為其擁有者。

　　先舉例來說明「非嚴格意義的擁有者」。想像老王在他家後院挖到一塊天然璞玉，老王就成了那塊天然璞玉的擁有者。不久之後，老王將那塊天然璞玉轉賣給老張，這時老張就成了那塊天然璞玉新的擁有者。在這過程中，儘管那塊天然璞玉從沒有擁有者到有擁有

---

❸　參 de Sousa (2002)。

者，乃至於更換新的擁有者，那塊天然璞玉並不會單純地僅僅因為擁有者的改變，就改變了它的內容，更不會僅僅因為改變了擁有者就因而不再存在。不論老王還是老張還是任何其他人，都不會是那塊天然璞玉的嚴格意義的擁有者。

　　但是任何感質的存在必定有擁有者，而且感質跟它的擁有者之間有必然的聯結。任何感質的出現至少表示：(1)必定存在某個獨一無二的個體擁有（經驗到）該感質，而且(2)該感質必定為該個體擁有（必定被該個體經驗到的）。當「牙疼」這感質出現時，表示必定恰恰只有一個人有那個牙疼，是他當下經歷的一個心理狀態，而且那個牙疼必定是那個人的。因此如果那是老王的牙疼，它就不可能是老張的牙疼。當你看到親人很痛苦的時候，你很渴望能代替他承擔那種痛苦。但這是辦不到的，即使你因而也很痛苦，那是你承受的痛苦，依然不是他承受的痛苦。又例如，我此時此刻覺得很開心，這個開心的狀態是我這個人親身感受到的那種樣子的開心，跟你感受到的開心是不一樣的，而且也無法轉移到你的身上，變成你的開心。當然，我的開心可能會感染到你，讓你也跟著開心了起來。不過，那會是你自己感覺到的那種開心的感受，仍然不是我的那種開心的感受。我親身感受到的那種樣子的感覺不可能轉移到別人身上，不可能被我以外的人擁有。簡單說，我親身經歷的那種樣子的感受或許可以引起別人產生類似的感受，但是沒有人能夠擁有我的那種感受。

　　感質必定為某個主體所擁有，而且那個主體是嚴格意義的擁有者。物理世界的任何事物和狀態未必有擁有者；即使有擁有者，也不是必定有擁有者；即使必定有擁有者，該擁有者也不會是嚴格意

義的擁有者。純粹只是擁有者的改變不會因而影響它們的本質，抹
煞它們的存在。因此，物理世界的任何事物和狀態並不具備主體性。

　　這一節闡述了心與物在知識論與存有論上的差異。到此，我們
對於上一節解說的當代心物難題應該有更深的瞭解了。如果心與物
真的有這麼大的根本差異，我們應該走向二元論還是物理論呢？

本章重點回顧

- 實體二元論 substance dualism
- 概念二元論 conceptual dualism
- 瑟爾 John Searle (1932–)
- 笛卡爾式二元論 Cartesian dualism
- 方法論的懷疑 methodological doubt
- 識知確定性 epistemic certainty
- 我思故我在 *Cogito, ergo sum*
- 賦性 attribute
- 樣式 pattern
- 延展 extension
- 霍桑 John Hawthorne
- 完整的 complete
- 獨特的 unique
- 本質的 essential
- 廣涵的 comprehensive
- 排他的 exclusive
- 堅固性 solidity
- 不可穿透性 impenetrability
- 外部的 extrinsic

- 內有的 intrinsic
- 陸克斯 Michael Loux
- 偶然的 accidental
- 本質 essence
- 本性 nature
- 區割 partition
- 萊布尼茲 G. W. Leibniz (1646–1716)
- 單子 monad
- 幻肢痛 phantom pain
- 平行論 parallelism
- 機遇論 occasionalism
- 馬勒布朗雪 Nicolas Malebranche (1638–1715)
- 實體一元論 substance monism
- 雙面向論 dual aspects theory
- 唯心論 idealism
- 唯物論 materialism
- 副現象論 epiphenomenalism
- 傑克遜 Frank Jackson (1943–)
- 事件 event
- 規律論 regularity theory
- 史賓諾沙 Baruch Spinoza (1632–1677)
- 性質二元論 property dualism
- 柏克萊 George Berkeley (1685–1753)
- 浮現論 emergentism
- 赫胥黎 Thomas H. Huxley (1825–1895)
- 逆反副現象論 inverted epiphenomenalism
- 層級存有論 multi-layered ontology
- 霍寧根一修恩 Paul Hoyningen-Huene (1946–)

- 取消行為主義 eliminative behaviorism
- 取消唯物論 eliminative materialism
- 私密性 privacy
- 透明性 transparency
- 質性 qualitative
- 意向性 intentionality
- 主體性 subjectivity
- 特許達取 privileged access
- 指涉隱蔽 referential opacity
- 卓斯基 Fred Dretske (1932–)
- 丹尼特 Daniel C. Dennett (1942–)
- 個物式 *de re*
- 命題式 *de dicto*
- 表象 appearance
- 實在；實在界 reality
- 胡塞爾 Edmund Husserl (1859–1938)

第三章　他心與獨我

在介紹笛卡爾實體二元論時曾經提到：如果將他的論證推到極致，將會成為獨我論的立場。笛卡爾自己在沉思當時，恐怕也已經預見了獨我論的走向。獨我論是一個很極端的存有論立場，否認在「我」這個心之外還有其他的心存在，主張這個世界僅僅只有我存在。這個唯一存在的「我」是一個思考的存有，並不包括身體。

獨我論是一種形上學的主張，與之密切關聯的是知識論面向的他心問題：如果存在有他心，我如何知道其他人也是有心的個體？我相信他人是有心的個體，但這信念有可能獲得證立嗎？我憑什麼相信外表、行為等都與我一樣的他人也是有心的個體呢？再進一步來問：假設有他心存在，我如何知道他正處於哪種心理狀態？

獨我論與他心知識的問題對大多數人來說，顯得太過荒謬。幾乎所有人都相信他人是有心的，這個信念是如此普遍，以至於往往很難讓人理解為何這會構成哲學困難。但有趣的是，哲學界至今對於這件如此普遍的信念仍然沒有出現強而有力、可為大家接受的辯護。雖然對於獨我論與他心問題的探討是形上學與知識論的，就心與認知哲學來說，這兩問題的出現似乎預設了某種關於「心」是什麼的立場。各種關於「心」的存有論主張會如何回應呢？對這兩問題的探討或許有助於我們對於「心」的存有地位作更深的反省。

一、獨我論

　　想像世界歷經某次超級大戰，人類消失殆盡，老王很不幸是最後一個還活著的嬰兒。老王從出生開始就是在深山野嶺獨自長大的。他不曾遇見過任何人類，也不曾接觸過人類製造的任何事物。老王觀察到在他生活周遭有很多獼猴、很多山豬、很多野狼……；他觀察到有些動物同類相聚，有些動物雖不群居，總有牠的同類在別的地方出沒。如果老王會思考，他或許會疑問：這個世界除了他自己之外，是不是還有其他跟他一樣的同類？會不會這個世界只有老王自己一個人存在呢？

　　老王會這麼想，是可以理解的，但這個思想實驗還不是獨我論的主張，充其量只是說在這個世界只剩下老王這個有心的主體存在，但至少仍然還有他心曾經存在過。然而獨我論的主張比這還更為極端。從存有論的面向來看，「我」這個主體既然是一個正在思考的存在者，「我」這個心當然是存在的；但是除了「我」這個心存在之外，沒有其他的心存在。對大多數人來說，這個主張是很荒謬的。我能跟許多人溝通，如果沒有他心存在，怎麼解釋溝通的現象？然而這個回應小看了獨我論。獨我論的主張是：即使回到現在這個實際的世界，我觀察到在我周遭還有許許多多跟我很類似的「人」，這個世界仍然僅僅只有「我」這一個主體的心存在而已。不論我是不是戰後浩劫餘生的最後一人，獨我論只承認存在一個心，就是「我」這個心。

　　獨我論乍看之下是個非常荒謬的哲學立場，不過，獨我論的論

證並不容忽視。前面說過，獨我論的哲學立場溯其源頭是來自於笛卡爾，雖然笛卡爾沉思的最後結論是心物二元論，將他的思考推到極致，是可以導出獨我論的。如果將獨我論推到最極端的地步，則會是一種只承認我心存在，不僅否認他心的存在，就連整個外在物理世界的存在也一概否認的哲學立場。

笛卡爾為了建立關於外在世界的知識，以夢論證和惡魔論證進行方法論的懷疑，用以否認我們外在世界的知識，乃至於數學知識。這兩個論證也同時否認了他心的存在。底下舉夢論證來說明❶：

設想我一直在作夢。因此，所有我以為存在的外在世界其實是虛幻的。日月星辰、山川樹木、飛禽走獸、……、所有物理的事物都是虛幻不實的；不但如此，我的軀幹四肢、五臟六腑是虛幻不實的，我認識與不認識的人也是虛幻不實的。在這設想下，所有的一切都是虛幻不實的——除了這個進行心智活動的「我」之外。因此，在這設想下，除了「我」這個心存在以外，沒有其他的心是真實存在的。

或許會有人反對，因為這畢竟只是一個設想而已，沒有道理單單因為一個設想，就放棄承認他心的存在。然而獨我論質問：有什麼原則可用以承認他心存在呢？獨我論的論證是要指出，沒有任何原則可據以承認他心的存在，因為沒有任何原則可以決定這個實際世界究竟是哪一種？是如一般人承認的有他心存在的世界，還是如笛卡爾設想的只有我心存在的世界？換個方式來問：我們憑什麼否認笛卡爾的設想？我們當然不能回答說：因為實際上就是有我以外的他心存在。這樣的回答是丐辭的。那麼，我們還有什麼方式可用

❶　參彭孟堯 (2009) 第十三章第四節的解說。

以否認笛卡爾的設想呢?

心的個別化難題

　　獨我論者為什麼會有這麼極端的主張? 獨我論者為什麼罔顧擺在眼前顯而易見的「事實」: 在我周遭明明還有許許多多活生生有心的主體? 誠如夏佛觀察到的❷: 反對獨我論的人, 亦即承認至少有兩個以上不同的心存在的人, 必須解決如何將「心」個別化的難題: 如果有兩個不同的心 M_1 和 M_2 存在, 依據什麼原則來承認那是兩個心而不是一個心? 根據前面說的,「心」至少是一組心理狀態構成的系統。令 M_1 等於由 $\{k_1, k_2, k_3, ..., k_i\}$ 構成的系統; 令 M_2 等於由 $\{l_1, l_2, l_3, ..., l_j\}$ 構成的系統。依據什麼原則使得我們承認 M_1 和 M_2 是兩個不同的心? 我們為什麼不主張其實只有一個心存在, 而那個心是由 $\{k_1, k_2, k_3, ..., k_i, l_1, l_2, l_3, ..., l_j\}$ 構成的系統? 更極端來說, 設這個世界存在的所有心理狀態的集合 $M=\{m_1, m_2, ..., m_n, ...\}$。為什麼不能主張這個 M 就是單一的一個心, 就是「我」? 這乍聽之下是非常荒謬的主張。但我們要如何反駁呢?

　　一個重要的回應是以「心附著於身體 (主要是大腦)」作為區別不同的心的原則: 只要大腦不同,「附著」其上的心必定是不同的。因此, 如果「附著」在大腦 B_1 上的是 M_1,「附著」在大腦 B_2 上的是 M_2, 則 M_1 和 M_2 是兩個不同的心 (當然我們預設: 如何個別化大腦不會構成困難)。

　　這個原則表面來看似乎不錯, 然而所謂「心附著於腦」是什麼意思呢? 是像靈魂「寄生」在身體嗎? 是大腦活動因致心理現象嗎?

❷　參 Shaffer (1968): 38。

還是有其他的說法？在尚未將這關係交代清楚並提出有力的辯護之前，這回應還不足以解決心的個別化難題。因為如果心與腦之間並沒有所說的那種「附著」關係，如果心是可以獨立於腦而存在的，亦即縱使沒有任何大腦存在，心依然能夠存在，這個回應當然沒有解決心的個別化難題。換一個方式來說，心究竟有無「附著」於腦？如果有，心是以何種方式「附著」於腦？這些都是可爭議的形上學問題。除非這些問題獲得解決，這個「心附著於腦」的回應並沒有真正解決心的個別化難題。

再者，即使承認心必定「附著」於腦，我們仍然可以有如下的主張：如果心存在，則必定存在於大腦之上，但是並沒有要求一定要存在於哪一個大腦之上。有可能相同的心同時「附著」於兩個不同的大腦；或者相同的大腦在不同的時間「附著」了不同的心。若是如此，則以「心附著於腦」作為回應，仍然沒有解決心的個別化難題。

「心附著於腦」的回應還面臨另外一件困難。「如果心存在，則必定存在於某個大腦之上」的說法是否表示：不具備與人類腦神經系統（至少）相等能力的事物是沒有心的？若是如此，這個回應否定了人以外的其他動物具有心的可能性。例如，狗的大腦能力低於人腦的能力，因此狗沒有心智。或者，只要是大腦，不一定要求必須其能力至少相等於人腦的能力？

究竟是否要承認人以外的其他動物也是具有心的，是重要的哲學議題。笛卡爾和大維森就主張人以外的其他動物是沒有心的，但大多數人則認為其他動物也是有心的個體——儘管它們的腦神經系統遠不如人類。

　　另一方面，很多人認為會思考、有心智的機器人是可能的。然而，機器人並沒有人類的大腦神經系統。因此，如果以「心附著於腦」來回應心的個別化難題，將無法說明有心智的機器人如何可能。

　　看來，為了解決心的個別化難題，這個回應必定要回答心與腦之間關係的問題；廣義來說，我們又回到了心與物之間存在何種關係的大問題。

　　是否還有其他方式可以解決心的個別化難題呢？如果不能解決這個難題，將如何承認在我心以外，還有他心存在？

二、他心問題——知識論與方法論的面向

　　上述對於獨我論的說明是從形上學面向來進行的。另外一種辯護獨我論的方式是從知識論與方法論的面向來進行的：對於獨我論的說明來自於他心問題無法解決。

　　我確知我心是存在的，我意識到（也知道）我此時此刻正在想什麼、我意識到（也知道）我此時此刻正有什麼情緒、我意識到（也知道）我此時此刻正知覺到什麼、我還意識到（也知道）我很討厭榴槤的味道、我意識到（也知道）我受不了一些只會問蠢問題的新聞記者、我意識到（也知道）我反對無聊青少年對於影視藝人盲目崇拜的膚淺、我意識到（也知道）我蔑視反覆無常、貪婪無厭的政客……。總之，我知道我心是存在的，我也意識到我有這樣的知識。但是，我如何能夠知道他心存在呢？我如何知道在我面前的人是一個有心的個體呢？如果他心呈現在我面前，我要如何才有可能知道呢？我們平常都相信他人是有心的個體，然而我們有什麼好理由以

支持這個信念呢❸？

　　在第二章第四節曾經提到心具有私密性：我對於我自己當下所處的心理狀態有直接的認知管道（亦即「特許達取」），但我對於他人所處的心理狀態至多只有間接的認知管道，因為我不可能直接經歷到他人當下所處的心理狀態。這個私密性特徵造成認知上的不對等。他心問題就是建立在這種認知不對等之上。這種不對等使得我對於「他人是有心的個體」的信念缺乏證立，而不足以構成知識。

　　「我不知道他心」的主張確實很難說服一般人。畢竟，認為在講台上講得口沫橫飛、興高采烈的老師其實是沒有心的，認為在旁邊嘮嘮叨叨的父母其實是沒有心的，認為那個口口聲聲愛我的人其實是沒有心的，實在不是一件能讓人相信的事。承認我可以具有關於他心的知識，或者我之〔他人是有心的個體〕的信念是有證立的，主要是訴諸兩個論證：心理因果論證以及類比論證❹。

心理因果論證

　　我雖然不能意識到（親身經歷到）他人的內心世界，但是我可以觀察對方的臉部表情、觀察他的肢體動作、聽他說出有意義的話而不是發出一堆無意義的雜音……，從這些就可以讓我知道對方確實是有心的個體。

　　從觀察對方的行為就可以讓我知道他心的存在，讓我知道對方

---

❸　「知識」與「有證立的信念」是不同的。有些哲學家對他心問題的陳述是以「他心知識」為主，有些則是以「他心信念的證立」為主。為免繁瑣，本書這裡的解說不刻意區別。

❹　參彭孟堯 (2009) 第五章，對於這些推論的結構有比較詳細的解說。

是具有心的個體，這是因為對於他心的知識是從因果推論來的。我們一般人都接受心理因果原則❺：

心理因果原則
個體外顯行為的肇因是他具有的內心狀態，而且這種心理—行為的因果關係是具有普遍性與規律性的。

依據這個原則，個體的行為和他的心理世界之間的因果關係是可為定律涵蓋的。由於定律支持（亦即蘊涵）如若條件句，我們可將心理—行為之間的因果關係用如若條件句表示。以 M 表示一組心理狀態、B 表示某組行為，以 "CP" 表示所謂的附掛條件，包含相干的外在物理條件以及個體的生理條件等：

$$(x)((CP \wedge Mx) \Box\!\!\rightarrow Bx)$$

例如，在維持附掛條件不變下，任何人如若相信跟某人約在某時某地見面，他希望準時赴約，而且他記得約定的時間地點，則必當他做出準時赴約的動作，像是提早出門、搭計程車前往目的地並且要司機盡量避開經常塞車的地方……。這裡的附掛條件內容包括像是他當時沒有醉得一塌糊塗、當時計程車行經之地沒有重大工程影響交通、沒有臨時出現的交通管制……，各種與這件心理—行為因果關係相干的條件。

　　根據心理因果原則，如果我觀察到有人做出了 B 類的行為，我就能反推這必定是由於那人具有 M 類心理狀態的緣故。所以，只要觀察在我面前的人出現的行為，我就可以經由反推而知道他是具有

❺　這裡說的行為不包括本能反應，也不包括經由制約機制建立的行為。

心的人。接受心理因果原則，建立各種心理—行為因果律，藉著由果推因的推論，亦即從行為反推造成行為的心理狀態，就解決了他心問題。

　　心理因果推論以及心理因果原則是大多數人都接受的。不過可惜的是，使用心理因果原則來論證對於他心的知識，犯了丐辭謬誤。我必須先預設心理因果原則適用於對方，亦即我必須先承認對方是有心的個體，才能夠依據對其行為的觀察來進行因果推論。然而我憑什麼預設心理因果原則適用於對方呢？讓我們反問：我們為什麼不對公園裡的那塊大石頭採用心理因果原則？我們為什麼不對牆壁上的掛鐘採用心理因果原則？我們為什麼不對草履蟲採用心理因果原則？如果有人說公園裡的那塊大石頭一直不動是因為那石頭正在那個地方思考，為什麼我們會認為這只是一句開玩笑的話，鐵定不會將這話當真？但是如果有人動也不動地呆在某個地方，而有人說他正在思考，卻不一定是開玩笑的話。

　　在日常生活中我們是由於先承認對方是具有心的主體，才會對他採用心理因果原則，依據對他行為的觀察來進行因果推論。由於這推論已經預設我承認對方是具有心的個體，以因果推論來回答他心問題犯了丐辭謬誤，並沒有真正回應他心問題。

類比推論

　　心理因果推論雖然失敗，如果稍加修改心理因果原則並配合類比論證，是否可以解決他心問題？這想法如下：第一步先對我自己做觀察，將心理因果原則用到我自己的情況，找出介於我所處心理狀態與我的行為之間的因果關係：

自我心理因果律

在維持附掛條件不變下,在某類情境中,S 類物理刺激的出現因致我處於 M 類內心狀態,進而因致我出現 B 類行為。

接著,經由觀察發現別人跟我在同類情境下,遭遇 S 類物理刺激時,出現了跟我相同的 B 類行為。此時我採取類比的方法,推論出他在那情境下之所以產生跟我相同(或者類似)的行為,是由於他跟我一樣處於 M 類心理狀態的緣故。

前提一: 在某類情境下,某類物理刺激 S_1 出現時,我之出現 B_1 類行為是肇因於我處於某類內心狀態 M_1。

前提二: 在相同情境下,我觀察到在物理刺激 S_1 出現時,他出現 B_1 類的行為。

== [r]

結　論: 他處於 M_1 類內心狀態。

其中,"r" 表示在所有前提都為真的情形下,結論為真的機率,這是因為類比論證是一種歸納推論。同樣的類比推論可以用在〈環境刺激 S_2 因致我處於 M_2 類內心狀態,進而因致我出現 B_2 類行為〉、〈環境刺激 S_3 因致我處於 M_3 類內心狀態,進而因致我出現 B_3 類行為〉……。

然而這樣的類比推論太過薄弱了,因為這推論是僅僅建立在單一一個個體來進行類比的。試想,如果你在某大學只看到一個學生開車上課,你就推論其他任何一個你接著會看到的學生也是開車上

學的，這樣的推論強度太低，難以令人信服。一般來說，至少要在隨機採取足夠的樣本下進行歸納推論，在方法論上才是可接受的。

不但如此，這種類比推論還面臨另一個困難。儘管我自己的心理—行為因果關係是無庸置疑的，有什麼理由主張對於我以外的其他個體來說，介於環境刺激和個體行為之間一定還有個心在作用呢？有沒有可能其他的個體其實只是由無線操控的一堆「破銅爛鐵」？會不會對方只是一個不具生命、沒有心的生化機器人而已？這裡不是試圖從存在有這種可能性就進而論斷我們沒有辦法知道他心。僅僅假想一些可能性並不足以構成哲學的問題，還需要搭配其他的考量才行。同樣地，僅僅假想對方是有心的個體，也不足以建立起我對於他心的知識。提出上述可能性的用意是方法論的：從方法論的角度來看，我們沒有任何方法或原則來排除對方只是一個由無線操控的不具生命、沒有心的生化機器人這可能性。

這個困難其實跟前面提到的丐辭謬誤是一體兩面的。為什麼我會對於某些個體（例如行為反應跟我很像的「人」）進行類比，卻不會對於其他跟我很不像的個體採取類比推論？我們能不能承認與我很不相似的個體也可以有心呢？

三、方法論的回應——最佳解釋推論

雷勒指出，反獨我論的主張還是可以獲得支持，對於他心問題我們有很好的回應方式❻。他的回應策略是方法論的，訴諸所謂的最佳解釋推論。「最佳解釋推論」是一種歸納推論。首先，被解釋

---

❻ 參 Lehrer (1974): 160。

的稱為受解釋項，通常是個別的現象或者事件；用以解釋的稱為解釋項，通常包括一組假設或者理論。一個提出最佳解釋的理論至少要符合兩點：㈠相較於眾多競爭的理論，它具有最高的解釋力，也就是說，它的受解釋項的種類較多，而且各種受解釋項之間的差異較大。㈡相較於眾多競爭的理論，它最能滿足精簡原則。

　　精簡原則有兩個面向：㈠理論的精簡，或者解釋的精簡，意指在眾多競爭理論當中，以最少的假設或定律解釋最多（種類）的現象的理論，才是精簡的理論。換個方式來說，在眾多競爭理論當中，解釋負擔低的，就是精簡的；亦即在針對同一現象提出理論來解釋時，該理論不會因而必須補充額外的其他解釋。設對某現象 P_1 的解釋，有 T_1 和 T_2 是相競爭的理論。T_1 為了使得它對於 P_1 的解釋是可以接受的，不得不再補充對於 P_2 和 P_3 的解釋；但是，T_2 在解釋 P_1 時，沒有額外補充解釋 P_2 和 P_3 的負擔，則 T_2 比 T_1 精簡。㈡存有論的精簡，就是有名的傲砍剃刀：非有解釋上的必要，勿增加設定的元項❼。設 T_1 和 T_2 是兩個相互競爭的理論，前者必須承認三種元項的存在才能解釋一組現象，後者只承認兩種元項的存在就能解釋該組現象，則相對來說，T_2 滿足存有論的精簡。依據傲砍剃刀，我們在存有論上接受後者承認的兩種元項。

　　雷勒援引最佳解釋推論來解決他心問題，並從解釋負擔的輕重著手，來論證假設他心存在比起否認他心存在要好。想像老王被一根掉下來的樹枝砸到頭，他大叫「唉喲！」一聲，趕緊用手揉著頭，看看有沒有流血，還低頭看看到底是什麼東西砸到他。在正常情形

❼　原文為：*Pluralitas non est ponenda sine necessitate*，英譯為：Entities are not to be multiplied beyond (explanatory) necessity。

下（例如老王並不是在演戲，那根樹枝不是紙糊的道具），我們會認為老王此時是有感到疼痛的，我們也會認為他當時的一些行為反應乃是那痛覺引起的。這裡的假設是老王是有心的個體，並且運用了心理因果推論來反推他當下所處的心理狀態。

相對地，假設我否認老王是有心的個體。在這假設下，我仍然要對老王當時出現的那些行為提出解釋，只是我的解釋不會訴諸老王的任何心理狀態。然而，即使在否認老王是個有心的個體的情形下，我能夠對老王當時那些行為提出解釋，我仍然必須面臨兩種情形需要進一步的解釋：

第一種情形：即使老王是那種沒有痛覺但仍能表現那些行為的人，或許其他有些人是跟我一樣的，能有痛覺並且會因為痛覺而引起相應的行為反應。然而在這情形下，我欠缺一個解釋：對於同樣表現出那些行為的人，為什麼要承認那些人的行為是由其痛覺引起的，卻不承認老王的行為是由他的痛覺引起的？老王和那些人的差異在哪裡？更何況他心問題是否認我能知道「我」以外的所有其他人是有心的個體，因此，僅僅承認有些人有痛覺，並沒有真正回應到他心問題，也沒有說明我是如何知道那些人是有心的個體。

第二種情形：所有其他人都跟老王一樣，是那種沒有痛覺但仍能表現出那些行為的個體。也就是說，雖然所有人（包括我在內）都會出現那些行為反應，但我才是唯一會有痛覺的個體，並且引起我行為的原因就是我的痛覺，這跟別人的行為原因是完全不同的。然而在這情形下，我依然欠缺一個解釋：為什麼我以外的所有其他人都跟我一樣能表現出相同的行為，但是卻只有我的行為原因是我的痛覺，其他人卻不是？請留意，這裡欠缺的不僅僅是指：關於〈任

何他人為什麼出現那些行為〉的解釋，這裡欠缺的解釋更是指：對於我的行為的解釋以及對於他人在同樣情境下做出同樣行為為什麼會有不同的解釋？

不論是哪種情形，在假設他心不存在的情形下，我都必須提出更完整的解釋。相形之下，承認他人跟我一樣都是有心的個體，反而不需增加這麼多解釋上的負擔。所以，假設他人也是有心的個體，比起否認他人是有心的個體，是比較好的解釋。

訴諸最佳解釋推論是否能解決他心問題，當然涉及到最佳解釋推論在方法論上是否恰當。這是科學哲學裡的一個重要議題，底下作一些簡短的說明。

依照李普頓的說法❽，當我們對於一組現象提出幾種不同的解釋時（稱為「潛在解釋」），我們必須決定究竟哪一個解釋才是真實的解釋（「潛在解釋」與「真實解釋」的主要差異在於後者是實際為真的解釋）。最佳解釋推論就是要推論出：在眾多相競爭的潛在解釋當中的最佳解釋，乃是真實的解釋。這種推論有兩個篩濾的階段：先挑出可信的潛在解釋，再從中決定其最佳者。在他心問題上，「有他心存在」和「沒有他心存在」就是兩個相競爭（而且互斥）的潛在解釋，受解釋項就是個體遇到環境刺激後出現的外顯行為。

李普頓進一步指出「最佳解釋」有兩種意義：「機率最高的」以及「理解最深的」。這兩者是觀念上的差別，是不同的決定「最佳解釋」的規準。這兩個規準未必分指兩類不同的解釋，在某些例子裡，或許這兩者恰恰挑出相同的解釋，作為最佳的解釋，在別的例子裡這兩者挑出的最佳解釋則未必相同。不過，李普頓論證指出，採用

❽　參 Lipton (2004)。

「最高機率」作為規準是循環論證的，並不恰當。能夠提供最深理解的解釋才是恰當的、最佳的解釋。

范・弗拉森提出了兩個對於最佳解釋推論的質疑❾，李普頓特別稱之為思慮不周延論證。首先，在眾多競爭理論當中有最高機率的理論未必是可接受的（此處的「機率」是指理論與描述受解釋現象的語句之間的「條件機率」）。設對於某組現象的解釋有 T_1、T_2、T_3 這三個理論相競爭，而且 T_1 是其中有最高機率為真的理論，但 T_1 為真的機率只有 .3。在這情形下，我們很難接受 T_1 對於該組現象提供了最佳解釋。關於這一點，可以使用李普頓所說的第一個篩濾階段來作回應。例如，若是競爭理論為真的機率小於某個門檻值（例如 .5），則在第一階段就將之篩除。

范・弗拉森的第二個質疑比較棘手。他指出：有可能對於某組現象提出的競爭理論當中，並不包括提出真實解釋的理論，而這個可能性卻沒有任何方法論可以排除。換句話說，當有一群理論相競爭時，我們沒有方法知道究竟提出真實解釋的理論是否包括在其中。如果在一開始的時候，提供真實解釋的理論根本就沒有人提出來，即使依據李普頓所說的兩個篩濾階段，可以決定某個理論提供了最佳解釋，這個最佳解釋的理論當然不是提供真實解釋的理論。簡單說：真理論是競爭理論之一的機率有多高？如果在方法論上不能解決這個難題，訴諸最佳解釋推論並不能幫助我們解決任何問題。

看來，究竟雷勒訴諸最佳解釋推論以解決他心問題的作法能否成功，還得看「最佳解釋推論」在方法論上究竟可不可取。究竟我們是否有關於他心的知識，還得等這個問題先解決才行。

❾　參 van Fraassen (1989): 142–150。

四、他心問題——心理概念的習得與語詞的使用

　　他心問題還有另一個面向：如何說明心理概念的習得以及心理語詞的使用？設老王沒有〔直升機〕概念，但我有。原則上老王是可以從我這裡習得這項概念的。同樣地，如果老王有一些概念是我沒有的，原則上我也可以從他那裡習得那些概念。這主張對於物理概念的習得大致是正確的，但是心理概念是如何習得的呢？設老王處於某種心理狀態 M，與之相應的概念為〔M〕。我如何獲得這個概念？除非我知道他的〔M〕概念意指 M，否則我怎能確定我學到的是正確的概念？然而，我要如何才能知道〔M〕概念意指 M？反方向來說也是一樣的。設我處於某種心理狀態 M*，與之相應的概念為〔M*〕。老王如何從我這裡學到這個概念？

　　與心理概念的習得問題相關的是心理語詞如何使用的問題。不論是我還是任何其他人，在使用中文「直升機」這個語詞時，都談論到相同的事物。然而，心理語詞如何能共用呢？前面提到，知識論面向的他心問題源自心具有的私密性，造成了認知地位的不對等。我不可能親身經歷到他人所處的心理狀態，因而我不可能知道他心。

　　維根斯坦指責這種主張。他指出這主張會使得使用心理語詞的語言是私密的，但私密語言的主張是錯誤的，是對於語言的誤解❿。維根斯坦舉出有名的「盒中甲蟲」的比喻來駁斥私密語言。

---

❿　參 Wittgenstein (1953): sec. 293。

盒中甲蟲

　　想像你我每人手上都有一個不透明的盒子，每個人只能看到自己盒子的內部，看不到別人盒子的內部。因此每個人盒子裡有什麼東西，甚至盒子裡根本沒有東西，只有自己才知道。

每個人都說只要看看自己的盒子，就知道「甲蟲」這個詞指的是什麼。但維根斯坦指出，如此一來，「甲蟲」這個詞不可能是任何東西的名字，因為或許每個人盒子裡的東西都不一樣，也或許有些人的盒子裡根本沒有東西。不論盒子裡放的是什麼東西，甚至盒子裡根本沒有東西，我們將不可能確定究竟當你我使用「甲蟲」這個詞時，你我是否在談論相同的事物。

　　同樣地，設心理狀態具有私密性，而且使用心理語詞的語言是私密的。當老王使用「痛」一詞時，例如他說：「頭很痛。」他對於「痛」這個語詞的用法跟我的用法是否一樣，他和我用「痛」這個詞的時候，是否談論到相同的心理狀態，將是無法確定的。但如此一來，心理語詞將不會具有意義。

　　維根斯坦因此指出，如果我們能夠用語言來談論事物，則語言不可能是私密的。維根斯坦認為語詞具有意義的一項必要條件乃是其使用受到規則的約制。但「規則」在觀念上意味著有正確遵循的時候，也有不被正確遵循的時候。不可能違背的規則不是真正的規則。例如，「在高速公路開車時禁止講手機」是一條交通規則，因為它有正確遵循的時候，也有不被遵循的時候。但是，「在高速公路開車時禁止闖越平交道」不可能構成一條規則，因為不可能違背它。

維根斯坦指出：如果主張使用心理語詞的語言是私密的，心理語詞的使用是否正確（亦即沒有違背語言規則），將是我們無法斷定的；但更重要的是：在這種情形下，這類語詞的使用根本就沒有對錯可言，因此這類語詞根本不會有意義。將使用心理語詞的語言當作是私密的，顯然是錯誤的；認為有所謂私密的心理狀態，同樣也是錯誤的。

　　維根斯坦在心與認知哲學裡因而否認私密心理狀態的存在，走向哲學行為主義的立場。既是如此，我們似乎可以說，他心問題被維根斯坦解消了，因為「他心」不過就是他人顯現的行為而已。下一章就會解說哲學行為主義的主張。

本章重點回顧

- 夏佛 Jerome A. Shaffer
- 個別化 individuation
- 大維森 Donald Davidson (1917–2003)
- 附掛條件 ceteris paribus conditions
- 雷勒 Keith Lehrer (1936–)
- 最佳解釋推論 inference to the best explanation
- 受解釋項 *explanandum*
- 解釋項 *explanans*
- 精簡原則 principle of parsimony
- 傲砍剃刀 Ockham's razor
- 范・弗拉森 Bas C. van Fraassen (1941–)
- 思慮不周延論證 argument from underconsiderations
- 維根斯坦 Ludwig Wittgenstein (1889–1951)

第四章　當代物理論

　　本章介紹當代物理論的幾派重要學說。物理論（或者唯物論）主張這個世界真實存在的一切都是物理的，並沒有「非物理」的元項、性質、現象等。對於物理論的瞭解需要兩個概念：取消和化約。所謂「取消」是存有論意義的。取消一件事物就是否認該事物的真實性。所謂「化約」有概念的向度，稱為「理論化約」，也有存有論的向度，稱為「存有化約」，將在本章第一節介紹。物理論的主張在西方哲學史上很早就出現了，例如古希臘時期的原子論就已經是一種唯物論的哲學。本章不擬介紹唯物論史，僅將重點放在二十世紀出現的幾個重要的物理論派別，包括哲學行為主義、心腦類型同一論、異例一元論、取消唯物論、意向系統論，以及晚近興起的附隨物理論，一般也稱為非化約物理論。最後一節則介紹文獻上非常有名的反對物理論的知識論證。

一、化　約

　　所謂「化約」有概念的向度，稱為「理論化約」，也有存有論的向度，稱為「存有化約」。在 1958 年歐朋漢與帕南曾經共同發表了一篇文章，發展所謂微化約論的觀點。他們的主張主要包括以下三點：㈠這個世界是以一種層級結構的方式存在的；㈡上一層級的元

項可以經由「部分—整體」的關係而被「微化約」到下一層級的元項；因此，㈢處理上層元項的科學理論可以被「微化約」到處理下層元項的科學理論❶。第一點主張就是第二章第二節提到的層級存有論，第二點主張屬於「存有化約」的範圍，第三點主張屬於「理論化約」的範圍，例如將心理學理論化約到神經科學；或者將有機體生物學理論化約到細胞生物學，將細胞生物學理論化約到生物化學，將生物化學理論化約到物理學。

存有化約

存有論意義的「化約」是「等同」的意思：主張可以將 x 化約到 y，就是主張 x = y。由於形上學會承認存在的事物包括元項以及性質，「存有化約」可以再分為「元項化約」以及「性質化約」。所謂「元項化約」指的是兩個個體或者兩類個體的等同。表面上是兩個個體或者兩類個體，但其實是同一個個體或者同一類個體。例如，孔明等同於諸葛亮；或者例如根據當代化學，水等同於 H_2O，亦即水這類事物其實就是具有那種分子結構的事物。所謂「性質化約」是說：表面上是兩個性質，但其實是同一個性質。例如〈未婚成年男子〉這個性質跟〈單身漢〉這個性質其實是同一個性質❷。由於通常個體的類型是依據性質來區分的，類型等同視為性質等同的一

---

❶　參 Oppenheim & Putnam (1958)。

❷　〈單身漢〉跟〈未婚成年男子〉這兩個性質都是複合的，而不是原子的性質。卓斯基曾經指出「性質等同」的情形必定出現在至少其中一個性質不是原子性質的情形；因此，沒有任何兩個原子性質有可能是等同的。

種❸。

在第二章第二節介紹的浮現論是主張心理性質（心理狀態的類型）不能被化約到物理性質（物理狀態的類型）的。底下介紹的幾個物理論則是主張心理性質可以被化約到物理性質。

理論化約

要瞭解「理論化約」自然得先瞭解什麼是「理論」。一個理論是一套針對某個研究領域而發展的語言式的概念系統，被研究的領域稱為論域，亦即由被研究的個體構成的集合。這些個體構成這個理論的論述範圍。理論是由一組定律或假設構成的一套系統，用以描述、解釋和預測論域中個體的行為和特徵，或者這些個體呈現出來的現象。通常我們遇到的理論都是既包括定律也包括假設的，不過有些理論只是一種對於論域中的個體行為進行瞭解的嘗試而已，還沒有做到任何真實的描述和解釋，這類理論是純粹探索性的，其包含的都是假設，而沒有定律。

邏輯實證論（包括後來的邏輯經驗論）主張：「理論化約」是介於兩套理論之間的邏輯蘊涵關係。在早期的學說中，理論化約的基本單位是語詞或概念，對於兩個理論的語詞或概念進行意義的分析或定義，以建立它們之間意義的等同，然後再建立兩個理論之間的蘊涵關係。

假設理論 $\mathfrak{I}_1$ 只包含 t_1 和 t_2 兩個語詞或概念；理論 $\mathfrak{I}_2$ 則包含 t_1^*、t_2^*、t_3^* 三個語詞或概念。如果經由定義或者經由意義分析發現

---

❸ 關於存有化約涉及的「元項化約」以及「性質化約」可參 Causey (1972; 1977)，彭孟堯 (1996)。

t_1 和 t_1* 意義相同、t_2 和 t_2* 意義相同，則在 $\mathfrak{S}_1$ 理論裡所有出現 t_1 的語句都可以經由意義的等同而改為使用 t_1* 的語句，所有出現 t_2 的語句都可以經由意義的等同而改為使用 t_2* 的語句。這時候，$\mathfrak{S}_2$ 理論蘊涵 $\mathfrak{S}_1$ 理論，$\mathfrak{S}_1$ 被理論化約到了 $\mathfrak{S}_2$。

　　不過，邏輯實證論的哲學家很快發現這種以語詞或概念作為化約的單位，來進行理論化約的主張是根本行不通的，所以他們改以語句作為化約的單位。所謂 $\mathfrak{S}_1$ 理論被化約到 $\mathfrak{S}_2$ 理論，意思是說，所有 $\mathfrak{S}_1$ 理論中的定律和假設，經由橋律的引進，都可在 $\mathfrak{S}_2$ 理論裡被邏輯推導出來❹。設有兩理論 $\mathfrak{S}_1$ 和 $\mathfrak{S}_2$，$\mathfrak{S}_1$ 的定律為 $\mathcal{L} = \{ \mathcal{L}_1, \mathcal{L}_2, ... \}$，$\mathfrak{S}_2$ 的定律為 $\mathcal{L}^* = \{ \mathcal{L}^*_1, \mathcal{L}^*_2, ... \}$，而且建立的橋律為 $\mathcal{B} = \{ \mathcal{B}_1, \mathcal{B}_2, ... \}$。所謂將 $\mathfrak{S}_1$ 理論化約到 $\mathfrak{S}_2$，意思是說，$\mathcal{L}^*$ 加上 $\mathcal{B}$ 邏輯蘊涵 $\mathcal{L}$。

　　假設 $\mathfrak{S}_1$ 理論只包括 $(x)(y)(A_1 x \rightarrow B_1 y)$ 以及 $(x)(y)(A_2 x \rightarrow B_2 y)$ 兩條定律（" $\rightarrow$ " 表示定律的關係）；$\mathfrak{S}_2$ 理論包括 $(x)(y)(C_1 x \rightarrow D_1 y)$ 以及 $(x)(y)(C_2 x \rightarrow D_2 y)$ 兩條定律。所謂橋律是指：

$$(x)(A_1 x \equiv C_1 x)$$
$$(x)(A_2 x \equiv C_2 x)$$
$$(x)(B_1 x \equiv D_1 x)$$
$$(x)(B_2 x \equiv D_2 x)$$

如果能夠建立這四條橋律，則從 $\mathfrak{S}_2$ 理論的定律就可以有效推導出 $\mathfrak{S}_1$ 理論的兩條定律。簡單說，$\mathfrak{S}_2$ 的定律加上這四條橋律邏輯蘊涵 $\mathfrak{S}_1$ 理論中的定律；此時，$\mathfrak{S}_1$ 理論就被化約到 $\mathfrak{S}_2$ 理論了。如果 $\mathfrak{S}_1$

---

❹　參 Nagle (1961)。

理論裡至少有一條定律不能以這方式在 $\mathfrak{I}_2$ 理論裡被推導出來，則 $\mathfrak{I}_2$ 理論沒有邏輯蘊涵 $\mathfrak{I}_1$ 理論，這時候 $\mathfrak{I}_1$ 理論沒有被化約到 $\mathfrak{I}_2$ 理論。最後，如果 $\mathfrak{I}_2$ 理論邏輯蘊涵 $\mathfrak{I}_1$ 理論，而且 $\mathfrak{I}_1$ 理論也邏輯蘊涵 $\mathfrak{I}_2$ 理論，亦即 $\mathfrak{I}_1$ 理論和 $\mathfrak{I}_2$ 理論互相邏輯蘊涵，此時我們說 $\mathfrak{I}_1$ 理論和 $\mathfrak{I}_2$ 理論是邏輯等值的兩個理論。這種情形是雙向的理論化約；也就是說，$\mathfrak{I}_1$ 理論和 $\mathfrak{I}_2$ 理論根本就是同一個理論，只是用不同的語言表達而已。此時我們也可以說：$\mathfrak{I}_1$ 理論和 $\mathfrak{I}_2$ 理論是可以彼此互相轉譯的。

　　所有的橋律都是等值句，以建立橋律來進行理論化約的主張是一種比較強的化約論。當代哲學界認為這種強勢的化約論是做不到的。胡克和丘曲藍分別提出了一個有別於傳統理論化約學說的重大改革，主張以較弱的配對函數來代替橋律❺。對他們來說，在進行理論化約的時候，演繹關係並不是出現在兩個理論之間，而是出現在進行化約的理論之內的：要將理論 $\mathfrak{I}_2$ 化約到理論 $\mathfrak{I}_1$ 就是要在 $\mathfrak{I}_1$ 內演繹出理論 $\mathfrak{I}_2$ 的圖像。所謂理論 $\mathfrak{I}_1$ 被化約到理論 $\mathfrak{I}_2$ 並不是指 $\mathfrak{I}_2$ 邏輯蘊涵 $\mathfrak{I}_1$，而是指在 $\mathfrak{I}_2$ 中就可以邏輯推導出一個次系統，這個次系統經由某組配對函數的運作，跟 $\mathfrak{I}_1$ 具有完全一一對應的印射關係。這些配對出來的定理所構成的集合與 $\mathfrak{I}_2$ 具有同構性，稱為 $\mathfrak{I}_1$ 的「圖像」。

　　這個新的理論化約的學說放棄了「橋律」在理論化約中佔有的關鍵地位，取而代之的則是「配對函數」而已。要產生 $\mathfrak{I}_2$ 的圖像首先需要 $\mathfrak{I}_2$ 的語詞與 $\mathfrak{I}_1$ 的語詞之間的配對函數以產生「二項序列」，例如 $\langle t_1^*, t_1 \rangle$（$t_1^*$ 為 $\mathfrak{I}_2$ 的語詞所代表的事物，t_1 為 $\mathfrak{I}_1$ 的語

❺　參 Hooker (1981)、Churchland (1979)。

詞所代表的事物）。在這語詞與語詞的配對函數之下，$\Im_2$ 的主要定律就可以配對到 $\Im_1$ 的定理。這些「配對函數」可以是最嚴格的表達元項等同的陳述，但也可以僅僅是語詞和語詞之間純粹的「配對」而已。如果 $\Im_1$ 理論和 $\Im_2$ 理論彼此是對方的圖像，則兩個理論是可以互相轉譯的❻。

　　不過，當代許多哲學家都提出了反對的意見，認為化約是做不到的。例如，賀爾指出在遺傳生物學裡，由於多對多之難題，孟德爾的遺傳學不能被化約到分子生物遺傳學❼。這個「多對多之難題」是說，任何一個以孟德爾遺傳學的述詞所表達的現象，都可以在分子生物學裡找到不同類型的分子運作的機制來產生；而且相對於任何一個分子生物學裡的分子運作機制所產生的現象，則必須要在孟德爾遺傳學裡用一組不同類型的述詞來共同加以描述。因此不可能找到一組橋律或配對函數來作為理論化約的介面。佛德指出，任何一門特殊科學，尤其是心理學，都無法被化約到較基礎的科學去，因為(1)特殊科學有其獨特的對於解釋的需求和獨特的對於世界的分類，而這兩者都是無法被基礎科學掌握到的；而且(2)特殊科學的定律都是屬於「附掛型」的，都帶有附掛條件，亦即都必須附有考慮

---

❻　不過，即使兩個理論邏輯等值，並不表示它們就也是經驗等值的。這是因為兩者的核驗未必相同，也就是說，核驗 $\Im_1$ 理論的經驗驗據未必可以核驗 $\Im_2$ 理論，核驗 $\Im_2$ 理論的經核驗據同樣也未必可以核驗 $\Im_1$ 理論。還好這一點對於化約的問題影響不大，就此略過。關於「核驗」理論可參考彭孟堯 (2009) 第十一章的介紹。

❼　參 Hull (1972; 1974)。「多對多之難題」這一個名稱是 Rosenberg (1994) 提出的。

其他情形的子句，因而不能被化約到基礎科學的定律❽。佛德的論證其實是建基在**多重可具現性**這個概念之上。下一章解說過這個概念之後，請讀者回顧這裡的介紹。

　　現在讓我們來看看當代主要的幾種物理論學說。

二、行為主義

　　關於行為主義，韓培爾首先指出一項差異：科學意義的行為主義與哲學意義的行為主義是不同的；他將前者稱為「方法論的行為主義」，後者稱為「哲學行為主義」❾。

　　方法論的行為主義又稱為「心理學的行為主義」，是當代心理學三大思潮之一，以華生和史金納為最重要的人物。這個心理學的思潮接受實證主義的思想，反對十九世紀心理學以內省法作為研究的方法，認為以內省做研究是不科學的。要使得心理學的研究成為一門科學，其研究對象必須具備可觀察、可測量、可公共達取等性質。這派學者認為與心理領域有關的只有個體的行為才具備這些特徵，所以「行為」才是科學心理學的研究對象，也是唯一的研究對象。既是如此，方法論的行為主義主張：心理學是一門研究個體行為樣式與行為傾向的科學。

　　詳細一點來說，方法論的行為主義主張：個體的行為乃是個體對於外在物理環境刺激做出來的反應。不過，生物本能反應並不屬於行為主義所謂的「行為」，經由制約機制建立的才是。所謂「行為

---

❽　參 Fodor (1974)。

❾　參 Hempel (1949)。

樣式」指的就是這種環境刺激—行為反應之間有規律的連結,「制約」則是形成這種規律連結的機制。行為主義認為只有這種連結的樣式才是可被觀察、測量、可公共達取、並可進行實驗的。至於所謂的「行為傾向」,以「如若條件句」可以這樣理解:如若個體接受某類環境刺激,則必當該個體出現如此這般的行為。

　　對方法論的行為主義來說,介於環境刺激與行為反應之間的事物不是科學心理學的研究題材,是一個心理學可以置之不顧的「黑盒子」:

環境刺激 → 黑盒子 → 行為反應

中間的「黑盒子」或者是指大腦活動,或者是指一般人承認的心理活動。但是對方法論的行為主義來說,所謂的心理狀態、心理現象等都不適合作為科學心理學的研究對象。不但如此,方法論的行為主義也排除了大腦研究與心理學的關係。對方法論的行為主義來說,不論黑盒子是什麼,都不是科學心理學關心的。

　　心理學的行為主義僅僅是從方法論的角度來論述心理學的研究對象與研究方法而已,對於心理實在界既沒有預設也沒有蘊涵任何存有論的立場。就這點來說,方法論的行為主義與心物二元論和唯物論的主張都是相容的。儘管如此,接受方法論行為主義的學者多半也接受了哲學行為主義。

哲學行為主義

　　在當代最早出現的物理論是哲學行為主義(又稱為「分析行為

主義」、「邏輯行為主義」)，其代表人物除了維根斯坦之外，主要還包括萊爾和韓培爾。

　　哲學行為主義並不是從方法論的角度考量對於心理領域要如何進行科學研究。它是一種存有論的主張，其基本思維與邏輯經驗論（其前身是邏輯實證論）有密切關聯。

　　大致來說，邏輯經驗論主張兩點：⑴只有具備認知意義的語句才有真假可言；⑵只有滿足可檢證原則的語句才具有認知意義。

　　韓培爾在 1949 年為文倡導可轉譯論理，後來他在 1977 年的一篇論文中放棄了這主張，改採較弱的可化約論理；帕南在批駁哲學行為主義時，將這研究進路區分為「強行為主義」與「弱行為主義」；萊肯則將這進路區分為「取消行為主義」與「化約行為主義」❿。「取消行為主義」是韓培爾和帕南不曾提到的，韓培爾的「可轉譯論理」相當於帕南說的「強行為主義」，他的「可化約論理」以及萊肯說的「化約行為主義」相當於帕南說的「弱行為主義」。本書合併帕南和萊肯的區別，依據主張的強度將哲學行為主義依序分為：⑴取消行為主義，⑵強行為主義（可轉譯論理），⑶弱行為主義（可化約論理、化約行為主義）。底下分別從概念向度（理論化約）以及存有論向度（存有化約）來介紹。

　　在概念向度上，弱行為主義接受理論化約，所以又稱為「化約行為主義」。早期的哲學行為主義從分析心理概念或者心理語詞的意義著手，主張每個心理概念或者心理語詞的意義乃是某組行為樣式或行為傾向。例如，「痛」概念（或者語詞）並不是指涉〔痛〕這種心理狀態，而是指涉一組行為樣式和行為傾向。因此，使用心理概

---

❿　參 Hempel (1949; 1969)、Putnam (1963)、Lycan (1990)。

念或者心理語詞來做描述的理論，都可以被理論化約到描述行為樣式和行為傾向的理論。這是為什麼哲學行為主義又稱為「分析行為主義」或者「邏輯行為主義」的由來。當然，隨著邏輯經驗論對於「理論化約」主張的改變，哲學行為主義改採語句作為化約的單位，主張任何心理語句都可以被理論化約到一組描述行為樣式和行為傾向的語句（簡稱「行為語句」）。因此，包含心理語句的理論都會被化約到只包含行為語句的理論。不過，弱行為主義主張，這種理論化約是單向的：雖然行為理論（加上橋律）邏輯蘊涵心理理論，但心理理論（不論加上其他任何橋律）並不邏輯蘊涵行為理論。

弱行為主義雖然在概念向度上接受可化約論理，在存有論的向度上，弱行為主義並不一定要承認（也未必否認）心理世界的真實性，這學說對於心理實在界並沒有存有論上的定見。這學說可以採取比較強的「取消」的走向，否認心理實在界；也可以採取比較弱的「存有化約」的走向，將心理狀態等同於行為。通常弱行為主義者是接受「存有化約」的立場的。

相較於弱行為主義，強行為主義在概念向度上接受較強的可轉譯論理。所謂「可轉譯論理」主張，介於包含心理語句的理論以及包含行為語句的理論之間的，是雙向的理論化約關係。這兩種理論是可以互相轉換的。但是韓培爾後來認為從包含行為語句的理論不能邏輯蘊涵包含心理語句的理論，這迫使他放棄了「可轉譯論理」，改採較弱的「可化約論理」。至於在存有論的向度上，強行為主義接受「存有化約」，主張每一種心理狀態都等同於某組行為樣式或行為傾向。

最後，取消行為主義在存有論的向度上，完全否認心理現象的

存在，將心理實在界徹底取消，是一種相當極端的物理論立場。萊爾早在《心的概念》一書中就已經明白否定心理實在界，他的主張正是取消行為主義❶。在概念向度上，取消行為主義主張心理語句根本無法被理論化約到行為語句。不但如此，心理概念或者心理語詞不具有任何意義或指涉，心理語句根本就不具有認知意義、不具有真假值。對取消行為主義來說，心理語詞和心理語句僅僅具有工具性，只是方便我們對於個體行為提出解釋或者預測而已（這種主張有時也稱為工具主義）。

最後補充兩點：⑴對哲學行為主義來說，前面提到的黑盒子必定是大腦活動，不會是有別於大腦活動的心理活動。因為從存有論的向度來看，心理活動或者被取消，或者被等同於行為樣式。無論是哪一個作法，心理活動都不會等同於大腦的活動，也不會是介於環境刺激與行為反應之間的媒介。⑵哲學行為主義回答了心物難題。取消行為主義由於否認心理實在性，既否認心物因果交互論理，也否認心物差異論理，當然免除了心物難題。強行為主義主張心理狀態等同於行為樣式或者行為傾向。但由於等同關係不是因果關係，強行為主義因而重新將心物因果交互作用詮釋為行為與行為之間的因果關聯；由於行為是物理的，強行為主義因而否認了心物差異論理。

對哲學行為主義的批駁

在心理學的發展史上行為主義曾經盛極一時，籠罩整個心理學界乃至於整個社會科學界近半世紀之久。不過，心理學的行為主義

---

❶　參 Ryle (1949)。

已經不再是學術界的顯學，它的影響力早已消褪。基於算機功能論
而發展出來的認知科學取代了行為主義對於心與認知的科學研究。
另一個造成行為主義式微的原因，則是腦神經科學研究的開展，科
學家開始有比較好的理論和技術來瞭解腦神經系統的運作。這方面
的發展使得科學界對於心與認知的研究不再侷限於個體的行為樣
式。至於哲學行為主義也由於種種內部理論困難，失去了哲學家的
支持。此外，哲學界在一九五〇年代提出了「心腦狀態類型同一論」
的哲學主張，以及隨之而起的幾種功能論學說，哲學行為主義不得
不消失了。讓我們看看哲學行為主義遭遇的理論困難。

　　帕南曾經提出完美偽裝者論證以及超級斯巴達人論證來駁斥哲
學行為主義[12]。他要我們想像一位非常擅長偽裝的人，能夠用他的
面部表情、說話，以及肢體動作，完美演出各種喜怒哀樂、七情六
欲的心理世界。例如，他明明實際上沒有感覺痛，但卻能偽裝出感
覺到痛的臉部表情以及各種相關的動作，而且沒有任何破綻。帕南
接著要我們想像一位超級斯巴達人，甚至是超級超級斯巴達人。這
位超級斯巴達人跟完美偽裝者恰好相反，不論他正處於哪種喜怒哀
樂的狀態，他完全不會表現出任何相關的臉部表情和肢體動作。

　　這兩件想像有什麼用意呢？「完美偽裝者」在於指出這個可能性：
個體有表現出行為,但並沒有處於相關的心理狀態。「超級斯巴達人」
的用意正好相反，在於指出這個可能性：個體處於某些心理狀態，
但卻沒有表現出任何相應的行為。在概念向度上，這兩件想像試圖
論證：心理狀態與個體行為之間並沒有必然的關聯。一方面，有可
能行為語句為真但相應的心理語句為假，亦即行為語句並不蘊涵心

────────────────

[12]　他其實提到了「超級超級斯巴達人」，這裡略過。參 Putnam (1963)。

理語句。因此，心理理論並不能被化約到包含行為語句的理論。另一方面，在概念向度上，也有可能心理語句為真但相應的行為語句為假，亦即心理語句並不蘊涵行為語句。因此，包含行為語句的理論並不能被化約到心理理論。所以，不僅可轉譯論理是錯誤的，可化約論理也是錯誤的。

其實韓培爾早在 1949 年論文的結尾，已經注意到了完美偽裝者的可能性會造成行為主義的理論困難。他的回應是：只要依據完美偽裝者中樞神經系統的活動，就可以破解他的偽裝。看來韓培爾的回應已經承認，比起行為來，大腦活動與人的心理活動有更緊密的關聯。但是身為哲學行為主義者，韓培爾的回應註定是失敗的，因為哲學行為主義在說明心理世界時，無論是在概念向度還是存有論向度都不會談及大腦活動的。

對於哲學行為主義的另一個反駁來自於下列兩件觀察：⑴兩個不同的人表現出相同的行為，但他們處於不同的內心狀態；⑵兩個不同的人處於相同的心理狀態，但是他們的外顯行為卻截然不同。若是如此，在存有論的向度上，心理狀態不可能等同於行為或行為傾向；在概念向度上，心理語詞（或概念）以及心理語句都無法一一對應到行為語詞和行為語句，因此心理理論與包含行為語句的理論之間的化約是做不到的。

對於哲學行為主義另外還有兩個相當重要的反駁。齊生和史地曲先後指出，哲學行為主義企圖以行為定義心理狀態的作法，必定陷入循環定義的謬誤，因為這樣的定義必定涉及到其他的心理狀態❸；在行為主義將心理狀態分析到一組行為時，在該行為分析中

❸　參 Chisholm (1957): chap. 11、Stich (1983): 16。

總免不了提到其他的心理狀態。例如，在分析「牙疼」時，除了要將某些臉部表情、某些肢體動作放入分析之外，還得將「想要減輕疼痛」、「變得焦躁不安」、「相信用手按著臉頰就不會覺得那麼痛」等，放入那項分析之中。但這樣的分析又引進了別的心理狀態，不是純粹的行為分析。若是如此，純粹的行為分析是根本做不到的。

但還不只如此！佛德與布拉克指出，個體行為的原因不但是他的心理狀態，而且是他的許多心理狀態共同促成的。個體的行為鮮少是由單一某個心理狀態引起的 **⓮**。例如，在開會進行表決時，老王做出舉手的動作,造成他舉手的原因至少包括他的兩個心理狀態：他想要表示贊成、他相信此時舉手是表示贊成的。

以上幾種對於哲學行為主義的批駁反映了兩項關鍵想法：(1)介於心與行為之間的是因果關係，不是等同關係。我們總是追溯到個體的內心世界來解釋個體為何如此行為，以個體的欲望、信念、情緒……，作為他此時此刻如此行為的原因。(2)心理狀態與行為之間的關係是「多對多」的關聯，亦即每個心理狀態對應到不確定多數的行為，每件行為也對應到不確定多數的心理狀態。基於心與行為之間具有這些關係，心與行為不會是等同的。哲學行為主義是錯誤的學說。

三、心腦類型同一論

哲學行為主義確實盛極一時，但另一個物理論的流派很快就吸引了哲學界：心腦狀態類型同一論，簡稱「心腦同一論」，文獻上也

⓮　參 Block & Fodor (1972): 80。

通稱為「化約唯物論」**⑮**。顧名思義，心腦同一論就是主張：任何類型的心理狀態都等同於某種類型的大腦狀態（或者大腦神經系統的某種運作歷程）。例如「痛」這一類型的心理狀態等同於某種類型的大腦狀態。這主張對一般人是相當吸引的，許多人都認為心理活動不過就是大腦的活動。科幻小說就常常將思想和記憶視為一種腦波，只要擷取到腦波就可以擷取到人的思想或者記憶。雖然腦波不是大腦狀態，但仍然是大腦活動造成的。寬鬆一點來說，這些想法都可以視為心腦同一論的立場。

心腦同一論主張的「等同」關係是就狀態類型來說的。所謂「類型」是指將各個個例依某種特徵歸類，「個例」是指實際出現在某個時空區段的事物。例如：

白　白　white

這一行字有三個個例，各自出現在不同的時空位置。如果依據形狀來看，則這一行字有兩個類型；前兩個字是第一個形狀類型的個例，第三個字是第二個形狀類型的個例。如果依據意義來看，則只有一個類型，那三個字都是這個意義類型的個例。

從存有論的向度來看，心腦同一論主張：每個心理元項都等同於某個大腦元項，每個心理性質都等同於某個大腦性質。因此，心腦同一論不僅是實體一元論的立場，也是性質一元論的立場，有別於第二章第二節提到的主張實體一元但性質二元的學說。

再者，儘管每個類型的心理狀態都等同於某種類型的大腦狀態，究竟心理狀態等同於哪個大腦狀態，不是哲學能夠決定的，必須讓

⑮ 主要代表人物有 H. Feigl、U. T. Place 以及 J. J. C. Smart。

科學研究來回答。正如同科學家經由研究與理論建構發現了水就是
（等同於）具有 H_2O 分子結構的事物，同樣地，哪個類型的心理狀
態等同於哪個類型的大腦狀態，也有待科學研究來確定。

　　在概念向度方面，史馬特認為關於心理狀態的陳述句不能被翻
譯為關於大腦活動的陳述句。這是由於心理語詞和關於大腦活動的
語詞意義並不相同，例如，「感覺到痛」和「大腦處於某種活動狀態」
兩個語詞表達不同的意義。不過，心理語詞與涉及大腦活動的語詞
儘管意義不同，卻不妨害兩者具有相同的指涉：「感覺到痛」和「大
腦處於某種活動狀態」兩個語詞指涉相同的物理現象。類比來說，
「擺空城計的人」和「〈後出師表〉的作者」這兩個語詞雖然意義不
同，但指涉到的是相同的人。儘管使用心理語詞的陳述句不能翻譯
為使用涉及大腦活動語詞的陳述句，史馬特認為這類陳述句是可以
他所謂中性主題的轉譯方式來理解的。設老王看到面前有顆紅番茄。
當他說：「我看到一顆紅番茄」時，對於他這件視覺經驗可以描述為：
「我有個看到紅色圓形物體的視覺經驗」。他這個陳述句進而可以理
解成：「有件事正在發生，就像當我……時發生的事一樣」❶，這裡
的 “……” 是要填入老王所接受的外在物理環境的刺激，如光波如
何從那顆紅番茄打入老王的視網膜、當時的室內照明程度……。這
種轉譯方式是「中性主題」的，意思是說，這種轉譯抽離了存有論
的主張，既不偏向二元論，也不偏向物理論。不論是二元論者還是
物理論者都可以接受這種「中性主題」的方式來理解關於心理狀態
的陳述句。既是如此，二元論與物理論成了相互競爭的理論，史馬

---

❶　原文是：There is something going on which is like what is going on when
　　I...。

特接著藉由傲砍剃刀進一步主張我們應該接受心腦同一論，那個「中性主題」的轉譯語句所描述的事情就是大腦活動發生的事情。

　　心腦同一論可以說是類型物理論的一種版本。類型物理論是比較廣義的立場，主張每種類型的心理狀態都等同於某種類型的物理狀態，但並不執意於哪種物理狀態。例如，哲學行為主義可以視為類型物理論的一個版本，正如前面介紹的，強行為主義將每個類型的心理狀態等同於某種類型的行為樣式或傾向。另一方面，個例物理論則是主張每個個例的心理狀態都等同於某個個例的物理狀態。這種等同是嚴格意義的，是所謂的數一等同，例如孔明之等同於諸葛亮就是嚴格意義的數一等同❼。相較於類型物理論，個例物理論是比較弱的立場：類型物理論蘊涵個例物理論，但後者不蘊涵前者。事實上，當代有許多心物二元論的哲學家是同時接受個例物理論的；在第五章介紹功能論時，我們也會看到功能論反對類型物理論，但是接受個例物理論。

心腦同一論的困難

　　心腦同一論是一般人願意接受的，當代更有許多認知神經科學家無意中也接受這種立場。不過，心腦同一論，乃至於其他的類型物理論，仍面臨一些哲學困難。

　　首先，對於心腦同一論（或者任何的類型物理論）的反駁源自佛列格的語言哲學。依據佛列格關於單稱詞（例如專名和確定描述詞）語意性質的說法：(1)單稱詞具有意涵以及指涉。「指涉」就是該語詞談論的事物，「意涵」是指該語詞對於該事物呈現樣態的表徵。

---

❼　這裡說的「嚴格意義的數一等同」不涉及克理普奇的嚴格指稱詞理論。

例如「〈後出師表〉的作者」這個語詞的指涉是孔明這個人，其意涵則是指某個獨一無二的人具有〈寫了〈後出師表〉〉這個性質 ❶ 。(2) 佛列格還主張意涵決定指涉：任何符合該意涵的個體就是該單稱詞的指涉，因而任何兩個有相同意涵的單稱詞必定具有相同的指涉。從這兩點主張可以看出來，如果兩個不同意涵的單稱詞有相同的指涉，則這兩個意涵必定是談論到被指涉事物的兩個不同的性質。例如，「〈後出師表〉的作者」以及「被劉備三顧茅廬的人」這兩個語詞都指涉到孔明這個人，但有不同的意涵：它們分別談到孔明的兩個性質。

　　如何從佛列格這套語言哲學來反駁心腦同一論呢？前面提到心腦同一論不主張心理語詞與談到大腦活動的語詞有相同的意義（亦即佛列格所說的「意涵」），但卻有相同的指涉。設「痛」這個詞與某個談論大腦活動的語詞就是如此。姑且將該談論大腦活動的語詞以 “B” 表示。將「痛」的意涵稱為 S_1，“B” 的意涵稱為 S_2。因此，「痛」與 “B” 這兩個詞必定談論到同一個事物的兩個不同的性質 P_1 和 P_2，亦即 S_1 表徵了 P_1，S_2 表徵了 P_2。不論 “B” 描述了哪個大腦活動，“B” 的意涵所談論到的性質必定是物理性質。但是，由於「痛」與任何 “B” 詞的意義必定不同，因此「痛」的意涵所談論到的性質不可能是物理的，這個性質必定是非物理的。如此一來，「痛」和 “B” 這兩個語詞指涉的事物必定具有兩種不同類的性質，其一是物理的，其另一是非物理的。因此，心腦同一論，乃至於任何版本的類型物理論，都不得不承認有兩類性質，亦即心理性質以及物理性質。但

❶　這是就理想語言說的，自然語言裡有些詞只有意涵，沒有指涉，例如「孫悟空」、「最大的質數」、「聖誕老人」。

是這種「實體一元，但性質二元」的立場與類型物理論是相衝突的。

另外一個對於心腦同一論的反駁來自於克理普奇關於專名的語意學。他也是基於對於語言的一些看法來反駁心腦同一論的。克理普奇指出：(1)專名是嚴格指稱詞，但大多數的確定描述詞則不是嚴格指稱詞；(2)所謂一個指稱詞是嚴格的，意思是說，如果該指稱詞實際指涉某個事物，則在任何設想的可能情形下，該指稱詞的指涉都維持不變。例如，「孔明」這個名字實際指涉孔明這個人，無論我們如何設想各種可能情形，比如設想「劉備雖然三顧茅廬，但孔明仍決定不幫助劉備」，此時「孔明」這個名字依然指涉孔明這個人；(3)對於任何一個事實上為真的等同句 "a = b" 來說，如果 "a" 和 "b" 都是嚴格指稱詞，則 "a = b" 是必真的。大多數的確定描述詞都不是嚴格指稱詞，例如「〈後出師表〉的作者」就不是嚴格指稱詞，儘管〈後出師表〉的作者實際上是孔明，但我們可以設想一個可能性：孔明沒有寫這篇〈後出師表〉。換個方式來說，「孔明寫〈後出師表〉」這語句並不是必真的，而是偶真的，儘管這語句實際為真，卻可能為假。因此，在設想該語句為假的可能情形裡，〈後出師表〉的作者不是孔明，「〈後出師表〉的作者」這個語詞不是指涉孔明這個人。

克理普奇的理論也適用到自然類詞，它們都是嚴格指稱詞。不但如此，心理語詞，例如「痛」，也是嚴格指稱詞，指涉到大腦活動的語詞也同樣是嚴格指稱詞。因此，按照上面的說法，如果「痛 = 某種大腦活動狀態」為真，則這語句是必然真，不會如心腦同一論所說的是偶真句。

影響更大的反駁大概是所謂「大腦沙文主義」的質疑，帕南以及後續許多哲學家都提出了這種批判。他們的想法是這樣的：將心

理狀態等同於人類的大腦活動狀態是一種「自大」的主張。人類當
然是有心的，但我們沒有理由否認人類以外的其他生物，乃至於外
星生物，也可能是有心的。將人類大腦活動狀態稱為 "B"。試考慮
這個可能性：某種外星生物其大腦材質、構造與運作原理都和地球
人的大腦完全不一樣，稱為 "B*"，亦即假設 $B \neq B*$；不過這種外星
人跟地球人一樣，也是有心的，也會有知覺、相信、希望、痛苦、
快樂等。然而依據心腦同一論，任何心理狀態的類型都等同於某種
大腦狀態的類型。設「痛 = 地球人的某種大腦活動狀態 B」。由於該
種外星生物也會具有痛覺，所以「痛 = 該種外星生物的某種大腦活
動狀態 B*」。由於等同語句是必真的，而且「等同」具有遞移性，
我們推導出 "$B = B*$"，與先前的假設矛盾。

　　或許心腦同一論者可以堅持，只有人類這種大腦結構才能有心，
外星人的可能性難以信服。這堅持引出另外一個所謂的畫界難題：
人類以外的某些動物似乎是有心的，例如大象、黑猩猩、馬、牛、
豬、狗、海豚……。這些動物大腦結構或許不如人類，但也許我們
還可以承認牠們能呈現一些心理現象,乃至於不太複雜的心智活動。
那麼，鱷魚呢？蝦子呢？章魚呢？草履蟲呢？特別是那些不具有中
樞神經系統的生物，我們是否要承認牠們也會呈現一些心理現象呢？
心腦同一論者想必得主張：沒有中樞神經系統的生物不能呈現任何
心理現象。對有些人來說，這是太強的主張。

　　另外一個有關「大腦沙文主義」的思考方向是這樣的：會思考、
有情緒的機器人是否可能？當代人工智能的基本立場就是認為原則
上這是可能的。很明顯地，人工智能意圖建造的機器人其材質、構
造與運作原理跟人腦是截然不同的。然而，心腦同一論勢必無法容

許這種不具人腦的事物能夠有心，這卻又與許多人的直覺想法相反。當帕南藉由功能論提出所謂「多重可實現性」的觀念時，他就是在試圖指出，沒有必要將人腦當作唯一可能有心的事物 ⑲。心腦同一論出現的時間很短、當代心與認知哲學的發展蓬勃，都與帕南之提倡功能論有密切關聯。

四、異例一元論

前面已經提到個例物理論的主張。大維森提倡的異例一元論是一種個例物理論的立場 ⑳。他不接受類型物理論；另外，由於他同時否認心理類型的存在，他自然不是個二元論者。

大維森指出：有三個原則各自單獨來看是可以接受的，但同時接受三者將會產生理論衝突。第一個原則是我們已經熟悉的「心物因果交互作用原則」。第二個原則稱為「因果關係的定律原則」。哲學界通常接受介於因果關係之間的是個例事件。「這顆球此時以某種速度以某種軌跡朝某個方向移動」就是一個個例事件；「那塊玻璃此時以某種方式碎裂開來」就是另外一個個例事件，兩者之間具有因果關係。另一方面，哲學界一般認為，定律是介於類型之間的關係，而且每件發生的因果關係都可被定律涵蓋，亦即都是某個因果定律的個例。第三個原則是說，沒有任何嚴格的決定論式的定律可以讓我們解釋預測心理事件的發生（所謂「決定論式的定律」簡單說，是指不涉及機率概念的定律）。前兩條原則蘊涵心物因果交互作用必

---

⑲　參 Putnam (1963)。

⑳　參 Davidson (1970a)。

定是可被定律涵蓋的，然而這結論與第三條原則相衝突。如何化解這理論衝突呢？

　　大維森先從「心物定律關係」以及「心物等同關係」兩個面向區別四種哲學立場。所謂「心物定律關係」，意思是說，任何心理類型都與某種物理類型之間具有關聯性的定律關係❷。所謂「心物等同關係」，或者是指任何心理類型等同於某物理類型（類型物理論），例如前面介紹的心腦同一論的主張，或者是指任何心理個例都等同於某個物理個例（個例物理論）。依據這兩個面向而劃分的哲學立場包括：

　　㈠定律一元論：承認心物之間具有關聯性的定律關係，並且心理類型與物理類型是等同的。心腦同一論屬於這種立場。

　　㈡定律二元論：承認心物之間具有關聯性的定律關係，不過心理類型與物理類型不是等同的。平行論、機遇論、副現象論屬於這種立場。

　　㈢異例二元論：否認心物之間具有關聯性的定律關係，並且主張心理類型與物理類型不是等同的。

　　㈣異例一元論：否認心物之間具有關聯性的定律關係，否認心理類型的存在，但是承認心理個例與物理個例是等同的。大維森提倡的異例一元論是這種立場。

　　以上㈠和㈡兩種立場顯然都接受前述第二條原則，亦即因果關係的定律原則。大維森的異例一元論似乎並不接受這條原則。不過這只是表面的。他的異例一元論是同時接受這三條原則的。首先，

────────

❷　所謂兩種類型之間具有「關聯性的定律」關係，意指兩種類型有一一對應的關係。不過，這種關係未必是因果關係。

因果關係是介於個例事件之間的，不是語言的。任何兩個個例事件之間如果具有因果關係，則不論如何描述它們，那因果關係都依然存在。例如，如果有顆球打破了窗玻璃，不論我們如何描述那顆球（「有某名人親筆簽名的那顆球」、「家傳三代的那顆球」），也不論我們如何描述窗玻璃破裂的現象（「家裡最大的一扇窗」、「家裡唯一有裂縫的一扇窗」），那兩件事情之間的因果關係並不會因為我們的描述而改變。但是定律本身是語言的，因此任何個例事件是否被定律涵蓋，必須要看那個事件是如何被描述的。從這裡來看，上述第一條原則，亦即心物因果交互作用原則，指的是心理事件與物理事件之間的因果關係——不論那兩個事件如何描述。但是當上述第三條原則說心理事件不被定律涵蓋時，針對的是受到心理語詞描述的事件。至於第二條原則是說，當兩事件之間具有因果關係時，那兩事件能夠以某種方式描述，在那描述下使得該因果關係能夠是被定律涵蓋的。

等同關係同樣也是介於個例事件之間的，不是語言的。不論我們是用「《禹鼎記》的作者」這個語詞，還是「射陽山人」這個語詞，這兩個語詞所講的都是同一個人。

設現在是夏天，老王家裡的冷氣機偏偏壞了，室溫高達攝氏 34 度。老王一進家門就有一股熱空氣衝到他身上，他喊了一聲：「好熱！」我們可以用「老王此時感覺很熱」來描述老王此時的心理狀態，並且用「老王發出某種聲波」來描述他的行為。「老王此時感覺很熱」這事件與「老王發出某種聲波」這事件之間具有因果關聯。這是第一條原則所說的。不過，我們也可以不用這種方式來描述老王此時的狀態，而改用「老王此時的生理狀況如何如何、大腦活動如何如

何、身體接收到熱空氣如何如何的衝擊」來描述。依據這樣的描述，「老王此時的生理狀況如何如何、大腦活動如何如何、身體接收到熱空氣如何如何的衝擊」這事件以及「老王發出某種聲波」這事件之間還是具有因果關聯，而且可以被生理學、腦神經科學等定律涵蓋。這是第二條原則所說的意思。但是，以第一種方式作的描述並不會有定律加以涵蓋（亦即不存在所謂的「心理─物理定律」）。這是第三條原則所說的意思。因此，前面提到這三條原則之間的理論衝突，其實只是表面的。不但如此，老王此時的狀態不論是用「老王此時感覺很熱」這種心理描述，還是「老王此時的生理狀況如何如何、大腦活動如何如何、身體接收到熱空氣如何如何的衝擊」這種物理描述，都是在描述同一個狀態，不會因為用來描述的語言不同而不同。這是大維森所謂個例的心理事件與個例的物理事件是等同的意思。

五、取消論與常識心理學

取消唯物論，簡稱取消論，是一種非常極端的物理論立場。顧名思義，取消論在存有論的向度上採取了「取消」的走向，徹底否認心理實在界。在概念向度上，取消論否認包含心理語句的理論能夠化約到任何包含物理語句的理論；這門學說既反對可化約論理，也反對可轉譯論理（從這不難看出，取消行為主義只是取消論的一個特定版本）。取消論的辯護方式是間接的，以質疑並否定常識心理學的方式來否認心理世界的實在性。

常識心理學主張：我們一般人對於行為的解釋與預測方式大致

上是正確的。我們訴諸個體所處的各種相干的心理狀態，尤其是他的某些信念和欲望等，來解釋和預測他的行為，也就是說，常識心理學接受第三章第二節提到的「心理因果原則」(常識心理學因而也稱為「信念—欲望心理學」)。例如，當我們看到老王匆匆追著公車跑時，對於他這行為的解釋包括：他想要趕上那班公車，他相信他在追的那班公車是他要搭的公車路線，他希望公車司機能注意到他在後面追著並因而停下來。此外，這種「心理—行為」的因果關係是規律的。如果沒有其他的特殊考量（例如腳受傷沒辦法跑、看到後面又來了一班公車），任何人處在類似的情境下，處於類似的心理狀態，都會做出類似的行為。各種有關心理—行為因果關係的規律構成了常識心理學。在存有論上，顯然常識心理學是承認心理狀態存在的。

當代對於常識心理學辯護最力的莫過於佛德❷。佛德指出命題態度本身具有「功能上分異的」、「語意上可評估的」、「有因果力的」三項特徵。史地曲等人將這三項特徵合稱為常識心理學的命題模組性假設。第三項特徵是我們已經熟悉的，命題態度具有因果力，能夠因致個體出現某些行為。第一項特徵是指心理狀態種類的不同是來自於其功能的差異，例如信念與欲望是不同類的心理狀態，其區別在於兩者的功能角色不同。第二項特徵是指命題態度具有內容，具有語意性質，亦即或者可用「真／假」來評估，如信念與判斷等，或者可用「被滿足／不被滿足」來評估，如欲求與希望等（請參第一章第二節和第五章第五節）。

最後補充一件說明。常識心理學與科學心理學的差異主要有兩

---

❷　參 Fodor (1986a; 1987; 1990a; 1990b; 2008)。

點：⑴常識心理學用「信念」、「欲望」等解釋預測個體的行為，但這些未必是科學心理學接受的。⑵兩者對於物理刺激（亦即「輸入」）以及行為反應（「輸出」）的著眼點不同。常識心理學採納遠刺激，科學心理學接受近刺激。所謂「遠刺激」是指外在於個體的事物或者物理事件；所謂「近刺激」是指個體本身神經系統的作用。對於「反應」的理解也是有相同的對照。例如，老王看到桌上那顆蘋果，想要吃那顆蘋果，接著伸手拿起那顆蘋果咬了一口。那顆蘋果是老王認知系統的遠刺激，光波自那顆蘋果打入老王視網膜產生的腦神經脈衝，則是近刺激。另一方面，常識心理學認為老王伸手去拿那顆蘋果的肢體動作才是他的反應，科學心理學則只將大腦神經系統的運作結果當作反應，「伸手」的動作已經不屬於科學心理學關心的部分了。

取消論者藉著反對常識心理學來否認信念和欲望等各種心理狀態的存在。取消論有三個理論走向：第一個走向是取消常識心理學的語言或概念架構，最早是由羅逖提出的；第二個走向主張以腦科學的發展來取代常識心理學，以丘曲藍為代表；第三個走向則是主張以聯結論來取代常識心理學，以史地曲為代表。

語言架構的取消

在 1965 年羅逖就提出了一套說法，來取消常識心理學。羅逖區別兩種心物等同理論：第一種就是第四章第三節介紹的史馬特的立場，藉由「中性主題」的轉譯以及傲砍剃刀來論證心腦同一論。第二種是他主張的「消失形式的等同論」，其實就是現在文獻裡通稱的取消論的立場。

　　羅逖從某些語言架構如何被取消的角度來論證心理語句並沒有指涉真實存在的事物，因此心理語言最終是可以被取消的。他作了一個類比：設某個原始部落的土著認為疾病都是由於惡魔附身造成的，例如紅惡魔造成某種疾病、藍惡魔造成另一種疾病。這個部落的巫師可以「看見」這些惡魔，並以驅魔的儀式來治病。設某些承認現代文明的人到了這個部落，經過一段時間之後，這個部落的土著終於放棄了有關惡魔的說法。這過程或許是這樣的：現代人先是主張，某人之所以生了某種病是由於某種惡魔與某種病菌（或病毒）同時出現在他身上的緣故；要將他的病治好，就得同時驅魔並且服用某種藥物。這主張既留存了原本僅僅訴諸惡魔作為病因的解釋力，也保留了現代醫學的解釋力。但是這主張仍然有一些難題，例如為什麼只有巫師看得到惡魔？為什麼僅僅只有病菌（或者病毒）出現在人身上的時候，不會讓人生病？這時候，解決這些難題最好的方式就是訴諸傲砍剃刀，逕行否認惡魔的存在。

　　羅逖這個類比的用意在於說明：某些語言架構是如何從原本被認定具有指涉，到後來被認定不再具有指涉的過程。這個過程有下列幾個階段（令 X 表示某個暫時承認存在的事物）：

第 1 階段：在該語言架構裡存在有一些關於 X 的陳述，這些陳述或許是推論的（亦即涉及理論建構的），或許是非推論的（亦即觀察的）。

第 2 階段：經驗（實徵）研究使得我們能夠從關於 Y 的定律（簡稱「Y 定律」）推演出關於 X 的定律（簡稱「X 定律」），並且使得我們能夠從對於 Y 的研究進而建立

關於 X 的定律。

第 3 階段：關於 X 的推論陳述（理論陳述）不再出現。

第 4 階段：關於 X 的非推論陳述重新詮釋為 (4a)：其實是關於 Y 的陳述，或許重新詮釋為 (4b)：是關於人類某些心理狀態的陳述（例如，幻覺）。

第 5 階段：關於 X 的非推論陳述不再出現。

第 6 階段：主張 X 這種東西並不存在。

（請將前一段所說的「惡魔」代入這裡的 X，「病菌（或病毒）」代入這裡的 Y，會更容易理解。）

　　當然，這種轉變的過程不是任意的。羅遜指出，從第 2 階段一路轉換到第 6 階段，前後需要滿足兩項條件：第一項條件，對於 X 定律所能解釋的對象，Y 定律解釋得更好。只有如此，才能從第 2 階段過渡到第 3 階段。第二項條件：或者對於 Y 能有非推論的陳述，或者對於 X 的陳述能被重新詮釋為關於人類某些心理狀態的陳述，如此才能從第 3 階段過渡到第 4 階段。

　　羅遜認為當科學研究更進步之後，我們的心理語言也會經歷上述的轉變。將心理語詞代入上述的 X，將腦神經科學的語詞代入上述的 Y。當適當的科學語言或概念架構成熟之後（例如未來發展成熟的腦神經科學），心理語言將會被淘汰，被心理語言談論到的心理事物和性質也將被取消。

腦科學走向的取消論

　　取消論最知名的代表人物為丘曲藍。他的論證大致摘述如下❷：

> 常識心理學是一個理論，而且是一個很糟糕的理論，因此
> 應該拋棄這個理論以及它的存有主張。

依據丘曲藍，常識心理學之所以必須完全取消的理由包括：⑴它的
解釋力貧乏薄弱，例如常識心理學不能解釋心理疾病、不能解釋我
們三度空間的視覺、不能解釋創造想像力的運作、不能解釋大腦受
傷與心智運作失常之間的關連等。⑵常識心理學數千年來一直是停
滯不前，沒有進步。⑶常識心理學與科學史上曾經出現過的煉金術、
燃素論、以太論等，相當類似。由於這些理論都被淘汰了，依據類
比推論，我們最好也淘汰常識心理學。⑷常識心理學無法被平順地
理論化約到其他成熟的科學，如腦神經科學。⑸就對於行為原因的
解釋來說，一個不依據常識心理學而建構出來的腦神經科學，其先
驗的成功機率比起依循常識心理學而建構的腦神經科學要高得多，
這是因為概念上有太多種不依據常識心理學來建構腦神經科學的方
式所致。

　　丘曲藍取消常識心理學的理由很快就引起各方的質疑❷。主要
反對的意見包括：⑴主張常識心理學根本就不是理論。⑵主張常識
心理學是一套理論，但它具有卓越的解釋力與預測力。⑶指出丘曲
藍列出的那些常識心理學無法解釋預測的現象是不相干的，因為常
識心理學本來就不是針對那些現象來提出解釋預測的。⑷指出丘曲
藍做的歷史歸納是錯誤的類比，常識心理學與煉金術、燃素論、以

---

❷　參 Churchland (1979; 1981; 1988; 1989a)。

❷　參 Horgan & Woodward (1985)、Fodor (1987)、Greenwood (1991a)、
　　Dennett (1991)、Wilkes (1991)、Searle (1992)。

太論等未必相似。茲說明如下：

　　第一條反對意見涉及到什麼是理論的問題。一般來說，理論是由一組定律和假設構成的，有特定的論述範圍（有其特定的論域），藉由定律和假設以試圖解釋或者預測某些現象。理論提供的解釋大致上有三種類型：(1)本質解釋，說明受解釋項具備哪些性質或者結構；(2)原因解釋，說明造成受解釋項發生的原因；(3)機制解釋，說明受解釋項的運作方式。常識心理學確實試圖提供行為的原因解釋，乃至於試圖預測行為的發生。不過，常識心理學是否有特定的論域、是否包括一組可用以解釋與預測的定律，是取消論與反對者之間爭議所在。因此，是否要將常識心理學視為一套理論仍有待進一步的論述。

　　其次，即使我們同意將常識心理學視為一套理論，這套理論的解釋力和預測力是否非常薄弱呢？我們在日常生活中經常使用個體具有的信念和欲望來解釋預測個體的行為。這作法確實有很高的成功率的。因此，第二條反對意見是正確的。不但如此，就這點來看，第三條反對意見也是正確的，常識心理學試圖解釋的是行為，丘曲藍列出來的那些現象是不相干的，並不是常識心理學要解釋預測的事情。取消論關於常識心理學解釋力薄弱的批評無法讓人信服。

　　至於第四條反對意見涉及到如何理解「理論變動」對於存有論的影響。在出現理論變動的情形時，有兩個方向可以考慮：存有論的保守以及存有論的激進❷。設理論 ℑ 變動到理論 ℑ*。「存有論的保守」意指 ℑ* 仍然接受 ℑ 承認存在的事物。例如在天文學史上，托勒密的天文學學說變動到哥白尼的天文學學說，但並沒有因此否

───────────────

❷　這兩個名詞來自於 Ramsey, Stich, & Garon (1991): 95。

定星體的存在。「存有論的激進」意指 ℑ* 否認了 ℑ 承認存在的事物，改而承認別的事物的存在。例如，從燃素論變動到氧氣理論後，否認了「燃素」的存在。造成理論變動的因素很多，有純粹的理論因素（如理論的內部困難、提供的解釋不足、預測失敗等），也有無關理論的其他因素（如社會政治經濟因素等）。當理論變動出現時，究竟走向存有論的保守還是存有論的激進，科學哲學界並沒有定論。

　　就這點來看，目前常識心理學還沒有出現理論變動的情形，因此究竟要考慮存有論的保守還是存有論的激進，似乎言之過早。丘曲藍的用意在於藉由指出前面所舉常識心理學的種種缺失，以試圖造成理論變動，常識心理學遲早將會被未來發展成熟的腦神經科學取代。

　　雖然丘曲藍企圖否認常識心理學，他曾經指出取消論與功能論是相容的❷⑥；取消論並不預設對於心理領域的理解必須是「自然主義式的」❷⑦。簡單說，拒斥常識心理學在概念上並不蘊涵接受腦神經科學，對於腦神經科學的堅持只是丘曲藍的理論選擇。可是這個選擇是恰當的嗎？一方面，反對者試圖指出常識心理學並沒有丘曲藍說的那些缺失，因此並沒有引進理論變動的需要；另一方面，反對者從功能論的立場也試圖指出，即使未來出現了發展成熟的腦神經科學，也不可能取代常識心理學，因為反對者認為認知科學不但需要常識心理學，而且對於心與認知的科學研究以及對於大腦神經系統的科學研究分屬不同的理論層次。

---

❷⑥　功能論基本上主張：認知系統的本質在於內在狀態的抽象（非物理）的功能性，詳第五章。

❷⑦　參 Churchland (1981): 15。

聯結論走向的取消論

　　第三個取消論的走向是訴諸聯結論。這一派的取消論者預設：如果聯結論關於心智系統的假設是正確的，取消論對於命題態度的否定也同樣會是正確的 ❷。

　　基本上聯結論對於認知結構採取平行分配處理的看法，也稱為類神經網路釋模。在類神經網路裡，運作的單位稱為網點。網點不是語法操作的單位，不是具有語意性質的單位，也不是具有命題內容的心理狀態。由於眾多網點彼此之間有連結，每個網點的活化都會影響到其他的網點。眾多網點最後活化的樣態才是具有語意性質的表徵。本書第十章第一節還會有一些關於聯結論的介紹。

　　就這裡的議題來說，關鍵在於前面提到的「命題模組性」概念。取消論者藉由聯結論對於心智系統的理解，來主張應該要取消常識心理學，並進而否認心理狀態的存在。茲將這個走向的取消論論證整理如下：

前提一：常識心理學承認命題態度的存在，也承認心具有命題模組性。

前提二：有些聯結論釋模並沒有設定具有命題內容的事物，也沒有呈現命題模組性。

結　論：如果這些聯結論釋模對於心的理解是正確的，則命題態度不存在，心也不具有命題模組性。

這個論證是相當弱的。首先，它的結論是個條件句。由於聯結論者

❷　參 Ramsey, Stich, & Garon (1991)。

當然會主張他們對於心智系統的理解是正確的，他們的結論自然是既反對心智系統具有命題模組性，也否認命題態度的存在。然而，反對者可以指出，聯結論是錯的。我們可以同時接受兩個前提，但指出：那些既沒有設定具有命題內容的事物、也沒有呈現命題模組性的聯結論釋模，並沒有真正說明心智系統。

其次，有些哲學家指出：這個論證之所以能夠取消常識心理學，是由於它接受古典學派（佛德式的理論）對於常識心理學的理解，亦即將常識心理學理解為具有命題模組性❷。但是，如果我們不採用佛德式的理論來理解常識心理學呢？如果常識心理學並不具有命題模組性呢？海爾就論證指出：常識心理學可以賦予整體論的詮釋，因而並沒有作任何「命題模組」的假定❸。若是如此，這個走向的取消論是失敗的。

請讀者在第十章第一節對於聯結論有些瞭解之後，再來回顧這個走向的取消論。

六、意向系統論

丹尼特並不接受心腦同一論，他發展所謂的意向系統論，是一種工具論的立場，可視為取消行為主義的一個派別。丹尼特主張我們日常使用到心理語詞的語言（心理語言）是我們用以解釋預測個體行為的工具而已，並沒有存有論的蘊涵，我們無需承認心理世界

---

❷　參 Clark (1993), Dennett (1991), Houng (1993)，以及 Horgan & Woodward (1985)。

❸　參 Heil (1991)。

是真實的。

對於個體行為的解釋及預測,原則上我們有三種立場可以採用:物理立場、設計立場、意向立場。當我們採取物理立場時,我們從個體的物理結構、該物理結構的運作原理、個體當時的物理狀態、當時所處的物理環境、個體接受的物理刺激等,透過科學定律,來解釋預測個體出現的行為。這種作法跟科學家解釋預測外太空某個星球的各種現象、運行軌跡以及與其他星球的相互影響等,基本上沒有什麼兩樣。

當然,採取物理立場來解釋預測個體的行為大多數時候是不切實際的。我們如何從物理立場解釋預測老王在餐廳狼吞虎嚥的行為呢?在物理立場下,我們提供的解釋至少包括:老王的視覺神經系統的運作(老王看到在他眼前很多食物),老王的嗅覺神經系統的運作(老王聞到食物的香味),老王的血糖值、過多的胃酸等生理狀況(老王一整天沒吃東西,肚子很餓)……。採取物理立場以解釋預測個體的行為,顯然是很沒有效率的。不過,丹尼特認為,原則上這是可以做得到的事。

比起物理立場還要有效的方式是採取設計立場。在採取設計立場時,我們從個體的設計原理來解釋預測其行為。丹尼特舉鬧鐘的使用為例。設鬧鐘調到六點整時會響,現在則是五點多。大概很少人清楚鬧鐘的物理結構及其運作所遵循的物理定律,尤其不同類型的鬧鐘使用的物理定律很不相同。但是對於熟悉這些物理知識的人來說,純粹從鬧鐘現在的物理狀態、鬧鐘的物理構造、鬧鐘的運作所遵循的物理定律,就可以解釋或者預測鬧鐘在多久之後會發出響聲。這是對於鬧鐘採取物理立場,來解釋預測鬧鐘的行為。不過,

對大多數人來說，只要對鬧鐘瞄一眼，就知道那個鬧鐘還有多久會發出響聲。這是由於此時對於鬧鐘採取的是設計立場。從鬧鐘的設計方式（時針和分針的位置、鐘錶的刻度，或者電子鐘錶的螢幕顯示的數字），就可以進行解釋預測鬧鐘的行為。採取設計立場來解釋預測個體的行為也是如此。

最後，我們還可以對個體採取意向立場，藉由設定個體具有信念、欲望等意向狀態，來解釋預測個體的行為。表面來看，採取意向立場以解釋預測個體的行為，這說法與常識心理學沒有什麼不同。不過，在丹尼特的意向系統論裡，對於個體採取意向立場以對其行為進行解釋預測時，還必須有所謂的「最佳理性預設」。一般來說，所謂「理性」涉及推論、思索、研判等複雜的心智活動❸。不過，丹尼特所謂的「最佳理性」是就個體所處的情境以及所接受的環境刺激來說的，並不涉及這些複雜的心智活動。所謂「最佳理性預設」意思是說，考量個體在所處的情境以及所接受的外在環境刺激下，個體「應該」會有的目的是什麼，然後基於該目的，個體「應該」會有哪些信念、欲望……。對於任何一個個體是否採行意向立場，是由擬提出解釋預測的人決定的。在採取意向立場時，我們首先作個決定，將受解釋預測的個體當作一個有最佳理性的個體，然後再對他的行為採取意向立場來進行解釋預測。例如，老王肚子餓，他正好看到附近有家餐廳。如果我們決定將老王當作是有最佳理性的人，則在這情形下，老王應該具有「填飽肚子」的目的，基於這個目的，老王應該有「相信到那餐廳可以吃到一頓飯」、「想要好好吃頓飯」等意向狀態。藉此，我們便可以預測老王的行為，亦即走進

❸ 參彭孟堯（2009）第十四章關於「理性」的解說。

那家餐廳吃飯。

　　前面指出，丹尼特的主張是工具論，否認心的實在性。在對老王採取意向立場而設定他的信念和欲望時，並不是主張老王真地具有那些意向狀態。「信念」、「欲望」等只是在意向立場下設定的說明而已。試比較這個作法：既然是否要對一個個體採取意向立場，乃是由擬提出解釋預測者自行決定的，我們當然也可以決定對鬧鐘採取意向立場，將它當作一個有最佳理性的個體，鬧鐘之所以會在設定的時間發出響聲，是它「理性」運作的結果。因此，在這立場下，我們可以說鬧鐘「有」一些信念和欲望。這聽起來似乎有些荒謬。鬧鐘怎麼會具有理性呢？不過，別忘了，這只是為了解釋預測個體行為而作的設定而已，並不是真地主張鬧鐘具有理性。但更重要的是，在對於人類行為的解釋與預測時，同樣只是設定人類具有理性而已，並不是真地承認人類具有理性。按照丹尼特的理論，純粹就行為的解釋預測來說，對於任何個體都可以採行上述三種立場。我們只是對於某些類個體傾向於採取物理立場，對於其他一些類的個體採取設計立場更能有效進行行為的解釋預測，對於我們人類自己則習慣於採取意向立場而已，並不表示人類真地能呈現具有意向性的心智活動。

　　有個問題是：採取意向立場的作法，尤其是針對人類自己，為什麼會如此成功呢？在西方哲學一個傳統的回答問題的方式是訴諸神的作用。個體是由神設計成如此這般的，因此預設人有最佳理性，對人和自己採取意向立場，在正常情形下都能成功解釋預測人的行為。不過，這並不是很好的回答方式，因為這回答承認了一個有心智作用的個體，亦即神。然而物理論，尤其是取消唯物論和丹尼特

的工具論，是無法接受還有非物理的心智作用的。丹尼特對於這個問題的回答是訴諸演化。人之所以被「設計」成能夠理性地如此這般的行為，純粹是演化的結果。

七、心物附隨原則

近些年有哲學家主張：心與物之間具有「附隨」的形上學關係，並試圖建立附隨物理論的哲學立場，又稱為「非化約物理論」。

附　隨

當代對於「附隨」概念著力最深的，非金恩莫屬❸，底下介紹他的說法。

「附隨」是個形上學的概念，意指介於兩類性質之間的形上學關係。令 B 表示基底性質（被附隨的性質）、S 表示附隨性質，B = $\{B_1, B_2, ...\}$、S = $\{S_1, S_2, ...\}$。介於 S 和 B 之間的附隨關係有三種：強附隨、弱附隨、全域附隨。

所謂 S 弱附隨於 B，定義如下：必然地，對任何兩個個體來說，如果兩者有相同的 B 類性質，則兩者有相同的 S 類性質。借用模態哲學的術語，所謂 S 弱附隨於 B，意思是說，如果兩個個體是「同世界的 B 之不可區辨的」，則它們是「同世界的 S 之不可區辨的」❸：

---

❸　參 Kim (1993) 的論文集。

❸　「不可區辨」是形上學的意義，不是知識論的意義。說兩個個體是不可區辨的，意思是說，這兩個個體具有完全相同的性質，不是指我們無法辨別兩者。因為，即使我們無法辨別兩個個體，並不表示那兩個個體具

在任何可能世界裡，如果任何兩個個體在 B 類性質上是無法區辨的，則它們在 S 類性質上也是無法區辨的。舉例來說，設我們主張道德性質弱附隨於物理性質。這意思是說，設甲乙兩人做出了完全相同的行為，而且甲的行為是道德的，則乙的行為也是道德的。

　　所謂強附隨又稱為在地附隨。同樣借用模態哲學的術語：所謂 S 強附隨於 B，意思是說，如果兩個個體是「跨世界的 B 之不可區辨的」，則它們是「跨世界的 S 之不可區辨的」：對任何兩個可能世界 w_i 和 w_j 來說，任何兩個個體 x 和 y，如果 y 在 w_j 中具有 B 類性質，而且 x 在 w_i 中也具有與 y 相同的 B 類性質，則如果 y 在 w_j 中具有 S 類性質，則 x 在 w_i 中也具有與 y 相同的 S 類性質。舉例來說，設我們主張道德性質強附隨於物理性質。如果我們能夠假想乙做出某種行為，而且那行為是不道德的，則如果甲實際做出相同的行為，則甲的行為也是不道德的。

　　第三種理解「附隨」的方式是所謂的「全域附隨」。這個理解並不是針對個體，而是針對整個世界來說的。所謂 S 全域附隨於 B，意思是說，任何兩個可能世界如果是「B 之不可區辨的」，則它們是「S 之不可區辨的」。

　　這三種對於「附隨」的理解方式其間的強弱程度可以觀察它們之間的邏輯關係：「強附隨」邏輯蘊涵「弱附隨」，但反之不然；「強附隨」邏輯蘊涵「全域附隨」，但反之不然；此外，「弱附隨」與「全域附隨」彼此之間並沒有邏輯蘊涵。

　　在哲學討論裡提到「附隨」概念時，通常指的是「弱附隨」的意思。很多哲學領域都應用了「附隨」概念，例如道德哲學裡可以

有完全相同的性質。

主張道德性質附隨於物理性質，因此相同的行為表示相同的道德評價。又例如，在價值哲學裡可以主張價值附隨於物理性質，因此，相同的事物具有相同的價值。若是如此，兩幅畫如果在物理性質方面完全相同，則兩者表現相同的美感價值。

心物附隨原則

在心與認知哲學裡，有些哲學家採取附隨概念來說明心與物之間的關係。例如，依據「弱附隨」，任何兩個個體如果具有相同的物理性質（例如處於相同的大腦活動），則兩者處於相同的心理活動。

這種心與物附隨的主張是否構成一套獨立自主的形上學學說，有別於其他的形上學主張？甚至可用以建立物理論的主張？很可惜，不論是「強附隨」還是「弱附隨」，這套心附隨於物的主張在關於心的形上學立場上是相當弱的。首先，心腦同一論與心物附隨原則是相容的：如果心等同於腦，則心與腦必定滿足附隨原則，心理活動必定附隨於大腦活動。其次，浮現論也與心物附隨原則相容。例如，副現象論主張心理現象是從大腦活動浮現出來的，副現象論可以同時接受：兩個相同的大腦會浮現出相同的心理現象。因此，心物附隨原則與性質二元論也是相容的。第三，心物附隨原則與功能論也是相容的。下一章解說過功能論之後，請讀者回顧這裡的討論。大致來說，按照功能論的說法，如果某個物理系統具體實現了某個功能角色（因果角色或者算機角色），則與這物理系統完全相同的任何一個物理系統必定也具體實現了該功能角色，兩者都是功能系統。也就是說，功能是附隨於物的。由於心智系統就是功能系統，因此，心是附隨於物的。

從以上的說明，我們不得不做出結論：從形上學來看，心物附隨原則不足以說明心究竟是什麼，對於心與物之間關係的說明也顯得不足。若是如此，「附隨」概念還不足以建立一套獨立自主的、關於心的形上學學說，也不足以建立非化約物理論。

儘管如此，心物附隨原則還是有一些形上學的作用。在笛卡爾的心物實體二元論裡，心與物是可以各自獨立存在的。因此，即使兩個個體物理上是相同的，其中一個是有心智的，未必表示另外一個也是有心智的。在笛卡爾哲學裡，心與物並沒有太多的形上學的關聯。心物平行論以及機遇論也是一樣。這兩套學說僅僅承認心與物之間有共變的關係，心與物之間並沒有附隨的關係，因為附隨關係蘊涵共變關係，但反之不然。

另一方面，依據附隨物理論，顯然無識人（亦即沒有意識的個體）是不可能的。大維森曾經提出一個「沼澤人」的思想實驗：假想有一天在某個沼澤雷電交加，大自然無意中「製造」出了一個沼澤人，而且這個沼澤人跟老王在物理方面完全一樣。老王是有意識的。沼澤人有沒有意識呢？既然沼澤人和老王的物理方面是完全相同的，而且老王是有意識的，依據「弱附隨」的主張，沼澤人也是有意識的。不過，不少哲學家反對這種想法，並不是因為沼澤人是荒謬的，而是因為他們認為一個個體是否有心還需要別的條件。在稍後幾章介紹過功能論和幾種表徵理論之後，請讀者再來回顧關於無識人的問題。

無論如何，「附隨」概念從另外一個角度提供了思考物理論的一個方向。從「附隨」概念不難看出，「附隨」與「化約」（或者「等同」）是不同的。主張心附隨於物的哲學家並不是主張心等同於物。

所以這一派的物理論與心腦同一論是不同的,也與強行為主義不同。

八、黑白瑪麗與物理論

在看過這麼多個物理論的主張之後，這一節將介紹這個領域裡反對物理論的主張，由傑克遜提出來的論證，在文獻上非常有名，稱為「知識論證」[34]。

傑克遜認為物理論是錯誤的。他指出：物理論不可能窮盡這個世界存在的一切，感質勢必不在物理論的理解範圍內。他藉由一個思想實驗來說明他的主張，稱為「知識論證」，在文獻上也稱為「黑白瑪麗」論證。

黑白瑪麗案例

假想瑪麗從出生就被關在某個房間裡，並在裡面接受教育。這個房間的一切都是黑白的，沒有任何色彩，包括瑪麗看自己的時候，也是黑白的。瑪麗從課本、電視、電腦……各種管道學習各種知識（課本、電視螢幕、電腦螢幕也是黑白的）。

設瑪麗從這些管道學到了有關顏色的一切物理知識、生理知識、腦神經科學的知識、語言知識……，包括顏色的光波、光波如何打進視網膜由錐狀細胞和桿狀細胞接收後，進入大腦神經系統作進一步的處理、中文和其他語言裡與顏色有關的字詞、各種物體具有的顏色（例如紅色的

---

[34]　參 Jackson (1982; 1986)。

朱槿和綠色的樹葉）……。

　　設瑪麗的視覺神經系統仍然是正常的。當瑪麗被釋放
出來之後，她看到了朱槿。瑪麗產生了一件新知識：原來
紅色看起來是這個樣子的！

傑克遜認為，當離開黑白房間的瑪麗在看到朱槿時，產生的知識是
全新的，有別於她在黑白房間時代的任何知識。如果物理論是正確
的，在預設瑪麗離開黑白房間之前，她已經窮盡一切與顏色有關的
物理知識（關於物理世界的知識）之後，我們仍然認為：離開黑白
房間的瑪麗在看到朱槿之後，產生的是全新的知識。若是如此，釋
放後的瑪麗擁有的那件知識不是物理知識，而是關於非物理世界的
知識；也就是說，她的知識內容，〈紅色看起來是這個樣子〉這命
題，描述的不是物理世界，而是非物理的世界。但這命題描述的是
她看到紅色的視覺經驗，是她的一個感質。因此，感質是非物理的。
因此，物理論不可能窮盡這個世界的一切，因為物理論沒辦法涵蓋
感質。

知識論證

前提一：釋放前的瑪麗，擁有一切與紅色知覺有關的物理
　　　　知識。

前提二：釋放前的瑪麗，並未擁有一切與紅色知覺有關的
　　　　知識。

因此，有一些與紅色知覺有關的事情，是物理論沒有涵蓋
到的。

因此，物理論是錯誤的。

這個論證雖然談論的是瑪麗的「知識」，但它並不是一個知識論的論證，而是一個形上學的論證。這是因為傑克遜企圖論證的是：感質是存在的，而且物理論無法掌握到感質。在這個思想實驗中，傑克遜先暫時假設：㈠物理論是正確的；㈡我們已經窮盡一切物理論承認存在的事物的命題知識，主要是與顏色有關的物理命題知識；㈢關在黑白房間裡的瑪麗擁有這一切與顏色有關的物理命題知識（前提一）。儘管如此，在瑪麗離開黑白房間、看到朱槿，並產生紅色方面的視覺經驗後，她進一步獲得了一件知識：她知道紅色看起來是這個樣子的。這件知識對釋放後的瑪麗來說是全新的(前提二)！

傑克遜的論證立刻引起許多物理論哲學家的注意，並企圖回應他的挑戰。經過十幾年的討論，傑克遜終於承認他的知識論證是失敗的，不足以反駁物理論❸。這一段歷史發展相當值得觀察。范‧古立克曾經將文獻上物理論哲學家對於知識論證的各種回應作了一些整理，並改以一問一答的方式進行陳述。底下介紹他的整理如下❸：

問題 0：是否有可能釋放前的瑪麗知道所有關於紅色方面的視覺經驗的物理事實和命題？

有少數的物理論哲學家否認這點，因為他們認為物理事實是不具有主體性的，但關於紅色視覺經驗的知識是一種關於主體性經驗

❸　參 Jackson (1998)。

❸　參 van Gulick (2004)。他在 1993 年的論文提了四個問題，在 2004 年又增補了兩個問題，並且將原來的問題修飾過。這裡介紹的是他在 2004 年作的整理。

的知識。不過大多數哲學家認為這是可能的，他們同意釋放前的瑪麗確實擁有所有關於紅色方面的視覺經驗的物理事實和命題的知識。對於這些哲學家來說，他們接著必須思考第二個問題：

問題 1：瑪麗離開黑白房間、看到朱槿，並產生紅色方面的視覺經驗後，她是否獲得任何新知識？

大多數哲學家都同意這時候的瑪麗是有獲得新知識的，極少數的例外是取消論的丘曲藍。他認為前提一本身就是有疑問的，因為我們目前的認知神經科學還在起步的階段，究竟色彩知覺經驗發生時，大腦神經系統是如何運作的，我們仍然所知有限。當前提一假設釋放前的瑪麗擁有一切與紅色知覺有關的物理知識時，或許當我們說她那時「窮盡」一切物理知識時，她窮盡了所有的知識。不過，由於有很多哲學家還是承認釋放後的瑪麗是有獲得新知識的，姑且讓我們承認這點，以便考慮這些哲學家接著會遇到的問題：

問題 2：瑪麗獲得的新知識屬於哪種知識？能力知識？或者是關於事實或者命題的新知識？

有些哲學家承認釋放後的瑪麗是有獲得新知識，但主張她獲得的是能力知識。在知識論裡，能力知識是有別於命題知識的：命題知識是關於世界真象的知識，例如「知道孔明是三國時代的人」；能力知識卻是一種技能知識，例如「知道如何游泳」是一件能力（知識）。路易斯提出所謂的能力假設，主張釋放後的瑪麗擁有的是新的能力知識，而不是關於事實或者命題的知識。這種能力知識是指釋放後的瑪麗在看到朱槿並產生紅色知覺經驗之後，獲得了區辨紅色

的能力以及再認紅色的能力❸。因此,雖然前提二是可以接受的,並不能據此推導出知識論證的結論,以否認物理論。

儘管如此,還是有些哲學家認為:離開黑白房間的瑪麗除了獲得區辨與再認紅色的能力之外,是有獲得一件關於事實或者命題的知識。因此,接下來的問題是:

問題3: 如果釋放後的瑪麗獲得的是命題知識,不是能力知識,她獲得的是關於新事實(或者新命題)的知識嗎?

有些哲學家認為她學到的還是舊有的事實,只是以新的方式學到而已。舊有的事實是指瑪麗在房間內就已經學到的事實,由於依據故事,瑪麗在房間內已經窮盡了所有與顏色視覺有關的物理事實,所以這件舊事實是物理事實,只是她在離開房間後改以新的方式來學而已。因此,物理論並沒有被拒斥。

然而,如果離開黑白房間的瑪麗在看到朱槿並產生紅色的知覺經驗之後,獲得的知識是關於新事實或者新命題的,是否表示物理論是錯誤的呢?這涉及到如何理解「新」事實(或命題)。讓我們再看下去。

問題4: 我們要依據哪種個別化的方式,來說瑪麗獲得的是關於新事實或者新命題的知識?

這裡涉及我們在形上學裡採取什麼樣的個別化原則,來對於事實(或者命題)進行個別化的議題。「個別化」的問題就是在質問:如何區別這裡是兩個不同的事物,而非同一個事物?對於個別化原

---

❸ 參 Lewis (1988)。

則，文獻上分為「粗」的方式以及「細」的方式。試考慮下列三件
命題：

　　(A)孔明是三國時代的人。
　　(B)〈後出師表〉的作者是三國時代的人。
　　(C)劉備是三國時代的人。

依據「粗」的個別化原則，命題(A)和命題(B)是相同的命題，都是指
同一個人、同一件性質；命題(C)則是另外一個命題，指的是不同的
人（雖然相同的性質）。不過，依據「細」的個別化原則，命題(A)和
命題(B)是不同的命題，命題(C)指的又是另外一個命題。命題(A)和命
題(B)之所以是不同的命題，是由於命題(B)特別指出具有〈〈後出師表〉
的作者〉這件性質，但命題(A)並不涉及這件性質。因此，這兩個命
題是不同的。

　　假設老王原先只知道命題(A)，後來他知道了命題(C)。不論依據
哪種個別化原則，他這知識與他關於命題(A)的知識是不同的。設後
來老王又知道了命題(B)。這件知識與他關於命題(A)的知識是相同的
嗎？按照「細」的個別化原則，他後來獲得的確實是新知識，而且
是關於新命題的知識。不過，儘管老王獲得的這兩件知識是不同的，
被知道的對象是相同的。從存有論的角度來看，我們不需要因為老
王多知道了那件新命題，就承認這個世界有增加新的存在的事物。

　　就知識論證來說，物理論哲學家就是這種想法。儘管離開房間
後的瑪麗確實獲得新知識，她的知識也確實是關於新命題的，我們
不必因此就得承認這個世界另外還有非物理的、心理的事物存在。

　　支持知識論證的哲學家顯然只得採取「粗」的個別化原則。離

開房間之前的瑪麗獲得與顏色有關的所有物理知識，離開房間後的瑪麗，在看到朱槿之後，產生新的紅色的視覺經驗，她並獲得了新知識。不過，瑪麗的這兩件知識並不是對照於老王關於命題(A)與命題(B)的知識，而是對照於老王對於命題(A)與命題(C)的知識。瑪麗的這兩件知識的對象是不同的。釋放前的瑪麗獲得的是關於紅色視覺經驗的物理知識；釋放後的瑪麗獲得的是與她那視覺經驗有關的知識。從「粗」的個別化原則來看，這兩件知識的對象是不同的。既然她後來的知識是全新的，知識的對象是全然不同的，我們似乎不得不承認：她後來的知識的對象不是物理的，而是非物理的、心理的事實。

探討到這裡，我們最後勢必要再問：

問題 5：依據「粗」的個別化原則，我們同意釋放後的瑪麗獲得的是新知識，而且是關於全新命題的知識。這是否足以拒斥物理論？

對支持知識論證的哲學家來說，這個答案是肯定的，將知識論證闡述到了這個階段之後，它是能夠拒斥物理論的。不過，物理論仍然有所回應。非化約物理論仍然可以主張：釋放後的瑪麗的新知識的對象仍然是物理的事物，而且這種物理事物是附隨於她的大腦活動的。看起來，知識論證究竟能否拒斥物理論，最後有賴於我們是否接受非化約物理論。但先前說過，「附隨」概念並不是非化約物理論獨有的，這概念與幾種二元論的立場都相容。因此，非化約物理論必須能夠有更進一步的說明，才能使得物理論不會受到知識論證的質疑。非化約物理論的哲學家該如何論述他們的哲學學說呢？

- 取消 elimination
- 化約 reduction
- 哲學行為主義 philosophical behaviorism
- 心腦類型同一論 mind-brain type identity theory
- 異例一元論 anomolous monism
- 取消唯物論 eliminative materialism
- 意向系統論 intentional systems theory
- 附隨物理論 supervenience physicalism
- 非化約物理論 non-reductive physicalism
- 知識論證 knowledge argument
- 歐朋漢 Paul Oppenheim
- 帕南 Hilary Putnam (1926–)
- 微化約論 microreductionism
- 論域 discourse domain
- 橋律 bridge law
- 胡克 C. A. Hooker
- 丘曲藍 Paul M. Churchland (1942–)
- 配對函數 mapping function
- 圖像 image
- 同構性 isomorphism
- 賀爾 David L. Hull (1935–)
- 多對多之難題 the problem of the many and the many
- 核驗 confirmation
- 多重可具現性 multiple realizability
- 韓培爾 Carl G. Hempel (1905–1997)
- 萊爾 Gilbert Ryle (1900–1976)

- 可檢證原則 principle of verifiability
- 可轉譯論理 thesis of translability
- 可化約論理 thesis of reducibility
- 萊肯 William Lycan (1945–)
- 工具主義 instrumentalism
- 完美偽裝者論證 perfect pretender argument
- 超級斯巴達人論證 Super-Spartan argument
- 齊生 R. M. Chisholm (1916–1999)
- 史地曲 Steven Stich (1943–)
- 布拉克 Ned Block (1942–)
- 個例 token
- 史馬特 J. J. C. Smart (1920–)
- 中性主題 topic-neutral
- 類型物理論 type physicalism
- 個例物理論 token physicalism
- 數一等同 numerical identity
- 佛列格 Gottlob Frege (1848–1925)
- 意涵 sense
- 指涉 reference
- 嚴格指稱詞 rigid designator
- 專名 proper name
- 畫界難題 demarcation problem
- 取消論 eliminativism
- 常識心理學 folk psychology
- 命題模組性 propositional modularity
- 遠刺激 distal stimulus
- 近刺激 proximal stimulus
- 羅逖 Richard Rorty (1931–2007)

- 聯結論 connectionism
- 平行分配處理 parallel distributed processing
- 類神經網路 neural network
- 網點 node
- 活化 activation
- 整體論 holism
- 丹尼特 Daniel C. Dennett (1942–)
- 金恩 Jaegwon Kim (1934–)
- 強附隨 strong supervenience
- 弱附隨 weak supervenience
- 全域附隨 global supervenience
- 在地附隨 local supervenience
- 無識人 zombie
- 范・古立克 Robert van Gulick (1949–)
- 路易斯 David Lewis (1941–2001)
- 能力假設 ability hypothesis

第五章　功能論

　　「功能論」這個名詞其實不是指某個特定的學說，而是泛指一組學說。這些學說多樣而繁雜，但都歸類到「功能論」之下，因為都以「功能」這概念來說明心智系統。功能論的基本主張是：任何類型的心理狀態都等同於某種類型的功能狀態。但這些學說如何理解「功能狀態」，則各有說法。

　　布拉克將功能論區分為算機功能論以及非算機功能論兩大進路❶：前者通稱為「計算心理學派」，以帕南和佛德為主要提倡者，尤其佛德提倡有名的思維語言假設，建立了古典論的立場，對於認知科學的發展有很大的影響。這派學說以計算以及表徵兩大基本概念來理解心智系統；這兩個概念也構成當代認知科學的核心概念。

　　非算機功能論則以因果角色功能論（又稱先驗功能論）為主，以阿姆斯壯和路易斯為代表。功能論的存有論立場與物理論和二元論都不相同，但它與這兩立場是相容的；不過，一般來說，功能論者都傾向於物理論的哲學立場❷。

---

❶　參 Block (1980)。

❷　除了上述兩種功能論之外，另外還有生物功能論，參 Sober (1985)，以及微型人功能論，參 Lycan (1987)；本書略過。

一、蘭姆吉語句

介紹功能論之前，先說明一個概念：蘭姆吉語句 ❸。為簡化說明，讓我們假設某個理論 T 有三個理論詞 t_1、t_2、t_3。這個理論裡使用到 t_1 的語句是 A_1、A_2、A_3，這些語句描述了這些理論詞所說事物之間的因果關係。例如 A_1 是 "...t_1...t_2..."、A_2 是 "...t_1...t_3..."、A_3 是 "...t_2...t_3..."。理論 T 用到 t_1 的語句構成一個連言，亦即 $A_1 \wedge A_2 \wedge A_3$，或者：

$$(...t_1...t_2...) \wedge (...t_1...t_3...) \wedge (...t_2...t_3...)$$

接著，將這個連言句裡的理論詞全部改為變元 x_1、x_2、x_3，然後前置存在量限詞，並且表達「獨一無二」，亦即前置 $(\exists^1 x_1)(\exists^1 x_2)(\exists^1 x_3)$，就得到下列蘭姆吉語句 ❹：

$$(\exists^1 x_1)(\exists^1 x_2)(\exists^1 x_3)((...x_1...x_2...) \wedge (...x_1...x_3...) \wedge (...x_2...x_3...))$$

蘭姆吉語句對於功能論有什麼作用呢？在上述介紹中，T 可以是任何理論。在心與認知的領域裡，T 指的是心理理論：或者是指常識心理學（如果我們接受它是一套理論），或者是指科學心理學。隨著功能論哲學家的立場不同，所接受的心理理論也不同，例如先驗功能論接受的是常識心理學；佛德在提倡算機功能論時也是接受常識心理學，他同時主張心理學的科學研究應該接納常識心理學；史地曲則是在算機功能論底下同時接受科學心理學，並且否認科學

---

❸　參 Lewis (1972) 以及 Block (1980)。

❹　"$(\exists^1 x)\varphi x$" 是 "$(\exists x)(\varphi x \wedge (y)(\varphi y \supset y = x))$" 的縮寫。

心理學應該接受常識心理學的語言及其存有論。

姑且不論是接受常識心理學或科學心理學，以「痛」為例，功能論主張：痛等於某種功能狀態。例如，當老王被一塊大石頭砸到頭時，他感覺到痛，皺了皺眉頭，大聲「唉喲!」，心理不舒服，相信頭上被砸到的地方流了些血。與這個痛覺有關的因果關係包括外在物理刺激（被一塊大石頭砸到）、行為反應（皺眉頭，發出「唉喲」的聲音）以及其他的心理狀態（心理不舒服、相信頭上被砸到的地方流了些血）。「痛」這個語詞就可以改為它的蘭姆吉關聯式。借用上述的 T 理論，設「痛」是上述的理論詞 t_1，用 λ 記述法轉換如下：

$$[\lambda x_1 (\exists^1 x_2)(\exists^1 x_3)((...x_1...x_2...) \wedge (...x_1...x_3...) \wedge (...x_2...x_3...))]$$

其中 "..." 的地方表示與「痛」有關的各種物理刺激和行為反應。簡單說，蘭姆吉語句是一種「中立主題」的表達式（請回顧第四章第三節關於史馬特哲學立場的介紹）。在蘭姆吉語句裡，沒有任何談論到相當於「類詞」的理論詞；也就是說，從存有論的角度來看，蘭姆吉語句並沒有偏袒二元論或者一元論；蘭姆吉語句自然更沒有前一章所謂的「大腦沙文主義」的問題。

就如何理解心理理論的理論詞（亦即心理語詞）來說，蘭姆吉語句是因果角色功能論和算機功能論都預設的，但這兩個學派還是有基本的形上學差異，以下分兩節介紹。

二、因果角色功能論

因果角色功能論又稱為「先驗功能論」，同時，由於先驗功能論

著重心理語詞意義的分析，因此有時候也稱為「分析功能論」。本節介紹路易斯的功能論學說。路易斯先論述所謂「理論等同」，再從這想法建立他的因果角色功能論的主張❺。先觀察一個例子：

　　某個星期二的晚上，鄉下某個地方發生了兇殺命案，屋主不幸遭到殺害，倒在血泊中。可是看門的狗並沒有叫，門鎖並沒有被破壞，牆壁上濺了不少血跡，地板上留有凌亂的球鞋鞋印，窗台上有一些泥土，還有一些不同的鞋印，垃圾桶裡有把沾滿血的水果刀，火爐裡有一本沒燒完的帳簿，看來年代久遠，根據殘餘的隻字片語揣測是二十年前的，掛鐘掉在地上，上面有個手掌印，時針和分針停在十點五十七分的位置……。

　　設某名偵探到了現場，觀察到上述提到的現場種種跡象，並且在詢問過與屋主有關的人之後，他提出了一個「理論」（或說一個「假設」）：有三個人共謀殺害了屋主，姑且稱之為「甲」、「乙」、「丙」。甲曾經是屋主二十年前的合夥人；週日時乙和丙曾在鎮上一家酒吧和屋主起過爭執；甲和丙晚上來拜訪過屋主，還跟屋主有些爭吵；乙穿的球鞋鞋底紋路跟現場留下的鞋印是相同的；丙的手掌大小與掛鐘上的手掌印非常相似……。

在這思想實驗裡，名偵探提出一套理論，他假設了三個人是共謀的兇手，並用「甲」、「乙」、「丙」作為代號。這三個名字稱為這個理論的「理論詞」。如果他的理論是正確的，這三個代號分別代表真實

❺　參 Lewis (1972)。

的三個人，儘管我們不知道究竟是哪三個人。在名偵探的理論中，分別有關於「甲」的陳述、關於「乙」的陳述，以及關於「丙」的陳述，當然還有一些陳述同時提到其中兩個人，甚至是同時提到三個人的。這些語句都在描述「甲」、「乙」、「丙」這三個代號代表的人所做過的事情，亦即在描述與他們有關的各種因果關係。所有用到「甲」這個代號的語句定義了「甲」這個代號的意義；對於「乙」和「丙」這兩個代號意義的定義也是一樣。設警方經過調查後，發現屋主的老朋友張三符合名偵探關於「甲」的所有陳述，鎮上的混混李四符合名偵探關於「乙」的所有陳述，跟張三一起來這個鎮的王五則符合名偵探關於「丙」的所有陳述。我們就可以說，在名偵探的理論中，三個理論詞「甲」、「乙」、「丙」所描述的人分別就是張三、李四和王五三個人。簡單說，甲＝張三、乙＝李四、丙＝王五。

這個思想實驗裡的「甲」、「乙」、「丙」就相當於上一節說的理論詞 t_1、t_2、t_3。對任何理論都可以用這方式理解。在一個理論裡，每個理論詞都是由所有用到該語詞的陳述句來定義的，這些陳述句描述了該理論詞所說事物所具有的因果關係，包括該事物接受的環境刺激，該事物與其他理論詞所說事物之間的因果關係，以及該事物會產生的行為或現象。

在心與認知哲學的領域裡，路易斯接受的是常識心理學，因此他是就常識心理學裡的心理語詞來建立蘭姆吉關聯式的。

其實，因果角色功能論有兩個支派，兩者都以「因果角色」概念來理解心理語詞的意義，例如剛剛介紹的「痛」的蘭姆吉關聯式，就描述了一個相當複雜的因果結構，包括個體接受的物理刺激以及出現的反應。不過對第一個支派來說，每個心理狀態都等同於某種

因果角色，這是將心理狀態理解為二階性質，因為因果角色本身就是二階的關係。對第二個支派來說，任何一個心理狀態等同於扮演該因果角色的狀態，此時心理狀態是一階的性質。

如何瞭解兩者的差別呢？設有某種外星人，其大腦材質、構造與運作的物理原理都跟地球人不同。根據第一個支派，如果上述「痛」的蘭姆吉關聯式可以描述這種外星人，則他們是有痛覺的。由於「痛」的蘭姆吉關聯式同樣適用於地球人，因此他們和地球人的痛覺在形上學裡沒有什麼不同，儘管他們的大腦和人類的大腦是截然不同的。其實原則上，如果假設有（非物理的）鬼神存在，而且這種鬼神也滿足「痛」的蘭姆吉關聯式，即使這種鬼神沒有大腦神經系統，他們也會具有痛覺的。因此，嚴格來說，第一個支派僅僅是與物理論相容的哲學立場而已，並不是物理論的學說。（當然，這個支派還是傾向於接受物理論的。）

但是根據第二個支派，外星人的那種扮演該因果角色的大腦狀態才是等同於痛覺的。對地球人來說，則是人類的那種扮演該因果角色的大腦狀態才是等同於痛覺的。既然外星人和地球人的大腦不同，兩者的痛覺狀態是不同的大腦狀態。

路易斯的主張屬於第二個支派。他作了一個相當細膩的論證。為方便討論起見，先將上一節提到的「痛」的蘭姆吉關聯式簡寫為：$(\exists^1 x_1)T[x_1]$。接著，路易斯引進卡那普有名的意義設定❻：㈠如果 $(\exists^1 x_1)T[x_1]$，則 $T[t_1]$；以及㈡如果 $\neg (\exists^1 x_1)T[x_1]$，則 t_1 沒有指涉。這兩條意義設定的連言在邏輯上等值於 $t_1 = \iota x_1 T[x_1]$（「t_1」是某個心理語詞，例如「痛」這個語詞）❼。接著，如果發現有某個 r 獨一無二

---

❻　參 Carnap (1952)。

地滿足 $\iota x_1 T[x_1]$，亦即 T[r]，則推論出 t_1 = r。例如，如果 r 指的是地球人的某種大腦狀態，則痛＝地球人的那種大腦狀態；如果 r 指的是外星人的某種大腦狀態，則痛＝外星人的那種大腦狀態。

第二個支派會面臨一個困難：如果「痛＝外星人的某種大腦狀態」，而且「痛＝地球人的某種大腦狀態」，則由於「等同」具有遞移性，推論出「外星人的某種大腦狀態＝地球人的某種大腦狀態」。這結論違背原先的假設。不過，路易斯認為這種等同句是偶真的，原本就是族類特定的（因族類而異的），因此不會推導出理論矛盾。比如說，「孔明＝〈後出師表〉的作者」，但這是偶真的，我們可以設想〈後出師表〉的作者不是孔明，而是姜維，但我們不會因而推論出「孔明＝姜維」❽。

因果角色功能論看似與心腦同一論相同，但這只是表面而已。心腦同一論並不從因果結構來考慮心理狀態，但因果角色功能論卻必定要考量外在刺激、內在狀態、行為反應之間的因果關聯，以及各個內在狀態彼此之間的因果關聯。

三、涂林算機

算機功能論的主張可以用這個問題來觀察：有可能造出一台會思考、具備心智能力的機器嗎？美國 IBM 的深藍能夠跟世界西洋棋

---

❼ 這裡是使用羅素確定描述詞的符號：$\iota x \varphi x$，讀作「這個 x 是這樣的，它是個獨一無二的 φ」。

❽ 路易斯關於模態的主張獨樹一幟，用所謂的副本理論來理解，本書這裡的解說略過他理論的複雜度。

王對弈的事情讓人印象深刻，科幻小說和電影裡常常出現具備思考能力甚至有情緒的機器人。大概很多人都認為那種機器人的出現只是早晚的事，就只等人類科技的突破而已。其實關於具備思考能力機器人的想法，並不是科幻小說和電影裡虛幻的空想。早在六○年代還沒有出現這類科幻小說和電影的時候，哲學家就已經從計算理論發展算機功能論。這哲學立場主張：依據算機釋模可以理解人類心與認知的本質。所謂人工智能就是這種哲學立場下的產物。儘管最近二十年來哲學與認知科學的發展已經使得這個想法受到相當大的衝擊與挑戰，這種關於具備心智能力機器人的想法在稍具想像力的人心中，始終盤旋不去。

　　算機理論出自英國數學家涂林。他率先提問了「有沒有可能出現會思考的機器人」這個問題，並且提出了一套數學理論，就是所謂的「涂林算機」。涂林算機並不是指我們一般所說的，那些有金屬外殼、內裡有各種零件的機器，而是抽象的一套程式。我們平常所謂的電腦，乃至於自動販賣機，其實都不脫離涂林算機的理論架構。要解說算機理論已經遠遠超過了本書的範圍，底下僅作基本概念的介紹❾。

　　涂林算機是一種抽象的程式，一種符號操作系統，通常是用所謂的「算機表」來表示，但也可用所謂的「四項序列」或者「流程圖」來表示。算機的執行通常是採用一個假想其左右兩邊可無限拉長的空白帶（其實只要有一端是無限長即可），以及一個負責讀取資料與輸出資料的「讀寫頭」（以 ↑ 表示）：

---

❾　參 Boolos, Burgess, & Jeffrey (2002)，這本書是計算理論的經典之作。

對於算機的瞭解必須包括：(a)輸入資料與輸出資料的類型、(b)算機的起始狀態、(c)算機的結束狀態、(d)算機所處的各種狀態。

在這裡作三件約定：第一，我們使用 "I" 和 "O" 為基本的輸出入資料的類型、連續 n 個 "I" 就構成一個輸入（或輸出）的字串（n 為大於零的整數）。不過，請留意，使用 "O" 並不是說格子裡有這個符號，而是說格子裡沒有畫 "I"，只是為了解說方便，我們用 "O" 表示格子裡沒有畫 "I" 而已。第二，算機的起始狀態和結束狀態都是指讀寫頭指著這些連續 n 個 "I" 的最左邊的 "I"。第三，讀寫頭除了讀或寫格子的資料之外，它還可以做出每次往左一格（以 L 表示）或每次往右一格（以 R 表示）的動作。顯然，讀寫頭每次應做的事只有六種可能：

㈠讀到 I，則往左移一格；

㈡讀到 I，則往右移一格；

㈢讀到 I，則將它改寫成 O；

㈣讀到 O，則往左移一格；

㈤讀到 O，則往右移一格；

㈥讀到 O，則將它改寫成 I。

當然，算機進入結束狀態時，讀寫頭是停止不動作的。究竟算機在什麼時候應該做什麼事，涉及到設計這算機的用意，不能憑空想像。為了方便起見，底下是一個「二倍機」的例子，以流程圖來表示：

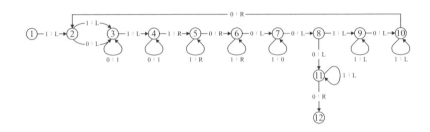

所謂「二倍機」就是指能將輸入的資料重複，變成兩倍的機器。例如，輸入的資料是 "II"，經過二倍機的運作，就會得到輸出為 "IIII"；輸入的資料是 "III"，經過二倍機的運作，就會得到輸出為 "IIIIII"。這個二倍機總共包含十二個狀態，稱為「計算狀態」：

狀態①（起始狀態）：如果 ⬆ 讀到 I，則 ⬆ 往左一格；算機進入狀態②。

狀態②：如果 ⬆ 讀到 I，則 ⬆ 往左一格；算機進入狀態③。
如果 ⬆ 讀到 O，則 ⬆ 往左一格；算機進入狀態③。

狀態③：如果 ⬆ 讀到 I，則 ⬆ 往左一格；算機進入狀態④。
如果 ⬆ 讀到 O，則改寫成 I；算機維持在狀態③。

狀態④：如果 ⬆ 讀到 I，則 ⬆ 往右一格；算機進入狀態⑤。
如果 ⬆ 讀到 O，則改寫成 I；算機維持在狀態④。

狀態⑤：如果 ⬆ 讀到 I，則 ⬆ 往右一格；算機維持在狀態⑤。
如果 ⬆ 讀到 O，則 ⬆ 往右一格；算機進入狀態⑥。

狀態⑥：如果 ⬆ 讀到 I，則 ⬆ 往右一格；算機維持在狀態⑥。
如果 ⬆ 讀到 O，則 ⬆ 往左一格；算機進入狀態⑦。

狀態⑦：如果 ⬆ 讀到 I，則改寫成 O；算機維持在狀態⑦。
如果 ⬆ 讀到 O，則 ⬆ 往左一格；算機進入狀態⑧。

狀態⑧：　如果 ⬆ 讀到 I，則 ⬆ 往左一格；算機進入狀態⑨。

　　　　　如果 ⬆ 讀到 O，則 ⬆ 往左一格；算機進入狀態⑪。

狀態⑨：　如果 ⬆ 讀到 I，則 ⬆ 往左一格；算機維持在狀態⑨。

　　　　　如果 ⬆ 讀到 O，則 ⬆ 往左一格；算機進入狀態⑩。

狀態⑩：　如果 ⬆ 讀到 I，則 ⬆ 往左一格；算機維持在狀態⑩。

　　　　　如果 ⬆ 讀到 O，則 ⬆ 往右一格；算機進入狀態②。

狀態⑪：　如果 ⬆ 讀到 I，則 ⬆ 往左一格；算機維持在狀態⑪。

　　　　　如果 ⬆ 讀到 O，則 ⬆ 往右一格；算機進入狀態⑫。

狀態⑫：　停止。

　以上介紹的是二倍機，當然還有其他的算機可以繼續構造出來。每個涂林算機都是這種抽象的程式，由它可能處的所有狀態所定義出來的。對於每個算機狀態的定義必定包括這算機所遇到的輸入資料、輸出資料、接續動作以及進入的其他狀態（或維持原狀態），所共同定義出來的。

　這個對於「算機」的介紹或許仍然過於抽象，布拉克曾經舉了一個販售可樂的機器來說明算機❿。這裡將他的例子稍加調整，重新解說一次。試考慮一台功能相當簡易的自動販賣機，它只接受五元硬幣和十元硬幣，它只販售每罐十元的飲料。底下是這台販賣機的算機表：

---

❿　參 Block (1980)。

	輸入五元	輸入十元
狀態①	1. 不做動作 2. 進入狀態②	1. 放出飲料一罐 2. 回到狀態①
狀態②	1. 放出飲料一罐 2. 回到狀態①	1. 放出飲料一罐 2. 退回五元 3. 回到狀態①

這台販賣機用一些簡單的技術和材料就可以實際做出來。其他更複雜機器的製造，就抽象層面來看，原理都是一樣的；只有在實際製作時，才會考慮所使用的材料、所接受的輸入類型（如硬幣、磁卡、鍵盤上的鍵、……）以及輸出類型（如飲料、點唱機放出的音樂、……）。

從以上二倍機和販賣機的例子可以看出幾個重點：

㈠算機的兩大基本概念：計算與表徵。「計算」就是符號操作而已，算機是以「符號」的物理性質來進行操作而已，並不涉及「符號」本身代表的意義。不論符號本身是否有意義，在依據算機進行操作時，都不會列入考慮。算機的操作只是依據指令（一套語法規則），針對讀到的輸入來作動作而已。簡單說，算機是一種純粹的語法操作系統，其操作不涉及符號的語意性質。另外，算機所操作的符號在當代心與認知哲學以及認知科學裡稱為「表徵」，是具有語意性質的事物。關於「表徵」留待第八章專章處理。

在這台販賣機的算機表裡，雖然輸入是「五元」和「十元」，但實際執行時，靠的是對於硬幣物理性質（如形狀、大小、材質）的偵測，只要是一枚形狀、大小、材質相當的事物，就能被販賣機接

受。它的「輸出」部分也是一樣，究竟輸出的是一瓶十元的飲料，還是一瓶數千元的高級紅酒，都不是算機本身過問的。

㈡算機不見得要用我們現在常見的金屬和各種機械裝置來執行。原則上，任何材質，任何物理運作的原理，都可以執行相同的涂林算機。算機具有的這種特徵稱為「多重可實現性」。如果有一天硬幣的大小、材質、形狀不變，但是幣值改變，儘管這台販賣機無法辨別幣值的差異，它的運作原理仍然是相同的。反過來說，如果硬幣的大小、形狀或者材質改變了，這台販賣機的硬體執行部分必須作一番調整，但是這算機仍然是相同的。

㈢借用電腦術語，算機就是所謂的軟體，使用某些材質實際打造出來的事物就是硬體。這種「軟體─硬體」兩個層次的區分，是大家熟悉的。不過，嚴格來說，算機的理論分析有三個層次：最底層是用以執行算機的事物，稱為實作層次，或者「具體實現層次」；中間一層是算機本身符號操作的語法系統，稱為「計算層次」；最上一層稱為「理論層次」，是具體說明算機在做什麼事。

最後簡單補充三點：

㈠目前介紹的涂林算機是決定論式的，也就是說，每個計算狀態與其他相關狀態的關聯是必定的。例如，在二倍機裡，狀態⑥如果讀到 O，則讀寫頭必定往左移一格，而且算機必定進入狀態⑦。但是涂林算機也可以是機率式的，也就是說，算機從一個狀態接著進入哪一個狀態是由所設定的機率值來決定的。

㈡丘曲主張：凡是可計算的，都是涂林可計算的。這在文獻裡稱為丘曲論理（也稱為丘曲─涂林論理）。他的意思是說，只要是我們承認是可計算的，理論上都存在一台涂林算機來執行該計算程序。

㈢邏輯學家證明存在有「普遍涂林算機」，這算機可以模擬任何其他算機，亦即執行任何其他算機能執行的函數。

四、算機功能論

很多人都有這種想法：人的心智就是電腦程式，人的大腦就是執行程式的硬體。早在六〇年代，帕南就已經主張⓫：涂林算機的概念架構提供了如何理解人類心智的一個最好的解釋：人的心智系統其實就是一個涂林算機！算機功能論採取算機釋模來理解人類心與認知的本質，成為當代認知科學的主要哲學理論，這個哲學立場並為人工智能的發展提供了完整的概念架構與理論基礎，並在當代計算器（電腦）的發明之後，獲得更多人的支持。

算機功能論既然採取算機釋模，「計算」與「表徵」是理解心智系統的兩大基本概念。在存有論的向度上，算機功能論主張：人的心智系統就是一個普遍涂林算機，因此，我們可以說心智系統是一個計算系統。人的每一個心理狀態等同於算機的計算狀態，每個心理狀態的定義都涉及其接受的刺激、做出的反應，以及與其他心理狀態的關聯。此外，認知機制和歷程就是算機的計算歷程，以心理表徵作為操作的對象，因此，我們也可以說心智系統是一套表徵系統（或者符號系統），只不過其操作的過程是純粹語法的，毫不涉及表徵的語意性質。

人的各種認知機制，例如記憶、推論思考、問題解決能力、語言理解、知覺……，都可以從「算機」來理解，將這些認知機制理

⓫　參 Putnam (1960; 1967; 1973)。

解為一種計算歷程。每一個認知機制都有其特定的輸入和輸出，例如推論機制同時以信念為輸入和輸出，而整個心智系統的最後輸出自然是行為反應，包括發出聲音、臉部呈現表情、做出各種肢體動作等。這也是為什麼算機功能論又稱為「計算心理學派」的緣故，並有別於行為主義和其他的研究典範。

　　人腦與人心之間的關係呢？大腦研究以及心智研究兩者之間的理論關係如何理解呢？許多人認為在研究人的心智時，對於人腦的研究是不可或缺的；尤其，某些部位的腦傷可能引起認知的障礙，這種現象更顯示出心與腦之間有密切的關聯。然而，如果人的心智系統就是涂林算機這種抽象的程式，要研究人的心智，應該是研究那抽象的程式，而不是研究人腦，對於人腦的研究似乎是不相干的。類比來說，純粹只研究電腦的硬體部分，是沒有辦法讓我們知道任何關於它執行的程式的。若是如此，純粹研究人腦這個硬體，應該也同樣沒有辦法讓我們知道任何它所執行的程式（構成人的心智的涂林算機）。算機功能論認為腦與心之間是「實現」或者「實作」的關係，不是等同關係。因此，腦神經科學的研究對於瞭解心智系統似乎沒有多少幫助。這學說主張對於心智系統進行科學研究的方式，是以算機模擬人的心智活動。

　　前一節已經提到，算機功能論對於心智系統接受「層次分析」。這主張最早是由馬爾具體提出來的 ❶。對於心智的研究可分為三個層次：心理理論層次、計算層次、實作層次。在理論層次上，或者採用常識心理學對於有心智的人類的理解；或者採取認知科學，提出理論以說明人的各種心智活動、心理運作的機制、各種心理現象

❶　這裡的用語與馬爾的原始用語不同，但內容是一樣的；參 Marr (1982)。

與相關的環境刺激以及行為反應之間的關係。在計算層次上進行的是電腦模擬（這部分屬於廣義的人工智能）；在實作層次上，則是進行大腦研究（這部分屬於認知神經科學）。

前面提到算機具有多重可實現性。算機功能論自然會主張心智系統具有多重可實現性。帕南甚至曾經指出，算機功能論並沒有要求用以執行算機的必須是物理的事物，如果存在有非物理的事物，也同樣可以執行算機的。因此，算機功能論既不是物理論也不是唯心論，這一點正是「中立主題」的蘭姆吉語句的特徵。儘管如此，當代算機功能論者跟路易斯的因果角色功能論一樣，傾向物理論的立場，主張心智系統是由物理事物具體實現的，因此心智系統有時也稱為物理符號系統❸。

「多重可實現性」這個概念的另一個理論結果是承認這個可能性：如果有不同於地球人的外星人存在，只要他們的物理結構能夠執行算機，他們也會具有地球人一樣的心智系統。科幻小說和電影裡關於外星人的思想實驗情節，不論是想像邪惡的外星人入侵地球，還是善心的外星人希望與人類和平共處，都設想那些外星人具有相當的心智能力，但是同時又設想它們的身體和大腦都跟地球人截然不同。

關於這一點，我們還可以從另外一個角度來觀察。基於多重可實現性，除了腦之外，其他物理事物也允許用以實現心智系統。這主張為人工智能建立了理論基礎。假設未來人工智能的研究有了具體成果之後，如果要製造一台會思考的機器人，我們不一定要給它一個跟人腦相同的「大腦」，我們可以用一堆矽晶片、金屬、橡膠……，

---

❸　參 Newell & Simon (1976)。

或者其他未來世界的材料，設法建造出能執行心智程式的硬體。若是如此，研究人腦就更看不出對於如何理解心智的運作能有什麼幫助了。

五、思維語言假設

佛德為計算心理學派補充了一套理論：心智的表徵理論，將心智系統視為一套心理表徵系統。他的學說另外一個同樣為學界熟知的名稱是思維語言假設。早在 1975 年佛德就寫了一本書提倡這套學說，並不斷在後續的多篇論文與專書中辯護這套學說，對於認知科學的發展影響甚鉅❶。

思維語言假設主張：心智系統是由一套語言式的表徵構成的系統，稱為「思維語言」（或者心理語言）。這套語言是先天的，不是後天的，也不是我們日常使用的中文、英文、德文……自然語言。佛德的思維語言假設是將心智系統視為一套心理表徵系統：心理表徵是先天的，亦即不是透過知覺的過程而習得的；心理表徵是語言式的，具有生產性、系統性、語意組構性三件語意上的特徵；也因此心理表徵有基本的「概念式表徵」（類比於語言的字詞），也有「命題式表徵」（類比於語言的語句），這是佛德有名的表徵原子論（參第九章第四節）❶；而且心理表徵是心理機制的操作對象。佛德並且對於心理表徵提出了一套理論（參第八章第四節）。他的思維語言

---

❶　參 Fodor (1975; 1980; 1987; 1990c; 1998; 2008)。

❶　佛德一度主張：由於語言具有語意組構性，意義整體論是錯誤的；但他後來承認兩者是相容的。參 Fodor (1987)。

假設搭配計算心理學派，構成了一套完整的關於心的學說，在文獻裡也稱為「古典論」。

依據佛德的思維語言假設，有內容的心理狀態是以命題式表徵為對象的。設老王相信老張在家。依據佛德的理論，㈠老王處於「相信」這種心理狀態，不是處於「希望」或者「懷疑」或者「擔心」等，其他類型的心理狀態；㈡這心理狀態以〔老張在家〕這個心理表徵作為對象；㈢這個心理表徵的內容，或說它表達的，是〈老張在家〉這個命題；㈣老王這個信念搭配他的其他心理狀態會因致他做出某些行為，例如他還想找老張借錢，於是他打了電話給老張。簡單說，在佛德的思維語言假設裡，心理狀態（主要是意向狀態）具有功能上可區割的（就是上述的㈠）、是以心理表徵為對象的（就是上述的㈡）、可做語意評估的（就是上述的㈢）、有因果力的（就是上述的㈣）。

佛德如何辯護思維語言假設呢？他的論證訴諸語言具有的一些特徵，包括生產性、系統性以及最重要的語意組構性。這三個特徵都跟語言的意義有關。所謂語言具有生產性，意思是說，從既有的詞彙或者語句可以創造出全新的詞彙或者語句。例如，下列語句可能是第一次被寫出來的有意義的語句：

人類在月球上放牧牛羊。

所謂語言具有系統性，意思是說，如果 "Rab" 是有意義的，則 "Rba" 也是有意義的。例如，如果「老王是老陳的老師」是有意義的語句，則「老陳是老王的老師」也是有意義的語句。請留意，系統性並不是對稱性。一個關係 R 是對稱的，若且唯若，"Rab" 邏輯

蘊涵 "Rba"。系統性並沒有這麼強的主張。

　　所謂語意組構性，意思是說，複雜符號的意義是由其組成符號的意義及其語法結構共同決定的。例如，「紅蘋果」的意義是由「紅」的意義、「蘋果」的意義，以及「形容詞 + 名詞」的語法結構共同決定的；「蘋果是紅色的」這語句的意義是由「蘋果」的意義、「紅色」的意義以及「主詞 + 述詞」的語法結構共同決定的❶。

　　語言之所以具有這三件特徵是由於語言具有結構，它最小的語意單位（字詞）就是它的基本組成素，這些既有的組成素可以依據語法規則做適當的組合，因而原則上既可以造出無限多的有意義的新句子(生產性)，也可以從有意義的 "Rab" 造出有意義的 "Rba"(系統性)，至於複雜詞彙或語句的意義當然更是由其組成素的意義以及語法結構共同決定的（語意組構性）。

　　我們的語言能力同樣具有這三件語意的特徵。觀察小孩子的語言學習可以發現：有時候小孩子會說出一些句子是他們之前不曾看過、不曾聽過的，但這些新語句使用到的詞彙卻是他們先前已經學到的（生產性）；如果我們聽得懂有意義的 "Rab"，則我們同樣聽得懂有意義的 "Rba"（系統性）；我們之所以聽得懂「蘋果是紅色的」這語句（亦即掌握到這語句的意義），是由於我們聽得懂「蘋果」的意義、「紅色」的意義，而且我們掌握到這句話的語法結構。

　　佛德觀察到語言和語言能力具有這三件語意的特徵，並藉此辯護他的思維語言假設。以語言為例，他的論證如下：語言具有語意組構性。語言表達思維。如果我們假設思維具有語意組構性，則這假設最能解釋語言之具有語意組構性的。因此，思維語言假設是理

---

❶　參 Davidson (1970b)。

解心智系統的最好的假設。

　　佛德對於思維語言假設的辯護是訴諸「最佳解釋推論」（請回顧第三章第三節）。這表示如果有其他關於心智系統的假設也能夠解釋上述三件語意特徵，而且這假設比起佛德的假設還能做出更多的解釋，則我們只有放棄佛德的思維語言假設。那麼，有沒有其他更好的假設呢？在當代心與認知的研究裡，聯結論（或者類神經網路釋模）是計算心理學派的另外一個支派。聯結論對於「計算」以及「表徵」的說法與古典論完全不同。佛德在 1988 年曾指出：聯結論或者無法說明心智系統之具有語意組構性，或者它只是古典論的一種具現方式。他因此結論道：聯結論不足以作為一套對於心智系統的學說。如果佛德的批駁是正確的，我們確實不得不承認，截至目前為止，他的思維語言假設最能解釋人的心智系統。關於古典論與聯結論的爭議，在第十章第一節還會有說明，這裡就先略過。

本章重點回顧

- 思維語言假設 Language of Thought Hypothesis
- 古典論 classicism
- 計算 computation
- 表徵 representation
- 因果角色功能論 causal role functionalism
- 先驗功能論 a priori functionalism
- 阿姆斯壯 David M. Armstrong (1926–)
- 路易斯 David Lewis (1941–2001)
- 生物功能論 biofunctionalism
- 微型人功能論 homuncular functionalism

- 蘭姆吉語句 Ramsey sentence
- 蘭姆吉關聯式 Ramsey correlate
- 卡那普 Rudolf Carnap (1891–1970)
- 意義設定 meaning postulate
- 族類特定的 species-specific
- 副本理論 counterpart theory
- 人工智能 artificial intelligence
- 涂林 Alan Turing (1912–1954)
- 實作層次 implementational level
- 決定論式的 deterministic
- 機率式的 probabilistic
- 丘曲 Alonzo Church (1903–1995)
- 丘曲論理 Church's thesis
- 丘曲—涂林論理 Church-Turing thesis
- 馬爾 David Marr (1945–1980)
- 物理符號系統 physical symbol system
- 心理語言 mentalese
- 生產性 productivity
- 系統性 systematicity
- 語意組構性 semantic compositionality
- 意義整體論 meaning holism

第六章　功能論的困難

　　儘管功能論已經成為當代心與認知哲學以及認知科學的主流，它還是面臨許多困難需要克服。例如，依據算機功能論，心智系統是算機系統。反過來是否成立呢？是否任何算機系統都是心智系統呢？我們慣常使用的計算機、自動販賣機、提款機……，都是計算系統。我們是否要承認這些同時也都是具有心智的系統？它們與人類的心智系統相比，只不過是比較簡單而已，而且它們是人類製造出來的而已？假設太陽系的運行本身也可以依據算機理論將它視為一個計算系統，我們是否也要將太陽系視為一個心智系統？如果樹下那塊大石頭也可以視為一個算機，我們是否也承認它是一個心智系統，只不過它是非常簡單的心智系統罷了？當然，算機功能論主張人類的心智系統是一台普遍涂林算機，樹下那塊石頭不是普遍涂林算機，因此不該承認它是一個心智系統。然而，我們似乎願意承認某些高等動物是具有心智的。這些高等動物也是普遍涂林算機嗎？或者說，即使不是普遍涂林算機，它們和牠們仍然都是具有心智的，只是有程度之別而已？這些都不是很容易回答的問題。

　　功能論在文獻上還有一些比較知名的難題，這一章介紹四個形上學的困難以及一個方法論的問題。前兩個形上學的困難與感質有關，分別稱為感質對調難題以及感質缺如難題。第三個形上學困難來自於算機的一個基本特徵：算機每次只處於一個計算狀態，但人

卻可以同時處於多個心理狀態。本書將這稱為「同時性難題」。第四個形上學的困難是跟意向性（或者心理內容）有關的。這個困難就是這領域非常有名的中文房間論證。這四個難題都是形上學的，在於指出：功能論對於感質這種心理狀態以及意向狀態的理解是有基本缺陷的。

至於方法論的問題，大致是這樣的：假設有人宣稱寫了一個算機程式，具有使用中文溝通的心智能力，就像你我用中文溝通而無任何障礙一樣。我們有什麼方法來判定哪個程式有這個心智能力呢？在人工智能界有所謂的涂林測試，就是用來檢定算機程式是否呈現出正常人類的心智運作能力的。但是，布拉克舉出一個例子來質疑這種方法論，本書將他的例子稱為「白癡程式」，將在最後一節介紹。

一、感質對調難題

十八世紀英國哲學家洛克曾經提出一個可能性，文獻上稱之為「色譜對調」 ❶：

> 當老王看到紅番茄或者紅蘋果或者紅色的籃球時，會產生某種色彩視覺經驗，姑且稱之為 A_1 經驗；當老王看到綠色的葉子或者綠色的芭樂或者綠色的棗子時，也會產生某種色彩視覺經驗，姑且稱之為 B_1 經驗。但令人訝異的是，老王的 A_1 經驗與我們其他人看到綠色的棗子時產生的色彩視覺經驗（姑且稱之為 B_2）是一樣的，老王的 B_1 經

---

❶　參 Locke (1689/1975), II, xxxii, 15。

驗與我們其他人看到紅蘋果時產生的色彩視覺經驗（姑且
稱之為 A_2）是一樣的。簡單說，老王的色彩視覺經驗和我
們的色彩視覺經驗是對調的。然而，老王的一切行為反應，
包括他對於「紅」、「綠」等字的使用，都跟我們其他人沒
有兩樣。

嚴格來說，「色譜對調」是不恰當的用詞，因為不論是老王還是我們，
從紅蘋果打出來的光波給視網膜接收，這一段過程並沒有任何不同。
當代心與認知哲學家另外一個慣用的語詞是「感質對調」，因為對調
的不是色譜，而是色彩視覺經驗。

　　「感質對調」的可能性為什麼會構成困難呢？會對於什麼理論
構成困難呢？在感質對調的例子裡，儘管老王的 A_1 經驗與我們的色
彩視覺經驗是對調的，這個 A_1 經驗接受的刺激、與其相關的行為反
應，以及相關的其他心理狀態，都與我們的 B_2 經驗沒有什麼不同，
亦即 $A_1 = B_2$，因此 $A_1 \neq A_2$（同樣地，$B_1 = A_2$，因此 $B_1 \neq B_2$）。然
而就功能論來說，每個心理狀態的定義都涉及刺激、反應，以及與
其他心理狀態的關聯。設功能論關於紅色視覺經驗的功能角色的定
義是 F_a，關於綠色視覺經驗的功能角色的定義是 F_b。從功能論的角
度來看，老王的 A_1 經驗和我們的 A_2 經驗應該是相同的，亦即 $A_1 =
A_2$，這是由於 $A_1 = F_a$ 且 $A_2 = F_a$ 的緣故（同樣地，由於 $B_1 = F_b$ 且 $B_2
= F_b$，所以 $B_1 = B_2$）。這結論與感質對調的例子是矛盾的！因此，如
果感質對調的例子是可以接受的，功能論並沒有真正掌握到「感質」
這類心理狀態。

　　或許有人會質疑：為什麼僅僅提出一個可能性就能否決一個理

論？這是由於「等同」具有必然性的緣故。依據功能論，$A_1 = A_2$，因此 $A_1 = A_2$ 是必真的。感質對調的例子卻顯示出：有可能 $A_1 \neq A_2$，亦即 $A_1 = A_2$ 可能為假。因此，如果接受感質對調的可能性，就不得不否認功能論。

功能論的學者或許對於感質對調的難題可以作這樣的回應：對於感質對調的現象可以訴諸大腦活動狀態的不同來解釋。如果老王的色彩視覺經驗與我們的色彩視覺經驗是對調的，他看到紅蘋果時的大腦活動一定與我們看到紅蘋果時的大腦活動不同。可惜，這個回應並沒有幫助功能論。別忘了，對功能論來說，心理狀態等同於功能狀態，不是等同於大腦狀態；而且大腦僅僅是實作層次的事物而已，僅僅考慮大腦活動並不足以理解心理活動。

功能論學者最後一個可能的辯駁是這樣的：功能論是以功能角色來個別化心理狀態的：任何兩個狀態是相異的，若且唯若，這兩個狀態的功能角色相異。然而，在推導感質對調的過程中，曾經主張老王的 A_1 經驗與我們的 B_2 經驗是一樣的，這件主張有什麼依據呢？在感質對調的例子裡，關於 $A_1 = B_2$ 的主張是丐辭的。

功能論的這個辯駁確實頗有道理。但感質對調的例子試圖在指出：我們對於任何心理狀態的瞭解可以不必涉及它與輸入、輸出以及它與其他狀態之間的關聯。類比來說，水在沸點時處於氣體的狀態，我們知道氣體狀態是什麼樣的狀態，我們知道如何區別水的氣體狀態與水的固體狀態，至於什麼原因導致水進入氣體狀態與這些並不相干。同樣地，在理解個體所處的心理狀態時，並不需要考慮與該心理狀態相關的環境刺激與行為反應。然而，功能論承襲史馬特「主題中立」的思考模式，認為對於心理狀態的瞭解必定要納進

相關的環境刺激和行為反應。所以，我們可以說，感質對調的可能性其實是在探問：在理解心理狀態時，究竟需不需要將與之相關的環境刺激與行為反應等納入考量？

感質對調的可能性對於物理論（例如心腦同一論）會有影響嗎？假設在上述的例子裡補充以下的說明：

> 老王看到綠色桌子時的大腦活動跟我們其他人看到綠色桌子時的大腦活動是一樣的；老王看到紅蘋果時的大腦活動跟我們其他人看到紅蘋果時的大腦活動也是一樣的。儘管老王和我們在產生色彩視覺經驗時的大腦活動並沒有差異，他的色彩視覺經驗與我們的是對調的。

這個補充版的「感質對調」的例子顯然否認了心腦同一論：兩個人的大腦活動是相同的，並不蘊涵兩個人處於相同的心理狀態。不但如此，我們明顯可以看出來，這個補充版的「感質對調」的可能性也否認了心物附隨原則。照這樣來看，這個補充版的「感質對調」的可能性，似乎反而使得我們傾向於接受心物性質二元論的哲學立場。

我們應該接受「感質對調」的可能性嗎？純粹從邏輯可能的角度來看，由於「感質對調」的例子本身並不是邏輯不一致的，所以，從邏輯角度是可以接受這個可能性的。另一方面，「感質對調」似乎也是可思的，亦即概念上可能的❷。在我們的概念架構裡，感質對調的例子似乎不會引起概念上的衝突。若是如此，功能論與物理論

---

❷ 一個例子是不是可思的，涉及相應的概念架構。有些哲學家認為「可思的」與「（邏輯）可能的」是有差別的：前者蘊涵後者，但後者不蘊涵前者。參 Gendler & Hawthorne (Eds.)(2002)。

還能夠如何回應「感質對調」的可能性呢?

二、感質缺如難題

功能論面臨的第二個理論困難是布拉克提出的「感質缺如難題」❸。他要我們想像這個例子:

> 　　設有人寫出一個算機程式,只要有個物理系統能夠執行這個程式,在某個階段這個系統就會進入某個計算狀態 C。設計算狀態 C 定義了「痛覺」這個心理狀態。由於中國人口眾多,讓我們假設借用中國大陸的人來執行這個算機程式。令每個人都有一台無線收發器,因此每個人都可以收到指令,並且依據指令來動作。也就是說,中國大陸的人是屬於「具體實現」的實作層次,所有這些人和他們的無線收發器等,構成了一個物理系統,姑且稱為「中國頭」。現在這個中國頭開始執行那個算機程式,在執行到某階段時,算機進入了計算狀態 C。

試問: 中國頭在此時是否處於痛覺的狀態?

布拉克認為儘管中國頭執行程式並進入了計算狀態 C,中國頭並沒有處於痛覺的狀態;也就是說,儘管這個物理系統執行了算機程式,它仍然缺乏「痛覺」這個感質。

　　可能有不少人同意布拉克的判斷,但認為這判斷之所以能夠成

---

❸　參 Block (1980)。

立，是由於中國頭「太大」的緣故。可惜這回應並沒有抓到重點。從功能論來看，一個物理系統是否具備心智，要看它是否能執行算機，至於物理系統的大小和運作的物理原理等，都是屬於「具體實現」的實作層次，不涉及功能論如何看待心智的本質。而且別忘了，功能論是允許多重可具現性的。布拉克為了避免這種不當的誤解，又將「中國頭」的思想實驗改寫。這一次他假設實際執行該程式的物理系統是非常微小的物體，但整個系統的大小則跟人腦差不多。（讀者可改用目前最新的「奈米」科技的用語來思考。）他質問：此時，這個物理系統在執行算機並進入計算狀態 C 時，是否處於「痛覺」的狀態？他依然認為這個系統缺乏「痛覺」這個感質。

布拉克當然不是僅僅訴諸直覺來主張：在他兩個例子裡的物理系統是缺乏感質的。為什麼這兩個物理系統缺乏感質，是由於算機是一種符號操作系統，雖然其操作是語法的，但由於被操作的是具有語意性質的表徵，其操作的過程同時是一種資訊流動的過程。然而，縱使算機功能論能夠說明具語意性質的心理狀態（例如信念、判斷），感質這類心理狀態與語意性質以及資訊如何流動似乎沒有關聯。如同第二章第四節提到的，感質具有質性的特徵。當老王感覺痛時，那是一種「那個樣子」的感覺，跟「癢覺」的那個樣子的感覺是截然不同的。然而「那個樣子」的感覺不是一種語意性質，似乎也不是資訊流動的結果。由於算機的操作是一種資訊流動的過程，因此算機不可能掌握到感質的這種特徵。用以執行算機的物理系統，不論其大小以及運作的物理原理，至多能夠具體實現算機的「資訊流動」的過程而已，並無法呈現具有質性的心理狀態。簡單說，算機功能論無法說明感質。

三、同時性難題

布拉克和佛德曾經在 1972 年提出所謂的「同時性難題」❹，而且藉著這個難題還可以讓我們對於算機功能論多一些瞭解。這個理論困難是這樣的：依據算機理論，不論是決定論式的還是機率論式的，算機每次只處於一個計算狀態。但很明顯地，人是可以在同一個時間處於多個心理狀態的。因此，算機理論不足以說明人的心智系統。

萊肯曾經為算機功能論提出了一個回應的方式❺。他首先指出，算機功能論允許同時可以有多個不同的物理系統執行同樣的算機程式（這是「多重可具現性」的一個變形）；不但如此，算機功能論也允許同一個物理系統可以同時執行多個算機程式。設有某個物理系統同時執行三個算機程式：T_1、T_2、T_3。在某時該物理系統執行 T_1 並進入了某計算狀態 S_i，而且該物理系統同一時間執行 T_2 並進入了某計算狀態 S_j，以及執行 T_3 並進入了某計算狀態 S_k。也就是說，該物理系統可以在同一個時間處於三個不同的計算狀態。由於計算狀態等同於心理狀態，這表示該物理系統可以同時處於三個心理狀態。如此一來，應該就解決了同時性難題。

可惜，萊肯的回應是嚴重不足的。正如同布拉克和佛德指出的，我們不僅能夠同時處於多個心理狀態，而且這些心理狀態共同促使我們產生了某些行為。例如，老王想跟朋友談些事情，希望朋友能

❹　參 Block & Fodor (1972)、Block (1980): 299, fn. 14。

❺　參 Lycan (1974)。

幫他一個忙，他想在今天中午就找到朋友一塊吃飯，也記得附近有家餐廳，他覺得那家餐廳的飲食和服務都不錯。老王不但同時處於這麼多的心理狀態，而且他的這些心理狀態共同促成了他做出打電話給朋友的動作。萊肯的回應至多只是為算機功能論關於「個體如何能夠同時處於多個心理狀態」這點提供了解釋，但是對於「個體同時所處的多個心理狀態能夠共同促使個體產生某些行為」這一點，萊肯為算機功能論作的回應並無法提出解釋。

布拉克和佛德指出，要解決這個問題，必須修改算機功能論。但該如何修改呢？一個可能的修改方式是主張：每個計算狀態不是與心理狀態等同，而是與一組心理狀態的連言等同；或者反方向來說，每個心理狀態與一組計算狀態的選言等同。這主張顯然比起原先的算機功能論更接近我們一般人關於心的想法。不過，即使如此，這個修改後的算機功能論面臨更嚴重的理論困難：意向性心理狀態，亦即有內容的心理狀態，彼此之間在語意上如何關聯，以共同促使個體產生行為，將會變成不可解的。例如，老王相信他的朋友會答應幫他忙；老王希望他的朋友答應幫他忙；老王相信只要他打電話跟朋友談，他的朋友就會答應幫忙；所以，老王打了電話給他的朋友。老王這些意向狀態都是有內容的，有些心理內容有重疊的部分，而且這些意向狀態構成一個類似推論的思考，最後終於促使老王做出打電話給朋友的行為反應。簡單說，老王這些心理狀態的內容彼此有相當緊密的關聯。修改後的算機功能論將如何說明呢？

算機功能論面臨一個兩難：算機功能論或者必須解決「同時性難題」，或者必須解決心理內容彼此如何關聯的難題。

四、中文房間論證

笛卡爾在《方法論》裡曾經指出，一個身體跟我們人類一樣，行為也跟我們一樣的機器是不可能有心的。他的理由有兩點（附帶一提，笛卡爾這兩個理由也用來論證人以外的動物是沒有心的）❻：

㈠這種機器人沒有語言能力。儘管這種機器人表面上說出人類的語言，但這只不過是它能發出聲音或者寫出文字而已，它並不是真地具有語言能力。即使這種機器人的資料庫裡儲存了大量的文字（或者文字的發音），它沒有能力將這些文字重組，產生全新的語句（亦即它之前不曾說過，不曾聽過，也不曾儲存在它資料庫裡的語句）。笛卡爾這個想法是訴諸語言具有的生產性。因此，例如當這種機器人面臨一個全新的問句而需要全新的答案時，它沒有能力回答。但是我們人類的語言與思維能力顯然是具有生產性的（請回顧第五章第五節）。

㈡我們人類有理性思維的能力，但機器人沒有。理性思維的一項重要特徵是跨論域的，簡單說，「理性思維」這種認知機制的運作並沒有限定思維內容的類別。笛卡爾認為機器人不具備理性思維，用現代的話來說，機器人的所有行為都是設定好的，依據程式而行的。因此，當機器人處於某些陌生的情境，亦即超出它程式設定之外的情境時，機器人無法行為。

笛卡爾的第一點理由涉及到心智的語意性質及其特徵。在 1980 年瑟爾對於功能論提出了相當有名的批評，文獻上稱為「中文房間

---

❻　參 Descartes (1637/1988)。

論證」，這個論證雖然不是訴諸「語言的生產性」，但與笛卡爾相近的地方在於都訴諸心智的語意性質❼。

瑟爾的中文房間論證是作一個設想：設有一天某人宣稱寫出了能夠理解中文的算機程式，因此執行這個程式的系統將會是一個懂中文的系統。瑟爾要我們依據算機功能論來設想一個執行這個「懂中文」程式的物理系統：

> 設某個房間裡有一位美國人，他只懂英文，不懂中文。我們交給這位美國人一份英文手冊，描述已經設計好的這個能理解中文的程式。這位美國人當然看得懂裡面的指令。接著，我們從房間外面送進上面寫著中文字的卡片。這位美國人的工作是依據手冊上的指令，以及他接收的卡片，來做出適當的動作，亦即向房間外面遞出上面寫有中文字的卡片。

這個例子裡的美國人相當於涂林算機的讀寫頭，他接收到的每張卡片相當於涂林算機空白帶上的格子，卡片上的中文字就是輸入和輸出。等這個程式執行告一段落之後，瑟爾問：在這個例子裡，有什麼地方是出現「懂中文」這個心理現象的？

如果算機功能論是對的，是有可能寫出一台能理解中文的算機程式。也就是說，這個算機程式說明了「理解中文」這種認知機制是如何運作的、「理解中文」這個現象是如何出現的。接著再將這程式用具體的物理系統來執行，則這物理系統就應該會出現懂中文的現象。但是在哪裡呢？根據假設，那位美國人原本就是不懂中文的。

---

❼　參 Searle (1980a; 1980b)。

經過操作程式之後，他也不會因而懂中文，因為他只是依據手冊上的指令，比對卡片上的圖形（中文字對他來說只是圖形而已），再找出符合指令要求的適當卡片作為輸出而已。是這整套系統嗎？包括房間、美國人、卡片、手冊，這些構成一個系統，懂中文的是這個系統嗎？然而，這個系統自始至終都只是將某些卡片上的圖形作為輸入，然後依據指令，將某些卡片上的圖形作為輸出。如何能說這整套系統懂中文呢？

瑟爾想說的是：「懂中文」這種認知機制必定涉及中文的語意性質，然而算機的操作不涉及語意性質，因此算機不可能說明這種涉及語意性質的認知機制。他將中文房間論證建構如下：

> 心具有語意的性質。
>
> 涂林算機僅僅是語法操作的系統。
>
> 所以，涂林算機不可能用來說明心。

在前面解說涂林算機時提到，涂林算機的計算單位雖然是具有語意性質的表徵，但是表徵的語意性質並不是涂林算機進行操作的依據。因此，只要心具有語意，則不論將來算機程式有多細膩複雜，僅僅以涂林算機來理解人的心智必定是不足的！

請留意：瑟爾在提出中文房間論證時，曾經區別「弱人工智能」與「強人工智能」。「強人工智能」是形上學的主張，就是上面介紹的算機功能論，才是瑟爾的中文房間論證反對的。「弱人工智能」這種主張則是方法論的，認為電腦模擬有助於我們瞭解心智系統，瑟爾並不反對這種主張。其實瑟爾並不反對「機器人會思考」這種可能性，他反對的僅僅是「強人工智能」意義下的機器人而已，亦即

純粹語法驅動的機器人是不會有心的。如果是別種意義的機器人，例如考慮到人腦如何運作的機器人，瑟爾並不反對。

五、涂林測試——方法論的難題

雖然瑟爾的中文房間論證不是用來反對「弱人工智能」的，這並不表示「弱人工智能」沒有理論困難。「弱人工智能」是方法論的主張，這一節將指出對於這個方法論的一個疑慮。

「涂林測試」最早是由涂林提出來的❽，他稱之為「模仿遊戲」。大致來說，涂林測試是這樣的：一方面由裁判負責提問（或者進行會話），另一方面同時有真的人以及電腦執行的人工智能的程式來回答問題（或者與裁判進行會話），但裁判並不知道與他們進行對談的哪個是真的人、哪個是電腦程式。最後，裁判依據對談的這段過程來進行判別；如果裁判無法辨識哪個是真人、哪個是電腦程式，則該程式通過測試。

從方法論的角度來看，涂林測試是行為主義的思考模式。如果程式在刺激—反應樣式的表現上與真的人無法分別，顯示該程式應該是具有智能的。

然而，布拉克認為涂林測試有方法論上的漏洞。他設計了一個程式，試圖證明儘管這個程式可以通過涂林測試，它並不具有心智❾。本書將他的程式稱為「白癡程式」。在介紹「中文房間論證」時，就已經提到算機是純粹語法操作的系統。這個「白癡程式」也

---

❽　參 Turing (1950)。

❾　參 Block (1990)。

是從語法角度來質疑涂林測試的。為了解說上的便利，首先作幾個設定：

㈠從電腦鍵盤輸入的符號包括：英文大寫字母、英文小寫字母、標點符號、阿拉伯數字 0 到 9，以及其他鍵盤上出現的符號；按空白鍵也視為輸入一個符號。顯然，這些符號是有限多的。

㈡定義「符號串」如下：

(a)單獨一個符號的出現，是一個符號串；

(b)如果 S_1 和 S_2 是符號串，則將兩者並列就構成一個新的符號串。

例如，"t" 和 "e" 都是符號，因此，根據(a)，它們都是符號串；因此根據(b)，"te" 和 "et" 是符號串；再依據(b)，"ette"、"teet"、"tte"……都是符號串；依此類推。

㈢定義「符號串的長度」如下：一個符號串的長度等於它用到的符號總量。例如 "This is a computer." 的長度是 19，"the That is" 的長度是 10。

㈣每輸入一個符號花費一秒鐘。

㈤涂林測試的時間是十分鐘。

依據以上的設定，我們可以算出，在十分鐘內總共出現的符號數量為 600 個。其次，我們可以列出各種符號串，從長度 1 的符號串到長度 600 的符號串，建立資料庫如下：

長度 1 的符號串：a、b、c、……。設有 L_1 個。

長度 2 的符號串：aa、ab、ac、……、ba、bb、bc ……。設有

L$_2$ 個。

長度 3 的符號串：aaa、aab、aac、……、aba、abb、abc ……。
設有 L$_3$ 個。

．
．
．

依此類推。

「白癡程式」如何設計呢？首先，由於涂林測試是以會話的方式進
行，這些會話的句子大致上是符合英文文法的。說「大致上」而不
是「一定」，是由於即使是英文母語的人，在正常情形下，也會有文
法錯誤的時候，或者其表達不太在乎文法的時候（例如在打電腦的
時候，偶而會忽略大小寫）。因此，我們可以將上述各種長度的符號
串太過於不合英文文法的加以剔除（當然，不剔除這些，原則上也
不會影響底下的設計方式）。其次，在每一回合的會話中，雙方說出
來的話必定是一串有限長的符號。因此，不論他們說什麼，他們所
說的話必定都在資料庫裡。

　　假設裁判說第一句話。他說的話必定是某個長度的符號串。我
們建立檔案庫如下：

㈠設裁判的第一句話長度 1，則在上述符號串的資料庫裡，一
　共有 L$_1$ 個可能性。將這些可能性列出，並且針對每一個符號
　串，將一般人會回應的話列出。
　我們事先將一般人的各種回應蒐集完整，這些回應將會是有
　限多個，而且每個回應依然是有限長的符號串。設有 L$_{1-1}$ 個
　回應。

此外，為了顧及到一般人在會話時，有些語詞是比較常用的，有些是比較罕見的，我們可以事先蒐集這些資料，並將各種回應的使用頻率值訂出。當執行程式時，以頻率高者作為優先給出的回應。

㈡設裁判的第一句話長度 2，則在上述資料庫裡，一共有 L_2 個可能性。將這些可能性列出，並且針對每一個符號串，將一般人會回應的話列出，設有 L_{2-1} 個可能性。

㈢設裁判的第一句話長度 3，則在上述資料庫裡，一共有 L_3 個可能性。將這些可能性列出，並且針對每一個符號串，將一般人會回應的話列出，設有 L_{3-1} 個可能性。

⋮

依此類推。

接著，針對 L_{1-1} 個可能回應，繼續考慮裁判說的第二句話：

㈠設裁判的第二句話長度 1，則在上述資料庫裡，一共有 L_1 個可能性。將這些可能性列出，並且針對每一個符號串，將一般人會回應的話列出，設有 L_{1-2} 個回應。

㈡設裁判的第二句話長度 2，則在上述資料庫裡，一共有 L_2 個可能性。將這些可能性列出，並且針對每一個符號串，將一般人會回應的話列出，設有 L_{2-2} 個回應。

㈢設裁判的第二句話長度 3，則在上述資料庫裡，一共有 L_3 個可能性。將這些可能性列出，並且針對每一個符號串，將一般人會回應的話列出，設有 L_{3-2} 個回應。

⋮

依此類推。

接著，針對 L_{1-2} 個可能回應，繼續列出裁判能說出的第三句話；針對 L_{2-2} 個可能回應，繼續列出裁判能說出的第四句話；

⋮

依此類推。

⋮

顯然，這個檔案庫是非常龐大的。不過，由於不論裁判講多少次話，不論這程式回應多少次，依據上述的設定，當他們的會話使用的符號總量達到 600 個時，就表示測試結束了。所以，在設計這個檔案庫時，在每一個問答的步驟裡，只要符號量總數維持低於或等於 600 個就行了。

我們不難看出，原則上這個檔案庫是可以建立起來的，畢竟只有有限多個步驟，而且每個步驟必定是列出有限多的符號串。因此，儘管這個檔案庫會非常龐大，它列出的符號串總量是有限多的。這個檔案庫就是給「白癡程式」用的。

這個「白癡程式」如何通過涂林測試呢？假想在開始進行涂林測試的時候，裁判說的第一句話是："Hi, what's your name?" 這句話是個長度 21 的符號串。執行這個程式，在檔案庫裡搜尋長度 21 的符號串並作比對，就可以找出檔案庫裡針對該符號串所列出的各種可能回應。接著依據檔案庫，給出頻率值最高的那個回應（如果最

高頻率值的回應不只一個，則隨機給出一個），例如 "John." 作為第一次回應。假想裁判接著說："John, why are you here?" 這是裁判對於第一次回應說出的第二句話，讓程式針對這個符號串進行檔案庫的搜尋比對，然後找出對於這個符號串所列出的可能回應，給出頻率值最高的回應，例如 "I'm here for the test." 構成第二次回應；依此類推。

可以看得出來，在這種一來一往的會話過程中，這個程式始終都是在它的檔案庫裡進行搜尋與比對的工作。由於這個程式的檔案庫是設計者事先蒐集一般人會話的各種情形而建立的，因此，這個程式的反應跟一般人是沒有兩樣的。簡單說，設計者事先建立完善的檔案庫，就能使得它通過涂林測試。然而，這個程式除了作搜尋比對的工作之外，並沒有真正在思考。甚至這個算機程式根本不懂英文。原則上，將這個程式交給一個完全沒看過英文的人，同樣可以執行得很好，因為他只要依據他所看見的符號形狀，在檔案庫裡進行搜尋比對就行了。當然，由真的人來執行這程式，速度會非常慢，使得裁判不得不起疑。但這裡在討論的是方法論的漏洞，是「計算層次」上的問題，不是在討論「具體實現層次」的技術問題。

布拉克提出「白癡程式」來否認涂林測試的可行性，這其實是針對涂林測試在方法論上採取的行為主義提出的質疑：即使有個個體在行為表現上與我們有心的個體是相同的，並不表示那個個體也是有心的。然而，如果一個個體的行為表現不足以讓我們斷定他是有心的，在方法論上我們有什麼原則來斷定呢？

- 感質對調難題 problem of inverted qualia
- 感質缺如難題 problem of absent qualia
- 中文房間論證 Chinese room argument
- 涂林測試 Turing Test
- 洛克 John Locke (1632–1704)
- 可思的 conceivable
- 跨論域的 domain-general

第七章　意向性

　　意向性是心獨有的特徵。愛、恨、察覺到、意識到、相信、判斷、欲求、希望、期待……都是具有意向性的心理狀態。中世紀的士林哲學家，例如西元三世紀的多瑪斯，很早就注意到了「意向性」這件特徵，並發展了理論。但是到了十五世紀左右「意向性」概念便逐漸消失了，從十六世紀到十八世紀的近代哲學家幾乎沒有再提及這個概念，一直到十九世紀德國的布倫他諾才又將這概念重新帶回哲學界。他對於意向性的看法不但影響了胡塞爾的現象學，也對於當代心與認知哲學有很大的影響。

　　布倫他諾認為意向性是心的標記。心具有的意向性究竟有何獨特之處，能構成心與物在存有論上的差異？所謂心理狀態具有意向性，意指心理狀態「指向」或者「關涉」一件事物。例如，當老王相信桌上有顆蘋果時，他的信念「指向」桌上那顆蘋果；當老王愛上一個人時，他的愛是「指向」那個人的。但是心是如何指向外在事物的？這個有關意向性的問題稱為布倫他諾難題。其次，意向狀態具有規範性。心會出現錯誤認知的現象。我們的信念未必都是正確的，我們有時候會有錯覺與幻覺，我們的希望與欲求也未必都能實現。這稱為規範性難題。

　　另一方面，雖然心具有意向性，語言和照片等人為的事物似乎也具有意向性。這兩種意向性是有差別的。第一節先介紹瑟爾和卓

斯基關於原初意向性與衍生意向性的區別❶。第二節將簡略介紹「指向」引起的一些困惑，並點出其與心理內容理論之間的關係；其中「指向」的一大形上學困難將特別在第三節解說，意向脈絡的指涉隱蔽現象在第四節解說，「雙生地球」思想實驗造成的難題將在第五節解說。

一、原初意向性與衍生意向性

　　在提出意向性是心的標記時，布倫他諾似乎認為所有的心理狀態都具有意向性，而且只有心理狀態具有意向性，所有物理的事物都沒有意向性。他這主張太強了。首先，感質是沒有意向性的。其次，似乎我們可以承認某些物理的事物具有意向性。我們的語言，不論是書寫的，還是口說的，都具有意向性的特徵。「吳承恩」這串符號指向吳承恩這個人，「吳承恩寫了《禹鼎志》這本書」這串符號指向〈吳承恩寫了《禹鼎志》這本書〉這件事實（或命題）。不論是書寫的還是口說的，語言都表現出意向性，都指向某些事物。然而書寫的是一堆墨漬（粉筆灰），口說的是發出的一串聲波。這些都是物理的，不是心理的。除了語言之外，還有圖像、照片、地圖……，很多物理的事物都具有這種「指向」的特徵，都有意向性。若是如此，在心以外還有別的事物具有意向性。

　　對於布倫他諾的名言我們可以作比較寬鬆的理解：只要有意向性的地方就是有心的地方。語言的意向性來自於語言的使用者。我們藉由書寫的符號或者一串特定的聲波來代表一些事物。我們用「吳

---

❶　參 Searle (1980a; 1980b)、Dretske (1985; 1995)。

承恩」這串符號來代表吳承恩這個人，我們用「吳承恩寫了《禹鼎志》這本書」這串符號來代表〈吳承恩寫了《禹鼎志》這本書〉這件事情。簡單說，語言的意向性來自於語言使用者的意向性，其之所以具有意向性，是由於我們這些具有意向性的人類藉由這些墨漬或者聲波來傳達訊息的緣故。如果將人類使用這些墨漬或者聲波的用意去除，它們本身是沒有意向性可言的。瑟爾將語言（乃至於地圖、照片等）的意向性稱為「衍生意向性」，將人心具有的意向性稱為「原初意向性」（卓斯基稱之為內在意向性）。

除了原初意向性以及衍生意向性之外，瑟爾還提到所謂的「擬似意向性」。例如，當我們在看布偶戲的時候，我們看到那些布偶彷彿在思考、在溝通，彷彿有喜怒哀樂。在文學作品裡，常常將一些事物擬人化，例如石頭、樹、花草、太陽……，假裝這些事物在進行各種心智活動，能夠呈現意向性。布偶當然是沒有生命，布偶、石頭、太陽、花草更不是具有心智的事物。

這裡立刻有幾個問題需要思考：首先，擬似意向性與衍生意向性的差別在哪裡？當哲學家主張語言或照片具有衍生意向性時，並沒有否認那些事物具有意向性，只是主張其意向性來自於人類而已；但是當哲學家說布偶具有擬似意向性時，確實是否認布偶具有意向性的。其次，如何區別真正有意向性的（真正有心的）事物與沒有意向性的事物？為什麼布偶、石頭沒有意向性？這個問題前面已經遇過，就是所謂的「區隔難題」。第三，完全的物理複製人以及依據算機功能論製造的機器人具有哪種意向性？有沒有可能他們也具有原初意向性？最後，如果語言和照片等的意向性來自於人類，如何解釋人類意向性的來源呢？

　　瑟爾提出所謂的「生物自然論」來回答最後這兩個問題。依據他的看法，我們人類是具有某種生物結構的有機物，這種生物結構只要在某些條件下就會具有內在因果力，以產生知覺、行為、理解、學習等意向現象。而且瑟爾主張只有具備這種內在因果力的生物才能產生認知現象，才是具有原初意向性的。

　　瑟爾的生物自然論說明了人類如何具有原初意向性的。完全的物理複製人呢？試想前面提過的「沼澤人」的可能性：在因緣巧合下，某個沼澤地雷電交加的結果，突然造出了一個「人」，而且這個人跟老王在物理結構上一模一樣。依據瑟爾的生物自然論，由於沼澤人的物理結構跟老王完全相同，他具備跟老王大腦一樣的結構與因果力。因此，他是可以具備原初意向性的。從這裡也可以看出來，瑟爾的生物自然論蘊涵心物附隨原則。

　　這個「沼澤人」的可能性是由大維森提出來的❷。哲學界通常用這個例子來討論這種完全的物理複製人是否有心的問題，尤其是意識的問題。但這種例子也常常用來討論意向性的問題。當然，這種完全的物理複製人的可能性未必要從「沼澤人」的方式來思考，哲學界也設想有一天科學發達，造出這種完全的物理複製人的可能性。這兩種可能性扮演的理論角色是一樣的。

　　至於機器人，既然對於瑟爾來說，凡是具備至少與人腦有相同因果力的系統都可以展現原初意向性，只要機器人的「大腦」結構有這樣的因果力，就可以展現原初意向性。將瑟爾這裡的主張與他先前的「中文房間論證」相對照，他的學說並沒有理論衝突。正如先前提到的，他的「中文房間論證」反對的只是強人工智能意義下

---

　　❷　參 Davidson (1987)。

的、純粹語法驅動的系統，這類系統由於不將人腦的因果力納入理論考量，因此不會展現原初意向性。

除了瑟爾之外，卓斯基發展「自然表徵論」來說明意向性的問題。他認為一個具有原初意向性的系統其表徵必須具有內在的意義或內容。「內在內容」指的是「從表徵到外在世界」的某種關聯，不是那種依靠使用者的意圖與目的而產生的意義。粗略來說，自然表徵論將原初意向性理解為認知系統的表徵能力，這表徵能力則進一步理解為從被表徵物到心理表徵的定律性聯結，而不是依賴於任何外在詮釋者。依據卓斯基的看法，算機功能論意義下的機器人之所以僅僅具有衍生意向性而不具有原初意向性，就是由於機器人的表徵內容有賴於外在詮釋者的決定，是由詮釋者賦與的。但我們人類甚至某些高等生物的心智系統之所以具有原初意向性，則是由於我們的心理表徵與外在世界相關聯，並產生內在內容的緣故。至於完全的物理複製人，由於他與外在世界並沒有任何定律性的聯結，不是一個表徵系統，故而不會有意向性。下一章解說過「表徵」概念之後，請讀者再回來繼續思考這裡的問題。

二、意向性的困惑

意向狀態都必定「關涉」或者「指向」某個對象；意向狀態的出現蘊涵有某個事物是它的對象。當老王相信時，必定有件事是他相信的；當老王愛時，必定有個事物是他愛的。意向狀態都有這種「指向性」，姑且以 " → " 表示。然而意向狀態的指向性卻有一些哲學上的困惑，也造成對於心進行科學研究的一大障礙。這一些困惑

至少有七個，這一節先作一些粗略的介紹，接著三節則針對其中的
三個重大問題分別作比較詳細的解說（由於信念是最具代表性的意
向狀態，底下都以信念作例子）。

　　設老王相信他的車子油箱是滿的，而且事實上他的車子油箱確
實是滿的。姑且以 "$a \rightarrow p$" 表示「老王的信念指向某命題或某事態
p」。這種指向關係通常不會引起一般人的困惑：當老王相信他的車
子油箱是滿的時候，他的信念指向了〈老王的車子油箱是滿的〉這
一件具體的事實，而且這件事實能夠與老王有某種關聯（例如因果
關係）。然而，將這個例子跟底下幾種情形相對照之後，如何理解「指
向性」就開始令人困惑了。

　　㈠規範性難題：我們常有許多認知上的錯誤。我們擁有很多信
念，做過很多判斷，但並不是我們相信的每件事情事實上都為真、
每件判斷事實上都為真。有些意向狀態有錯誤的內容。例如，老王
相信老陳出國去了，但事實上他人還在家裡；老王對彩券時「發現」
自己中了大獎，後來才發現是看錯了，空歡喜一場；老王相信前面
遠遠走來的是老張，但其實那是個很像老張的過路人而已。

　　不論造成認知錯誤的原因是什麼，就「指向性」來說，錯誤認
知顯示的是心理狀態能具有錯誤的內容，能指向不真實的事情。如
果老陳事實上人在家裡，老王卻相信他出國去了，老王的這個信念
指向〈老陳出國了〉這件事，但是這件事為假；亦即 $a \rightarrow p$，但 p 為
假。然而，一件假的事情如何可能成為心理狀態的指向對象？

　　這個問題是形上學的。當一個信念為假時，這個世界沒有任何
實際存在的事實可以構成這個信念指向的對象。若是如此，錯誤信
念指向什麼呢？

不但如此，我們會有一些信念，其內容不只為假，而且是必假。例如老王在作數學演算時，誤以為證出了某個新定理，並進而相信了該「定理」，但事實上該「定理」碰巧是個矛盾命題。此時老王的信念指向了一個必假命題。然而，意向狀態如何能夠指向一件矛盾的事情？

㈡否定信念：設老陳事實上人在這間教室，但老張事實上人不在這間教室。老王相信老陳現在人在這間教室，老王也相信老張現在人不在這間教室，但老王希望老張現在趕緊到教室來。老王的第一個信念指向老陳這個人以及他在教室這件事，這似乎還不太難理解。不過，他的第二個信念以及他所希望的，都指向老張這個人以及他不在這間教室這件事。然而，老張既然不在現場，這件否定的事實如何可能成為心理狀態的指向對象？

在這種例子裡，$a \rightarrow p$，但 p 為真，而且 p 是一個否定命題。有些哲學家主張存在有所謂的「否定事實」。因此 p 談論到了某個存在的否定事實。依據這種形上學，否定信念將會有指向的對象。當然，很多人會立刻質疑：「否定事實」究竟是什麼樣的「事實」？為什麼要承認存在有否定事實呢？如果我們認為〈老張不在這間教室〉這否定事實是真實存在的，我們將不得不承認〈老周不在這間教室〉、〈老吳不在這間教室〉、〈老洪不在這間教室〉、〈老周的狗不在這間教室〉、〈老吳的貓不在這間教室〉、〈老洪的腳踏車不在這間教室〉……，都是真實存在的「否定事實」。原則上相對於任何一件肯定事實（例如〈老陳人在這間教室〉）都會有無限多的「否定事實」，恐怕我們得承認存在有不可數無限多的「否定事實」，這在存有論裡似乎相當荒謬。

　　不過，在存有論裡承認有不可數無限多的事物雖然感覺上相當荒謬，似乎還構不成理論困難。真正的困難在於：「否定事實」沒有因果力！老張既然不在這間教室裡，老王關於〈老張不在這間教室〉這件事的信念是如何產生的呢？我們觀察到（親眼看到）老陳人在這間教室，我們如何觀察到（看到）老張不在這間教室呢？僅僅主張有「否定事實」的存在並不足以回答這個問題。

　　㈢通稱信念：由於通稱命題包括存在命題（有些⋯⋯）以及全稱命題（所有⋯⋯），通稱信念包括涉及存在命題的信念以及涉及全稱命題的信念。

　　設籃子裡有十顆蘋果，其中兩顆腐爛了（姑且稱為「甲蘋果」以及「乙蘋果」）。設老王並不知道腐爛的蘋果共有兩顆，但由於他知道蘋果已經放了很多天了，他因而相信有些蘋果腐爛了。他這個信念指向什麼呢？甲蘋果以及乙蘋果嗎？抑或是某個存在命題〈有些蘋果腐爛了〉？

　　在這種例子裡，$a \rightarrow p$，但 p 是一個存在命題。似乎甲蘋果以及乙蘋果不該是老王信念的指向對象，因為老王對於有幾顆蘋果腐爛了一無所知。但似乎他的信念應該就是指向這兩顆蘋果，畢竟事實上只有這兩顆蘋果是腐爛的。另一方面，如果主張他的信念指向的是〈有些蘋果腐爛了〉這件事實，似乎還需要在形上學裡承認存在有所謂的「殊稱事實」這種通稱事實（亦即表達「有些」或者「至少有一」的事實）。然而，設老張也相信籃子裡有些蘋果腐爛了，但那是由於有人跟他說籃子裡幾乎所有蘋果都腐爛了。如果主張涉及存在命題的信念的指向對象就是「殊稱事實」，則老王和老張的信念都有相同的指向對象，亦即〈有些蘋果腐爛了〉這件殊稱事實。但

這似乎是不太對的想法，因為對老王和老張來說，基於這信念而產生的其他心理狀態或者行為並不一樣，例如，老王覺得從籃子裡挑到好的蘋果來吃不難，老張恐怕會覺得那需要很大的運氣。

至於涉及全稱命題的信念就更複雜了。設老王相信所有老虎都是哺乳類。他的信念指向的是每一隻老虎呢？還是〈所有老虎都是哺乳類〉這個全稱事實呢？似乎不該是前者，因為還有目前不存在但未來存在的老虎，這些還未出生的老虎如何才能構成老王信念的指向對象（的一部分）？如果是後者，似乎我們得在形上學裡承認存在有所謂的「全稱事實」。然而這個全稱事實與老王的信念之間具有何種關聯？這不太可能是因果關係，因為因果關係是介於兩個個別事件之間的關係。若是如此，我們要如何理解「指向」關係？

㈣抽象信念與模態信念：我們有很多關於抽象事物（亦即非物理、非心理的事物）的信念，例如相信 2 是最小的質數，這個信念同時也是必真的。其他關於抽象事實與必然真理的信念，包括相信任何數的平方是正數、相信「$p \land q$」邏輯蘊涵「p」、相信沒有任何平面的形狀能夠既是圓的又是方的。

在這種例子裡，$a \rightarrow p$，但 p 是抽象事實或者涉及模態的事實。然而，如何在形上學裡承認存在有所謂的「抽象事實」以及「模態事實」？這些事實與信念之間又具備何種關聯？這種關聯不會是因果關係，因為抽象事實沒有因果力，更何況有些哲學家否認存在有所謂的模態事實。這些抽象事物或者必然真理如何可能成為心理狀態的指向對象？

㈤涉及不存在物的信念：意向狀態能指向不存在的事物。例如，討厭牛魔王、想要找到青春之泉、相信福爾摩斯是很偉大的偵探、

希望聖誕老人送的禮物是自己想要的。福爾摩斯、牛魔王、青春之泉、聖誕老人等，都是不存在的。然而，這些事物既然是不存在的，如何可能成為心理狀態的指向對象？

㈥指涉隱蔽：這是佛列格提出來的問題。設老王相信孔明是三國時代的人，但老王沒有相信諸葛亮是三國時代的人；亦即「老王相信孔明是三國時代的人」這語句為真，但「老王相信諸葛亮是三國時代的人」這語句為假。這是可能的，因為即使孔明就是諸葛亮，老王未必聽說過任何使用「諸葛亮」這個名字的描述。既然這兩語句可以有不同的真假值，被它們描述的兩個信念應該是不同的；也就是說，被這兩語句描述的信念指向的對象是不同的。

然而另一方面，這兩件信念都指向同樣一個人、同樣一件性質。因此，這兩件信念應該是相同的，指向相同的對象。究竟這兩件信念是相同的，還是不同的？究竟這兩件信念指向相同的對象，還是不同的對象呢？

㈦有可能出現這種情形：x 和 y 是兩個（或者兩種）不同的事物，但對於 x 的信念和對於 y 的信念卻是無法區別的，兩者其實是相同的信念。若是如此，究竟這裡是兩個不同的信念，還是一個信念而已？這兩件信念的指向對象究竟是兩個還是一個？這是帕南雙生地球的思想實驗提出來的問題。

以上七個問題都是意向狀態引起的。從「意向性」的角度，我們質問〈指向〉關係要如何理解。在二十世紀心與認知哲學界以意向狀態的語意性質，亦即所謂的「心理內容」來理解意向性，並進一步引進「表徵」概念來理解心理內容，因此這些問題在當代已經轉換成為心理內容理論或者心理表徵理論的問題。

接下來讓我們就最後那三個問題作進一步的解說。

三、指向性

任何關係的出現蘊涵其關係項的出現。如果老王比老陳高，則一定有老王和老陳這兩個人作為「__比__高」的關係項。但是意向狀態並非如此。即使某事物實際上是不存在的，仍然可以作為意向狀態的對象。但若是如此，這將引發一件困惑：意向性的這種「指向」還能夠是一種關係嗎？讓我們觀察並比較下列兩個陳述：

A： 老王讚賞諸葛亮的聰明。
B： 老王讚賞福爾摩斯的聰明。

由於諸葛亮是真實存在的人，〈諸葛亮的聰明〉應該就是老王「讚賞」狀態的指向對象。以 a 表示「老王的讚賞狀態」。在 A 裡的指向關係是：$a \to$〈諸葛亮的聰明〉。既然〈福爾摩斯的聰明〉也是老王「讚賞」狀態的指向對象，B 語句描述的指向關係是：$a \to$〈福爾摩斯的聰明〉。

然而，福爾摩斯並不是真實存在的人物，B 語句描述的指向關係如何可能建立得起來？這個指向關係有一端是空的！請留意：不存在的事物不僅僅包括小說、神話、童話、傳說……思想實驗中的事物，也包括日常生活和科學裡的一些錯誤，例如，誤以為法國現在有國王、誤以為火星上有高等生物、誤以為有燃素這種東西、誤以為有最大的質數、誤以為有一個集合是所有集合的集合。由於有時候心理狀態指向的對象並不存在，「指向」的一端是空的。若是如

此,〈指向〉不應該是一種關係！然而,〈指向〉如果不是一種關係,
它又是什麼？

　　換另一個方式來看,在 A 語句裡,「指向」確實是一個二位的述
詞,表達一個二元的關係；在 B 語句裡,「指向」仍然是一個二位述
詞,但並沒有表達二元關係。在形上學裡有條位元原則：每個關係
的「元」是固定的❸：如果一個關係是 n 元的,則它必定是 n 元的。
例如,〈在右邊〉這個空間關係是二元的,因此依據位元原則,它必
定是介於兩個個體之間的關係,不會是介於三個或多個個體之間的
關係,更不可能在僅僅只有一個個體時這個關係還能出現。然而,
如果〈指向〉有時候可以介於兩個事物之間,有時候可以其一端是
空的,它還能是一個關係嗎？如果〈指向〉不滿足位元原則,它就
不是一個關係。若是如此,我們將如何理解「指向」這個概念並進
而理解意向性？

　　解決這個困惑的一個理論進路是逕行否認被指向的一端是空
的,即使是涉及不存在事物的信念,仍然有事物作為指向的對象。
以下簡介這個進路下的兩個不同學說。

多瑪斯式的解決方案

　　布倫他諾指出,意向性的根本特徵是：意向狀態的對象是一種
內存在❹。「內存」是一個相當難解的概念,源自中世紀哲學。多瑪
斯曾經做過這個區別：「存在」有意向存在以及自然存在兩種樣態❺。

---

❸　參 Butchvarov (1966)。

❹　參 Brentano (1874)。這裡將 "in-existence" 譯為「內存在」已經是採取
　　了某種詮釋；若是譯為「不存在」,則是另一種詮釋。

以「自然存在」樣態存在的，就是我們平常承認存在的各種事物，像是外面那棵樹、山上那塊大岩石……。以「意向存在」樣態存在的事物是某種非心理、非物理的抽象事物。藉著這個區別，對於意向狀態能指向不存在事物這個困惑，可以提出兩個不同的說明。

第一個說明：在 B 的描述裡，福爾摩斯是以「意向存在」的樣態作為老王「讚賞」的指向對象；在 A 的描述裡，諸葛亮是以「自然存在」的樣態作為老王「讚賞」的指向對象。因此，〈指向〉確實是一個二元的關係，滿足位元原則。不過，這樣的回答大概很難讓人滿意。為何指向關係既能夠以自然存在的事物作為對象，也能夠以意向存在的事物作為對象？這個說明似乎並沒有真正解除我們原先的困惑。不但如此，訴諸「意向存在」這個概念似乎對於說明這個關於「指向性」的困惑，沒有什麼幫助，並沒有真正解決問題。那些以「意向存在」的樣態存在的事物只不過就是：不是以「自然存在」樣態存在但可以作為心理狀態的指向對象的事物而已。若是如此，「意向存在」只不過是這個困惑的一個新標籤而已。

第二個說明：在 A 和 B 這兩種情形裡，指向關係的對象全部都是以「意向存在」樣態存在的事物。根據這個主張，所有意向狀態都有意向對象，而且其意向對象並不是如諸葛亮或太陽或外面那棵樹等實際存在的事物，而是以「意向存在」的樣態存在的事物。儘管這回答比較符合前面說的，意向狀態的對象都是「意向內存」的，但仍然不能讓人滿意。因為在 A 裡，老王讚賞的是真正的人，不是什麼「內存」的事物。

---

❺ 阿奎那斯這項區別原本是就性質的存在樣態來說的，這裡是借用他的說法。

麥農的解決方案

在這個進路下的另一個學說是十九世紀德國麥農的哲學。麥農的形上學並不容易理解，本書也不擬著墨過多。大致來說，自羅素以降，英美哲學界與邏輯學界一般都將「有」理解為「存在」，「沒有」就是「不存在」的意思❻。例如，「有諸葛亮」就是「諸葛亮存在」的意思；「沒有福爾摩斯」就是「福爾摩斯不存在」的意思。但麥農並不將「有」理解為「存在」，例如福爾摩斯、金山、法國現任國王等，雖然是不存在的，但仍然還是「有」。麥農提出所謂的客體論，其主張至少包括：⑴一切事物，不論人類能思考到的還是不可能被人類思考到的，都是客體；⑵所有的客體都是獨在的；有些獨在的客體則是存續的，像是抽象的事物；有些存續的個體是存在的，亦即存在於某個時空區段中的事物。例如「圓的方」這種不可能客體是獨在的；數學裡的抽象事物，如空集合、最小質數等客體是存續的；太陽、那棵樹、動物園裡的那隻老虎……，都是存在的。

依據麥農的學說，在前面 B 的描述裡，指向關係確實是有指向某個事物的，儘管那個事物不存在，那個事物是「有」的。

意向狀態能指向不存在的事物這個現象對麥農哲學並不構成困惑，因為不存在的事物依然是個客體。因此，意向狀態的「指向」不會有一端是空的，「指向」仍然是一個二元的關係。

話雖如此，由於麥農哲學承認不可能的事物（像是「圓的方」）也是客體，也可作為意向狀態指向的對象，這學說很難引起一般哲學家的共鳴，他的學說長期以來並沒有受到太大的重視。就這裡的

---

❻　這裡的「有」是英文的 "there is"，「存在」是英文的 "there exists"。

問題來說,意向狀態的「指向」關係顯然不是我們一般能理解的:它既不是某種空間關係,也不是因果關係,因為意向狀態既能指向存在的事物,也能指向不存在的事物,甚至能指向不可能的事物。我們依然不清楚究竟這「指向」是什麼關係,我們依然不清楚「意向性」是什麼。

四、指涉隱蔽現象

信念會出現指涉隱蔽的現象是無庸置疑的。回想我們曾經背過許多人的名、字、號、謚等,以便在考試的時候能正確回答問題。孔丘是顏回的老師,孔仲尼是顏淵的老師。兩者其實說的是相同的事情,但你可能只知其一不知其二。

最早討論「指涉隱蔽」這個困惑的是十九世紀的佛列格。假想老王無意中在網路上查到《禹鼎志》這本書,作者是射陽山人。他很自然有了〔射陽山人寫了《禹鼎志》這本書〕這個信念。用中文來描述:

⑴老王相信射陽山人寫了《禹鼎志》這本書。

這語句為真。但是老王並沒有〔《西遊記》的作者寫了《禹鼎志》這本書〕這個信念。也就是說,

⑵老王相信《西遊記》的作者寫了《禹鼎志》這本書。

這語句為假。既是如此,老王的這兩個信念是不同的。然而,《西遊記》的作者就是射陽山人(就是吳承恩)!蒯因將這種現象稱為「指

涉隱蔽」，意思是說，「《西遊記》的作者」以及「射陽山人」這兩個
單稱詞雖然有相同的指涉，但是在意向脈絡裡，兩者之具有相同指
涉這件事被隱蔽了。意向狀態的一項特徵就是這種指涉隱蔽性。

指涉隱蔽的現象也可以改從下列論證來考量：

前提一：老王相信曹操是三國時代的人。

前提二：曹吉利和曹操是同一個人。

結　論：老王相信曹吉利是三國時代的人。

這論證的兩個前提都為真，因為前提一描述了老王實際擁有的信念，
前提二描述了一件歷史事實。不過，這論證的結論為假，因為跟絕
大多數人一樣，老王並沒有結論描述的那個信念。就這點來看，這
個推論是無效的。然而另一方面，如果前提二為真，前提一描述的
信念和結論描述的信念應該是同一個，也就是說，前提一為真若且
唯若結論也為真。若是如此，這個論證應該是有效的。這個論證究
竟是有效的還是無效的？

指涉隱蔽是出現在內涵的脈絡的現象。在邏輯哲學裡，有些語
言脈絡（語句）是外延的，有些語言脈絡是內涵的。基本上，一個
語言脈絡是外延的還是內涵的，是由兩個標準來決定的：存在通則
化以及共指涉詞互換原則。如果共指涉詞互換原則和存在通則化在
一個語言脈絡裡是成立的，則該脈絡是外延的；否則該脈絡就是內
涵的。

「存在通則化」是一條邏輯規則：從單稱語句（亦即以名字或
者其它單稱詞作為主詞的語句）可以有效推論出存在語句。例如，
從「老王寫了一本書」可以有效推論出「有些人（至少有一人）寫

了一本書」。

　　共指涉詞互換原則又稱為互換之真值保留原則，意思如下：設兩個語詞 t_1 和 t_2 有相同的指涉。在 "... t_1 ..." 這種語句裡，用 t_2 替換 t_1 得到的新語句 "... t_2 ..." 與原來的語句有相同的真假值。例如，

　　(3)《西遊記》的作者寫了《禹鼎志》這本書。

由於「《西遊記》的作者」與「射陽山人」兩個語詞有相同的指涉，將這語句裡的「《西遊記》的作者」改用「射陽山人」來替換，得到下列語句：

　　(4)射陽山人寫了《禹鼎志》這本書。

語句(3)和語句(4)同樣都為真，或者同樣都為假；不會其一為真，另一為假。簡單說，兩者是邏輯等值的。

　　意向脈絡就是一種典型的內涵脈絡。(涉及模態的語言脈絡也是內涵脈絡。)在意向脈絡裡，共指涉詞互換原則並不成立。儘管「《西遊記》的作者」與「射陽山人」是共指涉的語詞，在語句(1)裡，改用「《西遊記》的作者」來替換「射陽山人」，得到語句(2)；但是語句(1)為真，語句(2)為假。「指涉隱蔽」就是指「《西遊記》的作者」與「射陽山人」這兩個語詞的指涉在意向脈絡裡是隱蔽的。既然意向脈絡具有指涉隱蔽的特徵，語句(1)描述的老王的信念與語句(2)描述的老王的信念是不同的。

佛列格的解決方案

　　對於指涉隱蔽現象佛列格提出了解釋。他主張每個單稱詞（包

括名字和確定描述詞）都有意涵和指涉；而且意涵決定指涉❼。所謂「意涵決定指涉」，意思是說，符合某單稱詞意涵的個體就是該單稱詞的指涉。例如，歐巴馬這個人符合「美國現任總統」，他是這個確定描述詞的指涉。顯然，任何兩個單稱詞如果有相同的意涵，則有相同的指涉。

佛列格進一步將這區別應用在單稱語句上。每個單稱語句都有意涵，就是該語句表達的思想❽。此外每個單稱語句還有指涉：如果該語句為真，則它的指涉是「真」，如果該語句為假，則它的指涉是「假」。在區別單稱語句的意涵與指涉之後，佛列格進一步指出：在意向脈絡裡會出現指涉轉移的現象❾。什麼是指涉轉移呢？令語句(3)的意涵（亦即它表達的思想）為 S_1、其指涉為「真」；語句(4)的意涵為 S_2，其指涉為「真」。由於語句(4)出現在語句(1)這個意向脈絡裡，它在語句(1)裡的指涉從「真」轉移為 S_2。同樣地，由於語句(3)出現在語句(2)這個意向脈絡裡，它在語句(2)裡的指涉從「真」轉移為 S_1。因此，語句(1)和語句(2)的指涉是不同的。換句話說，語句(1)描述的信念，其指向對象是 S_2；語句(2)描述的信念，其指向對象是 S_1。(1)和(2)兩個語句描述的是兩個不同的信念。

佛列格的學說解釋了出現在意向脈絡裡的指涉隱蔽現象。值得

---

❼ 「確定描述詞」有兩個預設：它談到的事物存在，而且只有該事物符合該描述。例如《西遊記》的作者」、「美國現任總統」、「2009 年的諾貝爾文學獎得主」都是確定描述詞。

❽ 「意涵」是抽象的，亦即非物理、非心理的事物，是一種柏拉圖式的存在。因此，佛列格這裡說的「思想」是非心理的事物。

❾ 參 Frege (1892a)。

留意的是，佛列格的解決方案並不是主張共指涉詞互換原則在意向脈絡裡不成立；相反地，依據他的解決方案，意向脈絡並沒有違反這條原則，這純粹是由於在意向脈絡裡指涉已經轉移的緣故；既然在意向脈絡裡指涉已經轉移，自然不能進行替換。

羅素的解決方案

　　當代哲學家對於「信念」區別兩種詮釋方式：個物式詮釋以及命題式詮釋。這項區別有助於瞭解有關指涉隱蔽的討論 ❿。這主張或許源自羅素發現的運算域歧義。羅素認為所有名字都是偽裝的確定描述詞，而且其運算域在某些語言脈絡裡是有歧義的（主要是意向脈絡以及模態脈絡），亦即確定描述詞有「主要出現」以及「次要出現」兩種方式；前者相當於個物式詮釋，後者相當於命題式詮釋。

　　依據個物式詮釋，語句(2)描述的老王的信念可以分析如下：存在有這麼一個人，他而且只有他寫了《西遊記》這本書，而且老王相信那個人寫了《禹鼎志》這本書。以 a 表示「《西遊記》」、b 表示「《禹鼎志》」、A 表示「___寫了___」，語句(2)描述的老王的信念在邏輯上大致可以如下記述：

(2*) $(\exists^1 x)$（$Axa \wedge$ 老王相信 Axb）

相對地，依據命題式詮釋，老王這項信念不作這樣的理解。對於他這項信念的理解是：老王這個人處於「相信」這個心理狀態，其對

---

❿　哲學界對於「個物式信念」與「命題式信念」之間的理論關係，說法不一。Burge (1977) 認為前者才是基礎的，後者可化約到前者。本書不討論此問題。

象則是一件命題:《《西遊記》的作者寫了《禹鼎志》這本書〉,邏輯上大致可以記述如下:

　　(2**) 老王相信〈(∃¹x)(Axa ∧ Axb)〉

按照 (2*) 的分析,「《西遊記》的作者」這個確定描述詞具有主要出現;按照 (2**) 的分析,這個確定描述詞具有次要出現。對於語句(1)也是作同樣的分析。單稱詞這兩種出現方式的差別,或者個物式詮釋與命題式詮釋的差別,可以如此理解:當「相信」一詞落在存在量詞(亦即「(∃x)」)的運算域之內時,單稱詞是以主要方式出現的,亦即對於這個信念採取的是個物式詮釋,「相信」是介於老王以及《西遊記》的作者之間的認知關係。反之,當「相信」一詞落在存在量詞的運算域之外時,單稱詞是以次要方式出現的,亦即對於這個信念採取的是命題式詮釋。這個信念乃是介於老王這個人以及該命題之間的關係。

　　指涉隱蔽現象之所以出現就是因為信念是命題式的。老王的信念指向〈《西遊記》的作者寫了《禹鼎志》這本書〉這件命題,並不是指向吳承恩這個人。基於命題式詮釋,儘管《西遊記》的作者就是射陽山人,語句(1)描述的信念和語句(2)描述的信念是不同的。羅素的理論同樣說明了意向脈絡的指涉隱蔽現象。

五、雙生地球

　　「雙生地球」的思想實驗是帕南在 1975 年提出來的❶。他的主

---
❶　參 Putnam (1975b)。

要用意是語言哲學上的，試圖用這個例子來反對傳統語言哲學（亦即佛列格與羅素的學說）。不過，他這個思想實驗對於心與認知哲學同樣影響很大。這裡先介紹第一個「雙生地球」的思想實驗（稍微作了些調整）❷：

「雙生地球」案例一

　　這個世界實際情形是：有一個太陽系，內有八大行星，地球是其中之一。地球上講中文的人用「水」這個字來談論下的雨、充滿日月潭的液體、用來泡茶的液體、蒸餾後無色無臭無味的液體、將溫度降到攝氏零度以下後就會變成固體的液體。「水」這個字談論到的液體其化學結構是 H_2O。

　　現在假想另外一個宇宙跟實際的宇宙幾乎一模一樣：在這宇宙裡，也有太陽系，內有八大行星，其中有個星球與地球幾乎一模一樣，姑且稱為「雙生地球」。雙生地球上也有講中文的人，也用「水」這個字來談論該星球下的雨、充滿在該星球日月潭的液體、該星球用來泡茶的液體、在該星球上蒸餾後無色無臭無味的液體、在該星球上將溫度降到攝氏零度以下後就會變成固體的液體。不過，在雙生地球的這種液體化學結構很複雜，而且不同於 H_2O，姑且以 "XYZ" 表示。（這裡設定兩種液體的化學結構並不為世人所知。）

---

❷　帕南提到，對於實際老王以及雙生老王的心理狀態預設方法學上的獨我論。

設實際地球上的老王有個信念，用中文描述是：「水是可以喝的。」實際老王基於這個信念，當他口渴時，他會做出「拿杯水來喝」的行為。當然他還有個信念，用中文描述：「杯子裡裝的是水。」再假設雙生地球上也有個老王，跟實際老王一模一樣，姑且稱為「雙生老王」。雙生老王也有個信念，用他的中文描述也是：「水是可以喝的。」雙生老王基於他的這個信念，當他口渴時，他也會做出「拿杯水來喝」的行為。他也還有一個信念，用中文描述也是：「杯子裡裝的是水。」實際老王與雙生老王對於那液體有關的各種想法（例如無色無臭無味的液體、可以止渴的液體……），他們對於「水」這個字的各種使用以及他們相關的外顯行為等，似乎看不出來有什麼不一樣的地方。

試問：實際老王〔水是可以喝的〕這信念與雙生老王〔水是可以喝的〕這信念是相同的還是不同的？

如果依據他們兩人關於水這種液體的各種想法、「水」這個字的使用以及相關的外顯行為等，作為信念的等同條件，則實際老王的信念與雙生老王的信念是相同的。然而，如果依據信念所關涉的外在事物作為信念的等同條件，則他們的信念是不同的，因為一個是關涉到具備 H_2O 這種化學結構的液體，另一個則是關涉到具備 XYZ 這種化學結構的液體。究竟這裡是兩個不同的信念，還是一個信念而已？這兩件信念的指向對象究竟是兩個還是一個？

帕南還提出另外一個「雙生地球」思想實驗的版本：

「雙生地球」案例二

這個世界的實際情形跟案例一的描述完全一樣。現在假想另外一個宇宙，跟實際的宇宙幾乎一模一樣：在這宇宙裡同時有地球，也有雙生地球。對於「雙生地球」的描述也跟案例一完全一樣。

接著，設在假想的宇宙裡，實際地球上的老王搭乘太空船到了雙生地球。他在雙生地球上有個信念，用中文描述是：「水是可以喝的。」實際老王基於這個信念，當他口渴時，他會做出「拿杯水來喝」的行為。設雙生老王口渴時也拿了杯液體來喝，也有個信念，其中文描述也完全相同；而且他們兩人與那液體相關的各種想法、他們對於「水」這個字的各種使用以及他們相關的外顯行為等，似乎看不出來有什麼不一樣的地方。實際老王的這件信念和雙生老王的這件信念似乎是相同的。更何況他們兩個人杯子裡裝的都是相同的液體，亦即具備 XYZ 這種化學結構的液體。

試問：實際老王〔水是可以喝的〕這信念與雙生老王〔水是可以喝的〕這信念是相同的還是不同的？

請留意：這個案例與案例一是不同的，因為描述的是兩個不同的可能世界。在案例一描述的可能世界裡，只存在雙生地球，在案例二描述的可能世界裡，實際地球與雙生地球都存在。

帕南以及後繼許多哲學家都主張，對於信念內容應該採取語意外在論的立場，因此實際老王與雙生老王的信念是不同的，兩者的指向對象也不同。依據帕南以及克理普奇的語意學，決定自然類詞

（例如「水」、「老虎」）指涉的方式與決定專名（例如「孔明」、「劉備」）指涉的方式基本上是相同的。這套學說稱為命名之因致歷史論，大致上主張兩點：

㈠專名以及自然類詞的指涉主要是由因果關係決定的。在「命名期」某串符號（或者聲音）被用來作為某個個體的名字；然後，這串符號之作為這個個體的名字這件事經由溝通的歷程傳達給其他人。例如當老王剛出生時，他的父母以「王小毛」這串符號作為他的名字；「王小毛」這個名字的指涉就是老王這個人。接著，日後的人即使不曾見過老王，在他們聽到「王小毛現在已經是哲學教授」時，在這個語句裡出現的「王小毛」這名字仍然指涉老王這個人。

㈡專名和自然類詞都是嚴格指稱詞，意思是說，一旦某串符號已經成為某個個體的名字，則不論我們如何構思各種與這個體有關的可能性，這串符號依舊指涉到原來那個個體。例如，儘管老王事實上已經是哲學教授，我們可以設想老王不是哲學教授，而是在擺麵攤，或者設想老王是個獲得諾貝爾物理學獎的物理學家，或者設想老王發大財買了座小島。亦即事實上「王小毛」指涉老王這個人，但是在我們的設想中，「王小毛在擺麵攤」、「王小毛是個獲得諾貝爾物理學獎的物理學家」、「王小毛發大財買了座小島」，在這些語句裡「王小毛」這個名字依舊指涉老王這個人。

按照這套學說，在第一個「雙生地球」思想實驗中，實際老王使用「水」這個自然類詞實際上指涉的是 H_2O，雙生老王使用「水」這個自然類詞指涉的是 XYZ。因此，他們兩人〔水是可以喝的〕的信念是不同的。在第二個「雙生地球」思想實驗中，實際老王使用「水」這個自然類詞實際上指涉的是 H_2O。即使實際老王搭太空船

到了雙生地球，即使他看到的是 XYZ，他〔水是可以喝的〕這個信念仍然是關於 H_2O 的信念，不是關於 XYZ 的信念。

　　有趣的是，將「雙生地球」的思想實驗與「指涉隱蔽」的困惑相對照之後可以發現：如果對於意向狀態的內容採取外在論的立場，則無法解釋指涉隱蔽現象。就意向性理論或者心理內容理論（或者下一章介紹的表徵理論）來說，或許單獨解決「指涉隱蔽」的困惑是做得到的，或許單獨解決「雙生地球」的困惑也是做得到的，但是要如何同時解決這兩個困惑才是真正的難題❸。這是由於「雙生地球」的思想實驗想要表達的哲學重點正好與「指涉隱蔽」想要表達的相反。「指涉隱蔽」的現象試圖表達：儘管外在事物是相同的，依其因果角色的不同，這兩件信念是不同的。「雙生地球」的可能性試圖表達：即使兩個信念的因果角色是相同的，由於外在事物是不同的，兩者是不同的信念。哲學家能解決這個困難嗎？

本章重點回顧

- 多瑪斯 Thomas Aquinas (1225–1274)
- 布倫他諾難題 Brentano's problem
- 規範性難題 problem of normativity
- 原初意向性 original intentionality
- 衍生意向性 derived intentionality
- 內在意向性 intrinsic intentionality
- 雙生地球 Twin Earth
- 二位的 dyadic
- 二元的 binary

---

❸　佛德對於這個理論上的兩難有很多討論，參 Fodor (1990a)。

- 位元原則 principle of arity
- 內存在 in-existence
- 意向存在 *esse intentionale*
- 自然存在 *esse naturale*
- 麥農 Alexius Meinong (1853–1920)
- 客體論 theory of Objects
- 獨在 absist
- 存續 subsist
- 存在 exist
- 內涵的 intensional
- 外延的 extensional
- 存在通則化 existential generalization
- 共指涉詞互換原則 Substitutivity of co-referential terms
- 互換之真值保留原則 substitutivity *salva veritate*
- 個物式 *de re*
- 命題式 *de dicto*
- 運算域歧義 scope ambiguity
- 方法學的獨我論 methodological solipsism
- 語意外在論 semantic externalism
- 命名之因致歷史論 causal-historical theory of naming

第八章　心理表徵

　　當代心與認知哲學以及認知科學對於心的研究有一個非常核心的概念，就是所謂的「表徵」。他們主張心是一個表徵系統。為什麼會引進「表徵」概念來說明心，至少有三個歷史脈絡：

　　首先，從十七世紀開始，英國經驗論的哲學家，如洛克、柏克萊、修姆、霍布斯等，主張所有知識都是經驗知識。感官知覺的運作產生知覺經驗，再進一步產生觀念；「觀念」是對於被認知事物的表徵，觀念之間的連結就是我們對於外在世界的信念。這個傳統一直影響到現在心與認知的哲學研究。

　　其次，在介紹算機功能論時已經指出，這學說將心當作一個符號操作的語法驅動系統，被操作的符號就是心理表徵。這套學說不僅將心看做計算系統，也將心當作一個表徵系統來看待。「計算」與「表徵」構成當代認知科學的兩大基本概念。儘管後來還有其他不同的派別，例如聯結論、生物自然論、動態系統論等，仍然主張「表徵」是理解心的一個核心概念。

　　第三，上一章已經提過，「如何理解意向性」一直是個大問題。在當代心與認知的研究裡，有一些傾向自然論的哲學家採取了三個階段來說明如何對於意向性進行研究。在第一階段，將這些心理狀態的意向性用它們具有的語意性質（亦即心理內容）來說明。在第二階段，採取表徵論的立場，以「表徵」說明心理內容❶。最後在

第三階段是要將表徵自然化,採取可被物理論或自然論接受的性質,亦即非意向性的、非語意的性質,來說明表徵關係。

第一節先介紹表徵論要處理的幾個基本議題。表徵論首要的工作當然就是回答:表徵關係是什麼?這個問題其實也等於是要說明如何決定或者如何定立表徵內容(心理內容)的問題。在自然論的立場下,有許多不同的表徵理論都在試圖回答這個問題❶。第二節先從自然論的立場介紹一個相當粗糙的表徵理論,用意在於引入一些表徵論必須處理的理論困難,以有助於瞭解後續幾個表徵理論的發展。從第三節到第七節將會解說四大研究進路,共五個理論,分別是:㈠訴諸共變的進路,包括卓斯基的標指語意學以及佛德的反對稱依附論;㈡訴諸同構性的表徵圖像論進路,主要人物是卡明斯;㈢訴諸生物適應的研究進路,主要是米勒肯提倡的生物語意學,另一重要人物是帕皮諾;㈣訴諸概念角色的研究進路,是布拉克提倡的。這個學說在人工智能領域裡又稱為程序語意學。

前面三大派都屬於所謂的語意外在論,最後這個學派則是所謂的語意內在論。

一、表徵論

表徵論是一個立場,將心看待為一個由心理表徵構成的系統。這一節我們先介紹表徵論的一些基本主張,以及一些相關的議題。

---

❶ 不是每個哲學家都同意以表徵論來說明心智系統,例如 BonJour (1998) 就明白反對這種主張。

❷ 參 Cummins (1989) 有清楚的介紹。

　　首先，就形上學的角度來看，「心理表徵」是一種理論設定，是在某個理論裡設定以解釋某些現象的。因此，這種理論設定必須具有相當好的解釋力，否則就只有放棄這理論設定了。類比來說，十九世紀的科學家在理論上設定「以太」這種事物作為光的傳播媒介，以解釋光的運動。後來的科學家基於種種理由放棄了「以太」這種理論設定。又例如當代物理學在理論上設定「重力」，並指出光會受到重力影響而改變行進方向。目前這個理論設定還是被科學家接受的。同樣地，在心與認知的研究裡，「心理表徵」也是一種理論設定。隨著不同的理論，例如常識心理學、古典論、聯結論、心理語言學、腦神經科學……，設定「心理表徵」的作用也不同，對於「心理表徵」的說法也未必一致。例如，古典論以心理表徵作為認知機制的操作對象，聯結論的表徵則是機制操作的結果（所謂的聯結樣態）。接受常識心理學的學者以表徵關係的建立來說明如何決定心理狀態的內容，進而說明「意向性」。例如，老王相信吃蘋果可以減肥。依據古典論的分析，老王處於信念狀態（而不是希望或其他類型的狀態），這個狀態以〔吃蘋果可以減肥〕這個表徵作為對象。但在其他領域裡，例如心理語言學設定的「表徵」通常不是意向狀態的對象。

　　本章介紹的表徵論著重在以表徵說明心理內容的研究進路。附帶一提，表徵論雖然主要是針對意向狀態提出的，近二十餘年來有些哲學家進一步將表徵論引進對於某些感質（特別是知覺經驗）的討論，也有豐碩的成果❸。

　　其次，表徵論主張心理表徵不但是意向狀態的指向對象，而且心理表徵具有三大特徵：功能上可區分的、可作語意評估的、具有

---

❸　參 Dretske (1995)、Tye (1997)。

因果力的（請回顧第四章第五節）。設老王相信吃蘋果可以減肥。依據表徵論的分析，老王處於「相信」這種心理狀態，按照功能論的說法，這種狀態與其他類型的狀態（例如希望）在功能上是可區分的，亦即扮演的功能角色不同。其次，老王這個信念的對象是〔吃蘋果可以減肥〕這個表徵，而且這個表徵是有語意性質的，亦即有意義而且有真假值的。最後，老王這個信念具有因果力，老王基於這個信念，加上他希望減肥，因而促使他做出了「吃蘋果」的行為。

第三，表徵關係是介於兩個性質或者類型之間的關係，不是介於兩個個例之間的關係。〔狗有四隻腳〕這種信念很多人都有；當某人實際擁有這個信念時，就是這信念的一個個例。表徵論處理的是類型層次的信念，不是某個人實際擁有的個例層次的信念。另外，對於許多哲學家來說，表徵論處理的「表徵」都是命題式的。如果進一步採取語意原子論的立場，命題式表徵可以解析為由組成的表徵以某種語法結構建立的。例如，〔狗有四隻腳〕這個表徵是由〔狗〕表徵以及〔四隻腳〕表徵組構出來的。

表徵論進一步從四個面向來研究「表徵」：表徵來源、表徵承載者、表徵格式、表徵關係。底下分別解說：

㈠表徵來源：「表徵來源」這問題質問的是：表徵關係是以什麼方式出現的？依據表徵的來源，表徵可以分為「人為表徵」以及「自然表徵」。顧名思義，「人為表徵」是指表徵關係是透過人類的作為而建立起來的；「自然表徵」是指表徵關係的建立並沒有透過任何人類的作為。例如，紅燈亮表示「停止前進」、綠燈亮表示「准予通行」，這些都是人為的表徵。此外，中文、英文……人類使用的語言和文字也都是人為的表徵。低氣壓的出現表徵暴風雨的來臨，就是一種

自然表徵；遠處冒著濃濃黑煙表示那裡失火了，也是一種自然表徵。

㈡表徵承載者：所謂「表徵承載者」，是指能夠用來進行表徵的事物。從「低氣壓的出現表徵暴風雨的來臨」這個例子來看，自然表徵的承載者就是大自然的現象。在人為表徵方面，能夠作為表徵的事物更是琳瑯滿目，種類豐富。例如，以交通號誌的紅黃綠燈號作為表徵、以旗幟的顏色或揮舞的方式作為表徵、以手勢作為表徵、以書寫的具備某些形狀的符號作為表徵、以聲音的變化作為表徵……。這裡我們可以發現，人為表徵其實是以某些物理性質，如顏色、形狀、聲音、移動的方式……，來進行表徵的。選擇的表徵承載者不同，表示借助來進行表徵的物理性質及其運作的物理原理不同。

表徵承載者跟它表徵的內容顯然並沒有必然的關聯。例如，書寫的形狀與聲波是不同的物理性質，但都可以表徵相同的內容。

㈢表徵格式：表徵的格式包括「圖像式」表徵以及「語言式」（或「符號式」）表徵。例如，照片、地圖、素描、銅像、模型……，都是圖像式表徵；中文、英文、德文、法文……，各種自然語言都是語言式（符號式）表徵。

或許有人會反對這個區分，因為符號其實也都是具備某種形狀的圖像，書寫的語言其實只是使用了不太像實際事物的圖像而已，我們如何能將符號式表徵跟圖像式表徵區別呢？這個反對意見並沒有將圖像和語言的根本差異考慮進去。圖像式表徵是以相似性來理解表徵關係的，亦即表徵以及被表徵物之間具有相似性。例如，老王的照片之所以表徵了老王這個人，是由於這張照片和老王具有相似性。至於語言式表徵的重點不在相似性，即使如象形文字這種比

較接近實際事物的圖像，象形文字仍然是語言式表徵，不是圖像式表徵。這是由於語言的基本要件至少包括：(1)它是由一組符號構成的，(2)這組符號之間以合乎語法的方式來進行連結與變化。語言式表徵都具有先前提到的語意組構性。由於圖像沒有語法的性質，所以圖像式表徵跟符號式表徵是有根本差異的。稍後我們會採用「同構性」概念來說明圖像式表徵。

㈣表徵關係：對於表徵關係的探討是所有表徵理論的核心。所謂以表徵內容解釋心理內容，進而解釋意向性，就是以表徵關係的確立來決定表徵內容（心理內容），這稱為「表徵內容的定立」。當 X 表徵 Y 時，Y 就是 X 的表徵內容。至於 X 如何表徵 Y，而不是 Z、不是 W ……，就是所謂如何決定或者定立表徵內容（心理內容）的問題。所謂在自然論的立場下解釋表徵，就是使用自然論能接受的概念來解說介於 X 和 Y 之間的表徵關係。在這方面，哲學家已經提出了很多的理論，正如前面提到的，主要有四大派別，五個理論。

心理表徵既然是一種表徵，我們可以從以上的四個面向來做初步的瞭解。首先，就表徵來源來看，有些表徵論者主張心理表徵是生物演化的結果，有些則主張心理表徵出自於定律式的因果聯結。不論是哪種主張，心理表徵看起來並不是透過人類的作為而建立的，所以屬於自然表徵的一種。其次，當代哲學家和認知科學家大都認定心理表徵的承載者是大腦的活動狀態。雖然二元論者也提出以非物理的心理元項作為表徵承載者，不過我們現在只限定在物理論的架構下來探討表徵，所以就加以忽略。最後，古典派的學者主張表徵的格式是符號的、語言的；聯結論的學者認為表徵的格式是類神經網路網點的聯結樣態。至於心理表徵的內容要採取語意外在論還

是語意內在論，目前主流的趨勢是接受語意外在論的立場。

二、表徵的自然化及其難題

前面已經提到：當代自然論傾向的哲學家採取了三個階段來研究意向性或者心理內容。在第一個階段，心理狀態的意向性是以它們具有的語意性質（亦即心理內容）來說明的；接著在第二個階段，採取表徵論的立場，以表徵內容的決定（亦即表徵關係的確立）來說明心理內容；最後在第三個階段試圖將表徵關係自然化，亦即採取可被物理論或自然論接受的性質（非意向性的、非語意的性質）來說明表徵關係。各種心理表徵理論都是在這自然論的思路下展開對於表徵關係的說明。

讓我們先從一個很粗糙簡陋的表徵因果論開始，從對於這個粗糙理論的反省，有助於我們思考：究竟在建構表徵理論時需要注意什麼。

表徵因果論

X 表徵 Y，若且唯若，Y 個例因致 X 個例。

前面已經提到，表徵是介於兩個類型之間的關係。例如，〔狗〕這類型表徵狗類。不過，因果關係是介於個例之間的關係，例如這一隻狗因致了某人出現〔這是一隻狗〕的想法。根據表徵因果論，〔狗〕表徵狗類，意思是說，實際的狗引發某人產生有關狗的某種意向狀態（如相信、希望等）。

理論困難

　　表徵因果論之所以相當粗糙與簡陋，是由於它立刻面臨兩個難題，無力解決❹：垂直難題以及水平難題，分別以下圖表示：

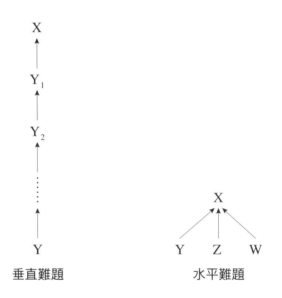

垂直難題　　　　　　　　水平難題

　　垂直難題是這樣的：設 X 表徵 Y。因此按照表徵因果論，Y 因致 X。然而介於 X 和 Y 之間還有其他的事物，Y_1、Y_2……。既然 Y_1 與 X 之間有因果關係，按照表徵因果論，X 也表徵 Y_1；同時，由於 Y_2 與 X 之間也有因果關係，X 也表徵 Y_2；依此類推。但這違背原先的假設。舉例來說，〔狗〕是一個表徵，它表徵了狗類。按照表徵因果論，這是由於有實際的狗因致了〔狗〕的個例化。但是從實際的狗到表徵系統，這中間的因果關係還存在有其他的事物，例如光

---

❹　參 Stampe (1977)。

波打在視網膜上造成的影像，再轉換成腦神經脈衝傳達到大腦負責視覺的神經系統，最後因致了〔狗〕表徵的個例化。在這段因果歷程中出現的事物都與〔狗〕表徵有因果關聯。但〔狗〕的表徵對象是狗，不是中介的事物。簡單來說，在同一條因果鍊上，X 表徵的是遠刺激 Y，不是近刺激 Y_1 或 Y_2……。表徵因果論無法說明這點。

佛德將水平難題稱為錯誤表徵難題。這個難題是這樣的：設 X 表徵 Y。因此按照表徵因果論，Y 因致 X。然而 X 也為 Z 因致，也為 W 因致。但是依據假設，X 表徵的是 Y，既不是 Z 也不是 W。所以當 Z 或者 W 因致 X 時，這是一個錯誤表徵的現象。

在這個領域裡，比「錯誤表徵難題」更為人熟知的是佛德使用的選言難題這個名稱。按照表徵因果論，我們也可以說 X 表徵了〈Y 或 Z 或 W〉這個選言命題，但如此一來將不會有任何錯誤表徵的時候。然而這是不對的，任何表徵理論都得承認錯誤表徵的現象，因為人類是會犯錯的，人類會有錯誤的信念，會有對外在世界的錯誤認知。舉例來說，〔狗〕表徵可被實際的狗因致，也可被實際的貓因致（例如當你看到貓時，你同時有一些關於狗的想法，像是先想到〔狗和貓是水火不容的〕，接著又想到〔狗會游泳〕），也可被實際的雞因致（例如當你看到雞時，想起了「雞犬不寧」的成語，接著又想到了〔狗不是兩隻腳的〕）。既然貓和雞都會因致〔狗〕表徵，按照表徵因果論，〔狗〕表徵的是〈貓或雞〉。這當然是錯誤的，〔狗〕表徵的是狗。

選言難題還可以從另一個方向來理解。有些表徵的內容本身確實是選言的。設公園裡只有三個小朋友小智、小剛、小霞在盪鞦韆，而且老王相信有些小朋友在盪鞦韆。從表徵論來看，老王的這個信

念內容可以理解為〔小智在盪鞦韆或者小剛在盪鞦韆或者小霞在盪鞦韆〕。他的信念內容是一個選言命題，而且不論是〈小智在盪鞦韆〉這件事因致了老王這個選言信念，還是〈小剛在盪鞦韆〉這件事因致了老王這個選言信念，還是〈小霞在盪鞦韆〉這件事因致了老王這個選言信念，他的信念都是正確的，不是錯誤的。從這方向來看，選言難題的意思是說，表徵因果論無法區別錯誤表徵與真正具有選言內容的表徵。

　　表徵因果論註定要面臨這兩個難題無法解決。顯然，一個適當的表徵理論勢必要解決這兩大難題。這個理論雖然粗糙，卻指出了一個思考的方向。因果概念是自然論可以接受的，因此只要繼續採取這個走向，並解決這兩大難題，就可以在自然論的立場下建構一個適當的表徵理論。

　　由於因果關係是介於個例之間的關聯，確實任何事物都可能因致任何表徵❺。因此一個改進的方案是訴諸定律式的共變關聯，來說明表徵關係。這裡的直覺想法是認為：並不是任何事物都與任何其他事物之間具有定律式的關聯。所謂「X 與 Y 具有定律式的共變」，意思是說，Y 類型出現時，X 類型也出現。

　　如何理解「定律」一直是科學哲學裡的大難題。至少科學哲學家公認定律蘊涵與之相對應的如若條件句。設介於 F 和 G 之間有定律的關係，則該定律蘊涵「如若 x 是 F，則必當 y 是 G」。經驗論哲學家修姆否認定律表達必然關係，認為描述定律的語句（定律句）只是表達〈x 是 F〉這類事件與〈y 是 G〉這類事件具有規律而已。修姆的規律論影響二十世紀的科學哲學界甚大。不過，當代阿姆斯

---

❺　修姆就認為任何事件可以因致任何其他事件。

壯、卓斯基以及涂立等反對修姆學派的學者倡導：定律不僅是真實的，而且是介於兩個共性之間的二階關係。本書的解說將盡量對於修姆派與反修姆派關於定律實在性的爭議保持中立。

訴諸定律式共變關聯的說法雖然比起表徵因果論好多了，原則上它並未能擺脫垂直難題以及水平難題。儘管要找出實例比較困難，原則上，訴諸「定律式關聯」的表徵理論還是會面臨這兩個難題的。如果堅持要採取「定律式關聯」的走向，勢必要增補一些限制條件，以解決這兩個難題。換句話說，表徵理論務必要提出一些限制，使得當 Y 類型不出現時，X 類型不出現；不僅 X 類型跟 Y 類型之間具有共變的規律關係，而且㈠ X 類型只跟 Y 類型具有共變關係，此外不跟其他 Z 類型、W 類型……，具有共變關係，或者㈡即使 Z 類型或者 W 類型也跟 X 類型有定律式的關聯，基於某些理論限制，這些共變關係不足以決定表徵的內容。卓斯基和佛德的學說就是試圖在「定律式關聯」之外，提出一些限制條件。在接下來兩節介紹卓斯基的標指語意學以及佛德的反對稱依附論，這兩套理論都是訴諸定律共變的關聯來說明表徵關係的。

三、標指語意學

卓斯基首先區別「自然意義」與「功能意義」，後者又再區分為「自然功能意義」與「人為功能意義」❻。在「低氣壓的出現表徵暴風雨的來臨」這類例子裡，低氣壓的出現「意味著」或者「標指著」（標示、指出）暴風雨的來臨。「低氣壓的出現」這類事件就具

---

❻　參 Dretske (1986; 1995)。

有卓斯基所謂的「自然意義」。自然意義沒有所謂正確與錯誤可言，因為那純粹是大自然的現象。另一方面，所謂某事物具有功能意義，意思是說，該事物具有標指另類事物的功能。例如，古人燒狼煙示警，就是一種人為表徵，這種表徵具有「人為功能意義」，因為燒狼煙本身沒有意義，是人類刻意使用它來傳達某種訊息的。又例如汽車的油表也是一種人為的表徵，它的指針指著某個刻度意味或者標指油箱裡的油量，油表的功能就是設計來傳達有關油量的訊息的。至於「自然功能意義」則是用來說明心理表徵的。從心與認知的角度來看，人的大腦神經系統的一項功能就是標指外在事物。

在卓斯基的學說裡，一個系統是表徵的系統，若且唯若，它的功能是攜帶資訊，亦即這系統之處於某狀態標指了某類事物之處於某狀態。

> 設 X 和 Y 是兩個物理系統。X 表徵 Y，若且唯若，X 的功能是以它所處之狀態 F_i 來標指 Y 之處於狀態 G_i。

以「標指」來說明表徵關係有個理論優點：正如前面說的，表徵關係是介於兩個性質或者類型之間的關係；「標指」是一種定律式的關係，定律式的關係正是一種介於兩個性質（或者類型）之間的關係。

讓我們以人為表徵系統為例，來看卓斯基的標指語意學。設 X 是人為用以表徵（標指）Y 的物理系統。這表徵關係的建立必須滿足兩點：㈠我們人類建立了 X 和 Y 之間的因果共變的定律式關聯❼；㈡我們人類利用這種定律關聯，藉由詮釋的過程，以傳達訊

---

❼　但卓斯基允許 X 和 Y 兩者沒有直接因果關聯，而是透過共同因的。

息。例如，在油表的例子裡，我們依據物理原理設計油表這種儀器，並建立它與油箱內的液體容量之間的某種物理聯結。接著，我們將油表刻畫，使得指針的位置與油箱內液體的容量具有共變的關聯；例如，當油箱是空的時候，指針的位置刻度是「E（空）」；當油箱是滿的時候，指針的位置刻度是「F（滿）」。這些刻度可以是很細膩的，例如以公升為單位，再做更細部的刻度；這些刻度也可以是很籠統粗略的，例如除了「E（空）」和「F（滿）」之外，不再有刻度。要作到多少程度的刻度，端視我們的需求而定。

依據卓斯基的學說，當油表 (X) 處於某種狀態 (F_i) 時（亦即它的指針移動到某個位置時），標指了油箱 (Y) 裡的液體量 (G_i)。不過，在定律關聯還沒建立完成、刻畫工作還沒結束之前，這個儀器的指針無論指在哪個位置，都沒有正確與錯誤可言——無論油箱內有多少油量。一旦定律關聯建立、刻畫工作完成之後，油表指針的位置就標指了油量，此時才能夠說指針對於油量的標指是正確的還是錯誤的。

卓斯基主張心理表徵的建立也是這種透過定律共變的關聯來刻畫的過程。問題是：在人為表徵系統的情形裡，「刻畫」的工作來自於人類；人的心理表徵系統的「刻畫」工作是如何做到的呢？卓斯基訴諸演化理論來回答這個問題。心理表徵與被表徵物之間不但必須具有定律式的關聯，而且這個聯結必須滿足存活原則，亦即，某類事物之所以被表徵是由於可以為該類認知個體帶來存活的價值。卓斯基舉了一個深海細菌的例子。在北半球有某類深海細菌具有一種探測磁場方向的機制，使它能游向地磁北。深海細菌的地磁探測機制的功能既不是探測地磁北或地理北，也不是探測磁場方向，而

是探測無氧環境的所在，這是由於這類細菌無法存活在含氧量過高的環境裡，在深海細菌的演化過程中，探測地磁北的方向可以標指深海細菌無氧環境的所在。假設我們將北半球的這種深海細菌移到南半球，或者在北半球地磁的反方向放置一根磁棒，這種深海細菌將會游到淺海的地方，並因海水含氧量過多而滅絕。這時候我們說：深海細菌出現了錯誤表徵。

　　同樣地，心的表徵能力乃是受到自然演化「形塑」的結果。在演化的過程中，生物發展了某些機制以與外在環境建立某種定律式的關聯。卓斯基將這階段稱為「第一類型情境」（或稱「學習時期」），類比於油表的刻畫工作。這個階段也就是將表徵內容（或者心理內容）定立的階段。一旦這些機制演化出來之後，它們的功能就是標指外在環境，此時生物進入卓斯基所謂的「第二類型情境」（或稱「學習後時期」），一直到這個階段，才有正確表徵或者錯誤表徵可言。

理論困難

　　卓斯基的標指語意學面臨一個理論困難，稱為如是難題。試考慮某個表徵 R，其表徵的是 O。依據卓斯基的標指語意學，R 與 O 之間具有定律式的共變關係。設任何是 O 的事物定律上必定是 O*。因此，R 與 O* 之間也會有定律共變的關係。若是如此，R 為什麼是表徵 O，而不是表徵 O*？舉例來說，老王在想一些關於聖伯納狗的事，例如他在想聖伯納狗很高大、在熱帶不適合飼養聖伯納狗、他的薪水養不起聖伯納狗……。他這些想法都表徵聖伯納狗。依據卓斯基的標指語意學，〔聖伯納狗〕這表徵與聖伯納狗之間具有定律共變的關係。然而，任何聖伯納狗在定律上必定是狗、是動物、是有

尾巴的動物。因此，依據卓斯基的理論，我們可以說〔聖伯納狗〕表徵的是狗，但我們也可以說它表徵的是動物，我們甚至可以說它表徵的是有尾巴的動物。這當然是荒謬的。

卓斯基的學說面臨的第二個困難是這樣的：「功能之重新賦予」這可能性會造成目的論等值，進而使得原本應該是錯誤表徵的現象變成不是錯誤的現象。假設某個生物機制 M 的功能可以理解為 f_1，亦即 M 之處於狀態 F_i 標指 R 之處於某狀態 G_i，它的表徵內容因而是 G_i；由任何非 G_i 引發的表徵都是錯誤的。但是假設在不與其他的功能賦與相衝突的情形下，M 這個機制的功能也可以理解為 f_2，亦即 M 之處於狀態 H_i 標指 R 之處於某狀態 K_i。這將使得它的表徵內容變成 K_i。這稱為「功能之重新賦予」。此時有可能會使得原本應該是錯誤表徵的現象可以經由功能的重新賦予而消除，由 K_i 引發的表徵將不再是錯誤的。這個「功能之重新賦予」論證最早是由丹尼特提出來的，用以反對訴諸「功能」的主張❽。這個困難一般也稱為**功能之不確定難題**。

不過，卓斯基似乎可以這樣回應：定立表徵內容的一項要件是**存活原則**。如果該生物之表徵 G_i 而不是 K_i 才能使得它產生有助存活的行為時，它的機制的功能應該理解為 f_1 而不是 f_2，它的表徵內容應該理解為 G_i 而不是 K_i。依據存活原則，丹尼特的「功能之重新賦予」論證並不足以構成卓斯基理論的困難。

儘管如此，佛德指出，即使有這兩項要件可用以決定表徵的內容，仍然可能有至少一個以上的方式可以滿足這兩項要件，因而仍然可能有至少一個以上的物體為某個心理表徵所表徵❾。這種情形

---

❽　Dennett (1981)。

就是所謂的「目的論的等值」。佛德舉了這個例子來說明：

　　青蛙有某個機制可以偵測蒼蠅、蚊子、小昆蟲的出現。當青蛙偵測到這些蚊蟲時，在適當的時機牠會快速伸出舌頭以捕食這些蚊蟲。按照卓斯基的理論，我們可以說，青蛙那個機制的功能就是標指蒼蠅、蚊子、小昆蟲這些東西的出現，牠的表徵內容就是〔蒼蠅或蚊子或小昆蟲〕。由於在青蛙演化的過程中，在牠的生存環境裡，蒼蠅、蚊子、小昆蟲等都是會飛的小黑點，因此我們似乎也可以說：青蛙的那個機制標指的是會飛的小黑點，牠的表徵內容是〔會飛的小黑點〕。

　　佛德的例子仍然是一種「功能之重新賦予」論證。青蛙那個機制的功能原本是理解為：偵測蒼蠅或蚊子或小昆蟲；經由重新賦予之後，那機制的功能重新理解為：偵測會飛的小黑點。以卓斯基所說的「第一類型」情境來說，這兩種功能賦予的方式並沒有差別，也都符合存活原則。因此，青蛙的表徵內容有兩種定立的方式，就生物目的論的角度來看是相同的，也就是說，這兩種定立內容的方式是「目的論等值」的。接著我們考慮進入「第二類型」情境的青蛙，例如現代的青蛙，在這情境裡，人類發明了 BB 彈。依據原本的功能賦予方式，青蛙如果伸舌頭捕食 BB 彈，它便是錯誤地將 BB 彈表徵為蒼蠅、蚊子或者小昆蟲。但是，BB 彈碰巧也是會飛的小黑點，依據第二種功能賦予的方式，青蛙如果捕食 BB 彈，牠並未出現任何錯誤！

　　我們當然要主張：青蛙之伸舌頭捕食 BB 彈是錯誤的。然而，儘管 BB 彈並沒有出現在青蛙的演化史上（亦即牠的「第一類型」

***

❾　Fodor (1984; 1990a)。

情境），將青蛙的那個機制依據存活原則理解為「偵測會飛的小黑點」並無不妥之處。看來訴諸「生物功能」並不能解決藉由「功能之重新賦予」造成的「目的論等值」這個理論困難。

其實佛德曾經指出，對青蛙來說，牠偵測的究竟是蒼蠅還是蚊子還是其他小昆蟲，對青蛙都沒有差別，如果真要訴諸存活原則來決定牠那機制的功能，或許以「偵測食物」會更恰當。由於 BB 彈不是食物，即令假想 BB 彈早就已經出現在青蛙的演化環境（「第一類型」情境）裡，青蛙那機制的功能依然是「偵測食物」，牠若伸舌頭捕食 BB 彈，仍然是個錯誤。

四、反對稱依附論

在定律共變的進路下的另外一個理論發展是佛德提倡的「反對稱依附論」❿。他的學說與卓斯基一樣，都訴諸定律共變的關聯來說明表徵關係的建立；與卓斯基理論不同的是，正如前一節提出來的，佛德反對在表徵論裡訴諸演化概念。

反對稱依附論主張如下：

X 表徵 Y，若且唯若，

㈠ Y 的個例因致 X 的個例；

㈡在附掛條件維持不變下，「如果 Y，則 X」具有定律必然性。

㈢設在附掛條件維持不變下，「如果 Z，則 X」也具有定律必然性，則「如果 Z，則 X」是反對稱依附於「如果 Y，則 X」。

---

❿　參 Fodor (1987; 1990b)。

「反對稱依附」是介於兩個定律之間的關係。設 $\mathcal{L}_2$ 反對稱依附於 $\mathcal{L}_1$，意思是說，如若 $\mathcal{L}_1$ 為假，則 $\mathcal{L}_2$ 為假；但反之不成立，即令 $\mathcal{L}_2$ 為假，$\mathcal{L}_1$ 仍可為真。（請留意這裡是用如若條件句來表示的。）在任何 $\mathcal{L}_1$ 不成立的（最接近實際世界的）可能世界裡，$\mathcal{L}_2$ 是不成立的。

讓我們舉例子來思考。〔狗〕表徵狗。按照反對稱依附論，這是由於下列三個要件成立：

㈠狗類個例的出現會因致〔狗〕的個例，亦即實際某隻狗的出現會引發有關狗的表徵，例如出現〔那是一條狗〕的想法。

㈡在附掛條件維持不變下，「如果狗出現，則〔狗〕出現」具有定律必然性。這裡的附掛條件至少包括：當事人的知覺系統是正常的、當時的知覺條件如光線明暗、那隻狗與當事人的距離、兩者之間沒有障礙物……。

㈢設在附掛條件維持不變下，「如果黑夜裡稍遠處有隻貓出現，則〔狗〕出現」也具有定律必然性，則「如果黑夜裡稍遠處有貓出現，則〔狗〕出現」反對稱依附於「如果狗出現，則〔狗〕出現」。

如果這三個要件對於〔狗〕表徵都成立，則〔狗〕表徵的是狗，不是任何其他事物。因此，即使黑夜裡稍遠處一隻貓的出現會引起有關狗的想法，甚至這因果關係是定律式的，〔狗〕並不表徵〈黑夜裡稍遠處的貓〉。相反地，一旦經由這三要件定立了〔狗〕表徵的是狗類之後，黑夜裡稍遠處一隻貓的出現引起〔那是一隻狗〕的想法，則這想法是錯誤表徵。

佛德的理論說明了表徵內容是如何定立的，也解決了水平問題（亦即錯誤表徵難題或者選言難題）。不但如此，他的學說也免除了

上述「目的論等值」帶來的困難。以上面青蛙的例子來看，即使「會飛的小黑點」與「蒼蠅或蚊子或小昆蟲」是目的論等值的，BB 彈仍然不是青蛙的表徵內容。因為即使青蛙的表徵與 BB 彈之間具有定律關聯，這關聯是反對稱依附於該表徵與食物之間的定律關聯之上的。

此外，佛德的學說也解決了「如是難題」。再考慮上述〔聖伯納狗〕這表徵的例子。這表徵與聖伯納狗之間具有定律共變的關係，儘管聖伯納狗在定律上必定是狗、是動物、是有尾巴的動物，後面這些定律式關聯都是反對稱依附於〔聖伯納狗〕這表徵與聖伯納狗之間的定律共變關聯之上的。

理論困難

佛德的理論並未能解決垂直難題。設 X 表徵 Y。依據他的理論，X 與 Y 之間有定律關聯，而且如果 X 與其他事物之間有定律關聯，則後者反對稱依附於前者。然而，介於 X 和 Y 之間還有 Y_1、Y_2、⋯⋯。如果 X 與 Y 之間有定律關聯，則必定 X 與 Y_1 之間也有定律關聯、X 與 Y_2 之間也有定律關聯⋯⋯；而且 X 與 Y 之間的定律關聯是反對稱依附於 X 與 Y_1 之間的定律關聯的，X 與 Y_1 之間的定律關聯是反對稱依附於 X 與 Y_2 之間的定律關聯的，依此類推⋯⋯。若是如此，X 不是表徵 Y，與假設相違背。

五、生物語意學

生物語意學的首要人物是米勒肯以及帕皮諾[11]。這裡介紹米勒

[11]　參 Millikan (1984; 1989a; 1989b)、Papineau (1987; 1993)。

肯的學說。根據她的主張，表徵關係初步可以理解如下：

> X 表徵 Y，若且唯若，X 的適切功能就是在正常條件下標
> 指 Y。

這個說法是初步的，稍後還會再補充。「適切功能」以及「正常條件」
這兩個概念都是用演化理論來定義的。米勒肯對於「功能」採取歷
史肇因論的立場。這裡的「歷史」是指物種某類機制的演化史；「肇
因」則是指該機制的運作能產生某種結果。所謂「適切功能」意思
是說，擁有這功能的物種在牠的演化史上，這種功能在正常條件下
曾經實際運作過，而且都相當成功，能夠使得該物種以適當行為來
回應環境的挑戰，進而自我保存並繁衍後代。簡單說，這功能的運
作結果有助於該物種的存活與繁衍。這種訴諸演化論的觀點是所謂
的自然目的論的立場⓬。所謂「正常條件」是指在解釋某功能如何
運作時必定要提到的演化要件。由於「功能」是用演化理論來解釋
的，對於「正常條件」的描述必定涉及演化的因素⓭。

　　一般來說，表徵關係是二元的關係。例如前面提到的兩個定律
共變理論都主張表徵關係是介於表徵與被表徵物之間的關係。米勒
肯的生物語意學有不同的說法。她接受皮爾斯的看法，主張表徵關

⓬　與自然目的論相對的是傳統亞理斯多德式的目的論；前者以天擇機制
　　來說明一個系統的功能，後者以企求「目的」（未來的、尚未實現的事
　　態）的實現來說明一個系統的運作。

⓭　如果對於「功能」不採取演化的解釋，功能如何運作的「正常條件」就
　　不會涉及演化的因素。例如，將「正常條件」理解為能使該功能可靠運
　　作的因素。鬧鐘發揮功能的正常條件就是電力正常、零件沒有磨損太厲
　　害……，各種使得鬧鐘可靠運作的因素。

係是三元的，介於表徵、被表徵物、詮釋者之間的關係。不過，「詮釋者」並不是指人類或者任何有心的個體。

米勒肯區別兩種機制：產生表徵的機制（例如知覺）以及運用表徵的機制（例如推論），後者就是她所謂的「詮釋者」。產生表徵的機制其適切功能是在正常條件下能標指外在事物。在米勒肯的生物語意學裡，定律共變並不是決定性的。她允許表徵與被表徵對象之間並沒有定律式的關聯。只要表徵與被表徵對象之間的實際聯結有相當的頻率就夠了。但是表徵的內容（表徵究竟標指何種事物）卻必須進一步由運用該表徵的機制的適切功能來決定。舉例來說，當蜜蜂發現花蜜時，會回到蜂巢並做出某種「舞蹈」的動作，這種蜂舞就是一種表徵。不過，它之所以標指花蜜之所在，卻是由於其他的蜜蜂能夠將這蜂舞加以運用，以找到花蜜。如果少了運用表徵的機制，蜂舞本身並沒有內容可言。蜜蜂之所以分別有這兩種機制，各自有其功能，是演化的結果。在蜜蜂的演化史上，「偵測花蜜」的功能以及「詮釋蜂舞」的功能分別由不同的蜜蜂來執行，兩者共同合作，促成了蜜蜂採集到花蜜的結果。當然，每個人的心智系統同時具有產生表徵的機制以及運用表徵的機制，這兩類機制的適切功能共同決定了表徵的內容。這兩類機制的共同合作或者是演化的結果，或者是經由學習而建立的。

米勒肯對於錯誤表徵的說明是這樣的：表徵的生產機制有時候功能沒有正常運作，導致雖然產生表徵，卻沒有正確表徵（沒有外在事物，或者表徵錯誤）。她的理論否認「錯誤表徵」是真正的表徵。當有人相信 P，但實際上 P 為假時（P 描述的事情是錯誤的、空的），例如相信以太如何如何，米勒肯認為此時並沒有任何事態（包括所

謂「內存」的事物）是被表徵的。所謂「錯誤表徵」只不過是沒有做到表徵工作的表徵❶。例如，咖啡機的功能是泡咖啡。即使它運作失常沒有泡出咖啡，它仍然是咖啡機。因此，對於「錯誤認知」的解釋是認知系統的生物功能失常。（功能失常的情形包括機器故障，或者機器沒故障但外在條件不適當。）

理論困難

　　生物語意學有一些理論困難需要處理。這裡介紹三件困難。

　　首先，在解說卓斯基的理論時，已經提到藉由「功能之重新賦予」造成「目的論的等值」，進而有可能使得原本是錯誤表徵的現象變成正確表徵。在米勒肯的生物語意學裡，儘管表徵內容同時是由兩種機制共同決定的，她的理論仍會面臨相同的難題。原則上有可能對於表徵生產機制的功能以及表徵運用機制的功能做新的理解，進而改變對於表徵內容的決定。

　　第二個困難是引用這個領域知名的偶然複製人難題（請參第四章第七節）來質疑生物語意學。設不論是出自何種原因，這個世界此時突然出現了一個在物理上與老王一模一樣的複製人，姑且稱為「複製老王」。許多哲學家直覺上認為複製老王與實際老王是有相同表徵的。然而，由於複製老王是剛複製出來的人，他並沒有演化歷史，也沒有學習歷程，依據生物語意學，複製老王並沒有表徵。

　　生物語意學要如何回應呢？一個簡單的回應是：這直覺是錯誤的。這裡涉及了哲學方法論的問題。儘管不是每個直覺都是應該接受的，當一個理論與直覺相違背，尤其是與多數人的直覺相違背時，

❶　Millikan (2009): 3。

確實有必要重新思考：究竟應該從那直覺重新出發來思考問題，還是應該放棄那直覺？這往往不是容易決定的事情。

　　還好，就這裡的難題來說，生物語意學可以提出另外一個回應。按照假設，複製老王與實際老王在物理上完全相同。因此，他們的各種系統與機制是一樣的，其功能也應該是一樣的。類比來說，設某人歷經多年的研究改進，發明了一種很特殊的咖啡機。設另外有人複製了一台物理上一模一樣的咖啡機。這兩台咖啡機的運作機制應該是完全相同的，其功能應該也是完全相同的。當然複製咖啡機並沒有歷經多年研究改進這一段過程，但是這台複製咖啡機的結構、運作方式、功能等，仍然是多年研究改進的結果。這裡的關鍵在於，我們是從類型的層次來理解「結構」和「功能」的：這種類型的結構在演化的過程中產生了這種類型的功能。因此，儘管複製老王本身並沒有演化史，基於他和實際老王物理上完全相同的假設下，他的物理結構和實際老王的物理結構是完全相同的。既然實際老王的物理結構在演化的過程中產生了功能，進而表徵外在世界，複製老王的物理結構自然也有相同的功能，並表徵外在世界。這個回應顯然是主張從演化角度來理解的生物功能仍然是附隨於物理結構的。

　　生物語意學這個回應看來有力多了，不過似乎還不能令人滿意。不論認知機制的功能是如何演化或學習來的，似乎對於「表徵」的理解要考慮的是該機制具有何種功能，不是該機制如何出現那種功能。設我們在毫無特定目的的情形下，無意中造了一台機器，碰巧它可以用來將花生榨出油來。在考慮如何理解這台機器的功能時，我們關切的不是當初設計它的用意（因為當初根本沒有特定目的），我們是就它能做什麼事（它的因果力）來決定它的功能：將花生榨

出油來。依據賦予它的這項功能，它處的各種狀態就表徵了將花生榨出油的進度。

　　這種不訴諸歷史的思考方式就是算機功能論的基本立場。算機功能論對於心智的主張抽離了物理層面，純粹就功能角色或者計算狀態的層面來說明心智，因此物理層面的特徵，包括演化過程在內，在算機功能論對於心智的說明裡，並沒有理論作用。另一方面，算機功能論主張心具有多重可具現性，因此，兩個物理上完全相同的個體必定具現了相同的功能結構或者算機結構。既然如此，複製老王和實際老王一樣，都是有心的個體；如果實際老王是個表徵系統，複製老王必定也是個表徵系統。這種不訴諸演化史的主張明顯與生物語意學的主張相反。

六、表徵圖像論

　　這一節介紹兩種表徵圖像論，第一種以相似性來理解表徵關係，第二種以同構性來理解表徵關係。

　　在近代哲學史上，柏克萊和修姆都認為觀念，亦即心理表徵，是一種圖像。當老王心裡想著狗時，他的腦海裡出現了「狗」的圖像。這個心理圖像表徵了狗。圖像的根本特徵在於相似性，因此他們將表徵關係視為一種相似關係。表徵圖像論初步來說，可以理解如下：

　　X 表徵 Y，若且唯若，X 相似於 Y。

最常見的圖像莫過於照片和地圖（包括平面地圖和立體地圖），其他

還包括以寫實繪製的平面圖像和立體圖像，例如素描和雕像等。表徵圖像論就是以「相似關係」來說明表徵關係的。

在形上學的傳統裡，對於「相似性」的說明一般都是訴諸共性。說「兩個事物相似」是鬆散的描述，精確來說，我們的描述應該包括兩個個體相似的面向，像是形狀、顏色、大小、高低、重量……。例如，當我們說籃球和棒球相似時，我們是指兩者的形狀相似（都是球形），或者是指兩者的類別相似（都是球類遊戲使用的事物）……。也就是說，當兩個事物相似時，一定是指有某個性質是它們共同擁有的，這些性質在形上學傳統裡稱為「共性」。

「相似」有一些邏輯特徵。它是對稱的：亦即如果 X 相似於 Y，則 Y 相似於 X。其次，它是非遞移的：如果 X 相似於 Y，Y 相似於 Z，既不表示 X 相似於 Z，也不表示 X 不相似於 Z。從訴諸「共性」的解釋，不難明白為什麼相似性具有這兩件特徵，就不多說了。

此外，圖像有精確的與不精確的。老王的照片通常比起對老王的素描來得精確。對某個城市街道拍的衛星空照圖應該會比用人工繪製的街道圖還要精確。簡單說，圖像是有精確程度的，這特徵來自於「相似性」是有程度之分的。

另外一個解釋圖像表徵的方式是訴諸「同構性」概念，這是邏輯裡釋模理論的概念，由卡明斯引進以說明表徵關係的 ❺。「同構性」是介於兩個結構之間的關係，用配對函數來定義。因此「表徵」是介於兩個結構之間的關係，換句話說，只有結構才具有表徵的能力。

一個結構包括一組事物以及一組該組事物之間的關係。設 S_1 和

---

❺ Cummins (1996): 99。

S_2 是兩個結構，S_1 涉及一組事物 $A = \{a_1, a_2, ..., a_m\}$ 以及一組關係 $F = \{F_1, F_2, ...\}$，S_2 也涉及一組事物 $B=\{b_1, b_2, ..., b_n\}$ 以及一組關係 $G = \{G_1, G_2, ...\}$。所謂 S_1 和 S_2 是同構的，意思是說，⑴ S_2 中的每個事物 b_i 都對應到 S_1 中的某一個事物 a_i；⑵ S_2 中的每個關係 G_i 都對應到 S_1 中的某一個關係 F_i；⑶每當 S_2 中的 k 元關係 G_i 對於 S_2 中的 k 項序列的事物，亦即 $\langle b_1, b_2, ..., b_k \rangle$，成立時，在 S_1 中與 G_i 對應的關係 F_i 也必定對於 S_1 中的 k 項序列的事物，亦即 $\langle a_1, a_2, ..., a_k \rangle$，是成立的。

我們也可以將⑶簡單寫成：S_2 中的 k 元事態對應到 S_1 中的 k 元事態。「事態」是形上學的概念，所謂「k 元事態」是指某個 k 項序列 $\langle o_1, o_2, ..., o_k \rangle$ 滿足了某個 k 元關係。例如〈老王之討厭老張〉是一個事態，指的是：〈老王，老張〉這個二項序列滿足了〈討厭〉這個二元關係。

所謂 S_1 表徵 S_2，就是說 S_2 同構於 S_1。（請留意，這理論並不是說：S_1 表徵 S_2，若且唯若，S_1 和 S_2 是同構的。詳下面的說明。）此時我們才可進一步說：S_1 中的事物表徵了 S_2 中的事物，S_1 中的關係表徵了 S_2 中的關係，S_1 中的事態表徵了 S_2 中的事態。

舉例來說，老王的大頭照表徵了老王的臉，因為那照片呈現了老王的臉部結構（眼睛、眉毛、鼻子、嘴、痣、疤痕……相對位置與大小）。台北市街道圖表徵了台北市的街道分布實況，因為台北市街道圖呈現了台北市街道的（空間）結構。在這類例子裡，我們大致還可以感覺其中有相似性存在。另外還有一種例子，也是表徵與被表徵物之間呈現出同構性，但一般人比較難承認兩者是相似的。試考慮這個二元一次方程式「x + 2 = y」，以及下圖：

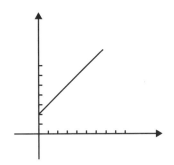

圖裡的斜線表徵了這個二元一次方程式，兩者具有同構性。因此，斜線上的每一點表徵了一個二項序列，例如 (0, 2) 這個點表徵了 ⟨0, 2⟩ 這個二項序列。

理論困難

　　表徵圖像論面臨的困難恐怕比其他表徵理論還多。這裡提出幾個難題。

　　首先，並不是所有的表徵都建立在相似性之上，因為自然語言明顯是個反例。如果人類的思維系統具有類似語言的特徵，則採取表徵圖像論是不恰當的。例如，推論思考是人的一種認知機制。這種認知機制處理的表徵顯然是語言式的。接受表徵圖像論的立場，將無法說明推論機制是如何運作的。又例如，先前已經提過幾次，許多哲學家承認我們的思維系統是具有語意組構性的。圖像論無法說明語意組構性，因為圖像不具有語法結構，無法進行組構。

　　這個問題對於經驗論哲學家訴諸「相似性」的表徵圖像理論是一大難題，但對於卡明斯的學說倒是不會構成困難。依據同構性的想法，語言的句子是可以與這個世界的某個部分同構的。例如，中

文的「老王討厭老張」具有語法結構，在實際世界裡，〈老王，老張〉這個二項序列滿足〈討厭〉這個二元關係。

其次，如前面所說，相似關係具有對稱性。然而，表徵關係並不是對稱的。當 X 表徵 Y 時，Y 並不表徵 X。顯然相似性是無法掌握到表徵關係的。另一方面，這一點不會對於卡明斯的學說構成困難，因為同構關係並不具有對稱性，「X 同構於 Y」並不蘊涵「Y 同構於 X」。這一點從上面的定義可以看出來，「同構性」是由配對函數定義的，但並未要求這配對函數必須是嵌射的或者蓋射的或者對射的。這是為什麼在前面提醒的，在他的理論中，「X 表徵 Y」的理解是「X 同構於 Y」，不是「X 和 Y 是同構的」。

表徵圖像論無法解決「如是難題」。當我在想聖伯納狗很高大時，我那想法表徵的是聖伯納狗，不是狗、不是動物，也不是有尾巴的動物。但是，一張聖伯納狗的圖片同時也是一隻狗的圖片、一隻動物的圖片、一隻有尾巴的動物的圖片。卡明斯的同構性理論同樣無法解決這個難題。

此外，表徵圖像論面臨卡明斯所謂的「抽象難題」❶⑥。抽象難題正好與前面提到的「如是難題」相反。讓我們將文字與圖像做一個對照。中文「狗」這個字表徵的是狗類；任何狗都是它表徵到的。但是，任何一張「狗」的圖片或者照片並不會表徵到狗類，因為任何一張「狗」的圖片或照片必定與某些狗相似，與另外一些狗不相似。相對來講，一張聖伯納狗的圖片與聖伯納狗是比較相似的，與哈巴狗、狼狗、吉娃娃的相似性就非常低了。我們至多只能說，一張聖伯納狗的圖片至多是表徵了聖伯納狗而已。人類會有關於狗的

想法，例如相信狗有尾巴。這些關於狗的想法並不是針對某些特定的狗。依據表徵圖像論，我們要如何才能做到表徵狗類，任何狗，而不僅僅是表徵到某些狗？再換另外一個例子。許多事物都是有形狀的。中文的「形狀」表徵了〈形狀〉這個性質。我們也會有關於形狀的想法，例如相信很多東西都有形狀。表徵圖像論如何說明我們這些關於形狀的想法？每一張「形狀」的圖像都呈現出某個特定的形狀。究竟那圖像只是表徵形狀，還是表徵跟那圖形最相似的形狀？表徵圖像論顯然無法回答這個問題。

　　最後一個問題是這樣的。設有人幫老王拍了一張正面的照片。那張照片自然是表徵了老王。設老王其實還有一個雙胞胎，跟他長得一模一樣，完全無法分辨。所以，老王的雙胞胎跟那張照片也是最相似的。若是如此，依據表徵圖像論，那張照片也是老王雙胞胎的表徵。但如此一來，那張照片的表徵內容是〈老王或老王的雙胞胎〉這個選言，不是老王。然而，那張照片拍的是老王，不是他的雙胞胎。不論他的雙胞胎跟他長得有多像，那張照片始終是老王的照片。在心與認知的領域裡，如果有人相信老王得了獎，他的信念涉及的是老王，不是他的雙胞胎。因此，如果意向狀態最終是以心理表徵理論來說明的，則如果被表徵的是老王，被表徵的就不會是他的雙胞胎，不論老王跟他的雙胞胎有多相似。表徵圖像論無法辨別出這個差異。這裡的問題在於：未必只有兩個事物具有最高相似性而已，有可能三個甚至更多個物體都是具有最高相似性的，因此依據表徵圖像論，圖像會同時表徵所有那些最高相似性的物體。

　　這一點對於卡明斯的同構理論同樣也是困難。

七、功能角色語意學

功能角色語意學主要提倡人物是布拉克❶。這套學說，顧名思義，就是將功能論的主張用在決定表徵內容，也就是說，一個表徵的內容是由它的功能角色決定的。請留意，以功能論說明心智系統並不表示就必須以功能論來說明心理內容或表徵內容。前面幾節我們已經看到，定律共變論和表徵圖像論儘管對於如何決定表徵內容的問題有不同的主張，都同樣採取功能論對於心智系統的說明。

布拉克提倡功能角色語意學時，主張表徵內容的決定有兩個要素，一個是表徵的功能角色，另一個是表徵的指涉。不過，由於克理普奇對於「指涉」提出的歷史因果論影響很大，如果採取他們的指涉理論，我們可以將「指涉」也視為表徵具有的因果網絡的一部分，因此對於「功能角色」有狹義與廣義的說法：狹義的說法主張一個表徵狀態的功能角色就是該狀態與物理刺激（輸入）、其他表徵狀態，以及行為反應（輸出）之間的關係；廣義的功能角色則還進一步包括該狀態與被指涉事物的關係。在文獻上，狹義的功能角色也稱為「窄內容」，「指涉」稱為「寬內容」。

要如何理解「功能角色」呢？在前面解說功能論時，提到功能角色可以理解為「因果角色」，也可以理解為「算機角色」。因此功能角色語意學可以依據表徵的因果角色來決定表徵的內容，也可以依據表徵的算機角色來決定表徵的內容。關於「因果角色」與「算機角色」的差異請回顧第五章的介紹，這裡只針對表徵的議題做一

❶　參 Block (1986)。

些說明。因果角色與算機角色的差異從算機具有多重可具現性就可以看出來。設某狀態的算機角色是 C。基於多重可具現性，C 有可能是被不同的物理結構實現的，不同的物理結構具有不同的因果網絡，也就是說，相同的計算角色可以由不同的因果網絡實現，這表示一個狀態的算機角色不會等同於任何一個因果角色。因此，嚴格來說，算機角色語意學與因果角色語意學是不同的。

　　功能角色語意學在文獻裡也有哲學家用「概念角色語意學」或者「推論角色語意學」這些名稱。這是將「功能角色」理解為「概念角色」或者「推論角色」的主張。嚴格來說，「概念（推論）角色」與「因果角色」的意思是不一樣的，與「算機角色」的意思也是不一樣的。如何理解「概念角色」呢？「概念角色」著眼於概念與概念之間的關聯，這種關聯主要是推論上的。一個表徵具有的概念角色就是指所有使用到該表徵的推論構成的集合。〔狗〕這表徵的概念角色是指所有使用到這概念的推論構成的集合，例如以「狗有四條腿」為前提搭配其他前提做出來的推論、以「狗是動物」為前提搭配其他前提做出來的推論、以「狗不會爬樹」為前提搭配其他前提做出來的推論……。但「算機角色」和「因果角色」並不是用推論來決定的。因此，「概念角色」與這兩者是不同的。

　　不但如此，「概念角色」涵蓋的範圍遠小於「算機角色」和「因果角色」：任何概念角色都是算機角色或者因果角色，但反之未必然，因為不是每個算機角色或因果角色都涉及推論。

　　儘管有這些差異，主張功能角色語意學的哲學家通常將這幾個名稱交互使用，並未做這些細膩的區別。這大概是由於功能角色語意學與相競爭的其他理論（如前面幾節介紹的幾個表徵理論）之間

的爭議更為重大的緣故。這爭議來自於第七章第五節介紹的「雙生地球」案例。正如前面解說的，帕南提出「雙生地球」的思想實驗，用意在於指出心理內容（或者表徵內容）是由外在事物決定的。在帕南和克理普奇的理論中，語詞和心理表徵的內容都具有「世界索引性」和「嚴格性」。當實際老王相信水沒有味道時，他的信念表徵的是 H_2O；即使他旅行到了雙生地球，他的信念仍然是關於 H_2O 的信念，不是關於 XYZ 的信念。當雙生老王相信水沒有味道時，他的信念表徵的是 XYZ，不是 H_2O。儘管他們兩人的外顯行為和語言是一樣的，他們的信念是不同的。功能論認為對於心智系統的說明是可以「橫跨世界」的：即使個體處於不同的物理環境（例如雙生地球），他心智系統的運作仍然是相同的。「功能角色」正好具有這種特徵。實際老王的信念和雙生老王的信念其「窄內容」是一樣的，但寬內容是不一樣的。

理論困難

　　功能角色語意學面臨的最大困難大概是佛德的質疑：我們的思維具有語意組構性，但功能角色不具有語意組構性。因此功能角色語意學無法說明人類的思維。

　　其次，通常我們是先承認某個狀態是個表徵，然後再進一步指出它有什麼功能角色。若是如此，功能角色語意學的思考似乎弄錯方向了。例如，我們有許多關於狗的想法，這些想法都用到〔狗〕概念，像是〔狗有四條腿〕、〔狗有尾巴〕、〔狗不會爬樹〕、〔狗會游泳〕……。這些想法都可以作為某些推論的前提或者作為某些推論的結論，像是「狗會游泳，老王養的小白是條狗，所以小白會游泳。」

我們是因為有了〔狗〕概念，才能做出與狗有關的推論。不但如此，我們也是有了〔狗〕概念，才會做出一些與狗有關的行為，像是想要養隻狗，聽到遠處汪汪叫的聲音就知道那裡有隻狗……。這些〔狗〕概念的因果角色是在人有〔狗〕概念之後才出現的。

　　功能角色語意學面臨的另一個困難是這樣的：為什麼一個狀態之具有某個功能角色，就表示該狀態是個表徵？這個問題衍生自先前提到的功能論的一個難題。設某個物理系統（例如太陽系或者自動販賣機）可以理解為一個計算系統。由於這個系統裡的每個計算狀態都有其算機角色，我們是否因而要主張每個狀態都是表徵、都有語意性質呢？這似乎不太恰當。為什麼具有功能角色就具有語意性質呢？功能角色語意學預設了這點，但理由何在？換個方式來思考：如果有些事物具有功能角色，但並不具有語意性質，則功能角色語意學是錯誤的。偏偏這個世界確實是有很多事物具有功能角色，但不具有語意性質的。因此，「功能角色」不足以說明什麼情形下一個事物或狀態是個表徵，是個具有語意性質的事物。這個問題也可以這樣來說：可用以說明語意性質的功能角色，與不足以說明語意性質的功能角色，這兩種如何區別？

本章重點回顧

・霍布斯 Thomas Hobbes (1588–1679)
・觀念 idea
・表徵論 representationalism
・共變 covariance
・標指語意學 indicational semantics

- 反對稱依附論 asymmetric dependency theory
- 表徵圖像論 pictorial theory of representation
- 卡明斯 Robert Cummins
- 米勒肯 Ruth Millikan (1933–)
- 生物語意學 biosemantics; teleosemantics
- 帕皮諾 David Papineau (1947–)
- 程序語意學 Procedural semantics
- 語意內在論 semantic internalism
- 垂直難題 vertical problem
- 水平難題 horizontal problem
- 錯誤表徵難題 problem of misrepresentation
- 選言難題 disjunction problem
- 定律式的 nomological; nomic
- 規律論 regularity theory
- 涂立 Michael Tooley
- 存活原則 survival principle
- 如是難題 qua problem
- 目的論等值 teleological equivalence
- 功能之不確定難題 problem of functional indeterminacy
- 歷史肇因論 historical etiological theory
- 自然目的論 natural teleology
- 皮爾斯 Charles Sanders Peirce (1839–1914)
- 天擇 natural selection
- 偶然複製人難題 problem of accidental replica
- 共性 universal
- 嵌射的 injective
- 蓋射的 surjective
- 對射的 bijective

第九章　概　念

　　「概念」是我們常用到的語詞，有趣的是，我們似乎都知道「概念」是什麼，卻又對於「概念」是什麼說不出個所以然來。當代心與認知哲學界以及認知科學界對於「概念」有許多的討論和理論發展。本章解說一些與「概念」有關的理論與問題。第一節和第二節先簡單介紹概念的類型以及概念具有的解釋力。第三節從形上學的角度解說「概念」，亦即我們要將概念視為一種能力、一種心理表徵、還是一種抽象存在的事物。第四節討論概念的結構，將介紹五個比較知名的學說：定義論、原子論、原型論、範例論、理論說。這個關於概念結構的問題將涉及到概念是如何習得的以及我們如何進行分類的議題。最後一節則介紹複雜概念如何產生的問題。

一、概念的類型

　　「概念」這個概念本身可能就不是談到一組同質性的事物。由於「概念」有不同的類型，或許因為這個緣故，不會有任何一套統整的理論可以完整說明「概念」是什麼。「概念」有哪些類型呢？它們之間真的有很大的差異嗎？底下作一些介紹。

　　第一種類型是與事物的性質有關的概念。毫無疑問的，我們擁有許多關於事物性質的概念。例如顏色方面的有紅、藍、綠……；

形狀方面的有方、圓、菱……；尺寸方面的有長、短、寬、窄、厚、薄……；觸感方面的有平滑、粗糙、細嫩、堅硬、柔軟……。其他還有尖、鈍、快、慢、輕、重……。大致上我們語言中的形容詞都是在描述事物的性質，或者事物與事物之間的比較關係。

　　第二種是與「類」有關的概念。一般來說，「類」分為「自然類」與「人工類」。不過這分法略嫌粗糙。本書將「類」分為自然類、自然功能類、人為功能類（含社會類）❶。自然類是依據事物的內在結構或者內在性質（本質）來分類的。舉例來說，榴槤、蘋果、水仙、玉蘭花、菩提樹……，都是自然類；老虎、狗、鹿、鯨、鱷魚……，也是自然類，其之屬於不同類是依其基因結構來決定的；水、硫酸、氬、鎂、二氧化碳……，也是自然類，是依據其化學結構來區分的。

　　功能類是依據功能來將事物分類的，並不考慮構成該事物的物理性質。心臟是自然功能類，幫浦是人為功能類。若從功能考量，由於兩者的功能相同，屬於同一類，儘管兩者的物理結構不同。另一方面，這兩者和書桌屬於不同的功能類，因為功能不同。幫浦、書桌、電腦、太空梭等，之所以是人為功能類，不僅由於它們是人為製造的，它們的存在必定涉及人類心智的運作，而且更是由於它們具有一件重要的特徵：使用來製造它們的物理材料以及相關的物理性質和物理定律並不是對它們進行分類時要考量的因素。書桌有木製的、不銹鋼製的，有圓的或方的，有防水和不防水的。雖然材質不同，都是桌子。早期的電腦使用真空管，現在的電腦使用矽晶片，其運作的物理原理大不相同，但它們仍然都是電腦類。針對這

---

❶　參 Wilkerson (1995)。

些「類」我們都有相應的概念。

　　另外一種比較特殊的人為功能類是社會（關係）類，我們也有相對於這些社會關係的概念。例如夫、妻、嬸嬸、總統候選人、董事、立法委員、老師……，都是社會關係。由於社會關係不可能獨立於人類心智的運作而存在，所以它們不屬於自然類，也不是自然功能類。這些社會關係是由人類依據其功能角色來決定的，所以屬於人為功能類。由於這種社會關係類與其他的人為功能類有很大的差異，本書因此特別將之提出來，另稱為「社會（關係）類」。

　　究竟自然的「類」（包括自然類和自然功能類）是否真實存在，屬於形上學的議題。有些哲學家認為自然類都是存在的，其存在獨立於人的心智運作；有些哲學家則認為「類」都不是自然的，亦即都不是獨立於人的心智運作而存在的。這形上學的爭議不在本書的討論範圍內，予以略過。可以確定的是，不論是否在形上學裡承認可獨立於人的心智運作而存在的「類」，我們當然有許多與「類」有關的概念，像是〔老虎〕、〔水〕、〔榴槤〕、〔蘋果〕、〔電腦〕、〔溫度計〕、〔望遠鏡〕、〔舅舅〕、〔老師〕……。

　　第三種是科學概念，例如〔質量〕、〔力〕、〔化學鍵〕、〔因果〕、〔演化〕、〔基因〕、〔制約〕、〔資本〕……。這些概念來自於科學家（包括自然科學與社會科學）對於其研究領域的理論說明。通常科學概念的對象大都是不可觀察的。

　　第四種是與時間和空間（或者空間位置）有關的概念，例如〔__在__的右邊〕、〔__在__的左前方〕、〔__比__早〕、〔未來〕、〔過去〕、〔__比__遠〕、〔空間是會彎曲的〕、〔開始〕、〔結束〕……。

　　第五種是數學和邏輯方面的概念，例如〔質數〕、〔冪集合〕、〔蘊

涵〕、〔量限〕、〔無限〕、〔機率〕……。這些概念都是關於抽象事物的。

第六種是與價值或規範有關的概念,例如〔美〕、〔醜〕、〔賢〕、〔劣〕、〔善〕、〔慷慨〕、〔吝嗇〕、〔誠實〕、〔仁慈〕、〔寬宏大量〕……。這些概念是用來評價事物、行為、人的特性……。這一類型的概念不在本章討論範圍內。

第七種是人文藝術領域裡出現的抽象概念,例如哲學和邏輯常常提到的〔性質〕、〔本質〕、〔存在〕、〔等同〕、〔命題〕、〔知識〕、〔真〕、〔有效〕、〔抽象〕……,藝術領域常常提到的〔超寫實〕、〔普普風〕……;此外還有〔文化〕、〔定義〕、〔使命感〕……概念。

以上當然並未窮盡所有人類擁有的概念,其分類方式也未必盡如人意。這裡的用意僅在於作一些枚舉與整理,以方便讀者思考:如果「概念」有這麼多不同的類型,我們如何提出一套理論來說明與概念有關的一些問題?我們有可能提出一套統整的關於「概念」的理論嗎?這些問題在繼續探討概念的存有論面向以及概念的結構等問題之後,會更清楚。

二、概念的解釋力

概念有什麼解釋力?當我們承認有「概念」這種事物時,概念有什麼作用?對於這個問題可以分別從語言以及心智系統著手。

先從語言的面向來看。

語言是一組書寫的符號或者一組特定的聲音。一般來說,概念的第一件作用是可用以區別哪些符號(或者聲音)是有意義的,哪些沒有。一串符號(或者聲音)是有意義的,是由於它表達了某個

概念;一串符號(或者聲音)是沒有意義的,是因為它沒有表達任何概念。其次,概念可用來解釋語詞具有什麼意義。例如,中文「紅」這個字的意義(它的內涵)是〔紅〕這個概念。第三,承認概念的存在可以進一步解釋兩個語詞如何能夠是同義的,例如中文的「紅」與英文的 "red" 是同義的,是由於兩者表達了相同的概念。最後,概念可用以解釋語言的歧義現象。「歧義」是一字多義的意思,也就是說,同樣的語詞同時可以表達不同的概念,例如英文的 "bat" 既表達了〔蝙蝠〕概念,也表達了〔球棒〕概念。

當然,儘管我們能用語詞來表達概念,語詞和概念是不同的。一方面,可能有些概念尚無語詞來表示;另一方面,沒有語言的人似乎仍然可以擁有概念;再一方面,有些概念在某個語言裡(例如中文)有對應的語詞來表示,在其他語言(例如英文)則沒有相應的語詞可用以表示。例如,中文有不同的語詞來表達〔表舅〕概念和〔堂叔〕概念,英文則用同一個字。

接著從心智系統這個面向來看。

首先,概念的一個理論作用是作為思想的組成素,這是由於思想是有結構的。設老王相信那朵玫瑰花是紅色的。構成他這信念的組成素包括〔玫瑰花〕和〔紅色〕兩個概念。不但如此,承認概念是思想的組成素也說明了不同思想如何有相同的成分。設老王相信那朵玫瑰花是紅色的,還相信那朵朱槿也是紅色的。他這兩個信念雖然是不同的,但分享一個相同的組成素,亦即〔紅色〕這個概念。換個方式來說,以概念作為思想的組成素可以說明思想具有的生產性、系統性、語意組構性。

再者,概念既然是思想的組成素,由於有一些心理機制操作的

對象是思想，例如推論機制與問題解決機制，概念因而也會是這些
心理機制的操作對象。

　　第三，承認概念的存在可以解釋兩個不同的個體如何可以擁有
相同的思想。由於概念是思想的組成素，當兩個人想法相同時，例
如老王和老張都相信喝水可以解渴，他們兩人的信念之所以是相同
的，是由於他們兩人擁有的概念（〔水〕概念和〔解渴〕概念）是相
同的。

　　第四，概念可用以說明人類進行分類的心理機制。將一個事物
分到某個類別，就是將表達該類別的概念使用在該事物；借用佛列
格的用語，我們說該事物是「落入」該概念之下的。例如，將桌上
那顆蘋果分到「水果類」，就是將〔水果〕概念用在那顆蘋果，或者
說，那顆蘋果「落入」〔水果〕概念之下。至於分類機制如何運作，
則涉及我們如何理解概念的結構。

　　最後，不論是語言的面向，還是心智系統的面向，一般來說，
概念可用以決定指涉，或者外延。例如，中文「紅」這個字的外延
是所有紅色的事物構成的集合，因為這個字的內涵就是〔紅〕這個
概念。進一步來說，承認概念的存在可以說明兩個語詞為什麼可以
適用於完全相同的一組事物。例如，由於中文「紅」這個字以及英
文 "red" 這個字表達相同的概念，因此，它們有相同的外延，可適
用於一組完全相同的事物。

三、概念是什麼？

　　概念是什麼？這是一個存有論的問題。在文獻上主要有三種立

場：㈠將概念當作一種能力，稱為概念的「能力說」；㈡將概念當作一種抽象存在的元項，文獻上沒有特別給予名稱，本書姑且稱之為「抽象說」；㈢將概念當作心理元項，文獻上稱為概念的「心理表徵論」。

心理表徵論

第三個存有論立場主張概念是一種心理元項，將概念視為類比於語詞的心理表徵。這種主張是認知科學的主流想法。例如，在佛德的思維語言假設（或者他的心理表徵論）裡，有內容的心理狀態是以命題式心理表徵為對象的。命題式表徵的組成素就是概念，概念因而也是表徵。例如，〔老虎〕概念表徵了老虎類、〔有條紋〕概念表徵了任何有條紋的事物、〔有條紋的老虎〕這心理表徵是由〔有條紋〕以及〔老虎〕兩個概念組合出來的。請回顧上一章關於表徵理論的介紹，這裡不再贅述。

能力說

這個理論將概念視為人擁有的能力，習得一個概念就等於習得該能力。這裡所說的能力是指區辨能力以及再認能力。設老王擁有〔蘋果〕概念。依據能力說，當蘋果與其他各種水果混雜在一起時，老王能辨別出哪個是蘋果，哪個不是蘋果，這稱為「區辨能力」。不但如此，設老王曾經看過蘋果。如果此時現場僅僅只有蘋果，並沒有其他水果，老王也能認出那是個蘋果，這稱為「再認能力」。

能力說顯然不能說明關於不可觀察物的概念（亦即前面說的科學理論概念），因為我們當然不可能對於不可觀察物進行區辨與再

認。能力說也不能說明無關感官知覺的、非經驗的概念，例如邏輯和數學概念。我們既然無法知覺到空集合、自然數等抽象事物，我們不可能對它們進行區辨與再認。

能力說也無法說明社會概念，因為我們無法靠感官知覺經驗到舅舅或者公司的總經理。這想必是非常令人驚訝。怎麼可能你不認得你的舅舅或者公司的總經理？這其中的道理在於：雖然他們都是人，有其外貌和體型，因而可以讓我們透過感官知覺系統而看到、聽到、觸摸到，但是他們的社會身分，他們與你的社會關係，是抽象的，不是純粹靠感官知覺可以觀察到的。

能力說的第三項困難在於：似乎有可能我們對於某些事物能夠區辨與再認，但是卻沒有相對應的概念。例如在深山中發現一些人類從未見過的東西，我們有能力辨別它們，也有能力再認它們。但是我們連那種東西究竟是植物類還是動物類都無法判斷。我們沒有關於它們的概念。

可能有人認為此處尚有緩衝的地方，我們或許可以修改能力說，將區辨能力與再認能力視為概念的必要條件——雖然不再是充分條件。例如，如果老王缺乏區辨並再認芭蕉的能力，則老王並未擁有〔芭蕉〕概念。話雖如此，這樣的辯駁將會使得一般人失去太多概念，畢竟一般人擁有很多概念，但卻缺乏相應的區辨能力與再認能力。一般人大都擁有〔芭蕉〕概念和〔香蕉〕概念，但說實在的，一般人大都分不出芭蕉和香蕉。一般人大都擁有〔騾〕概念和〔驢〕概念，但說實在的，一般人大都分不出騾和驢。若是如此，區辨與再認芭蕉的能力不會是擁有〔芭蕉〕概念的必要條件。

能力論的第四項困難在於無法說明「概念複合」以及「語意組

構性」。我們擁有很多複合概念。雖然我們也擁有很複雜的能力，但是就區辨能力以及再認能力來看，能力說無法說明兩種不同的區辨能力是如何複合的？兩種不同的再認能力又是如何複合的？例如，〔會飛的鸚鵡〕這個概念是由〔會飛的〕和〔鸚鵡〕這兩個概念複合出來的。即使我們具有區辨與再認「會飛的」這性質的能力以及區辨與再認「鸚鵡」這種鳥類的能力，這些能力如何複合呢？

至於語意組構性更是能力說不可能回答的，因為能力本身並不具有任何語意的性質。

能力說還有一個困難。一般來說，很多心理機制是在操作概念的。例如，推論機制的運作是以有命題內容的心理狀態作為前提和結論，這些心理狀態的內容則使用到概念。從〔老王買了朵紅玫瑰〕這個信念推論出〔老王想將那朵紅玫瑰送人〕這個信念，這個推論的運作使用到了〔紅〕概念、〔玫瑰〕概念和其他概念。如果概念是一種能力，如何能作為推論機制的操作對象？

基於以上幾項重大的困難，哲學界和認知科學界比較少接受這種將概念僅僅視為能力的學說。

抽象說

這理論將概念視為一種抽象存在的元項，這主張最早大概來自於佛列格❷。他將概念視為一元函數，是相應的一位述詞的指涉。例如「紅」這個述詞的指涉是〈紅〉這概念，但這概念並不是心理的，更不是物理的，它是以類似柏拉圖所謂「理型」的那種方式存在的事物。（所以依據本書的約定，這裡用角號「〈　〉」，不是中括

---

❷　參 Frege (1892b)。

號「〔　〕」。)

　　佛列格有一句表面看來很令人困惑的名言:「〈馬〉概念不是概念」❸。要理解這句話得從他關於「概念」與「事物」的區別談起。「概念」,如上所說,是一元函數,亦即,這個函數的寫法必定只有一個引元位置。佛列格指出,函數是未飽滿的,在它的引元位置填入適當的事物之後,它就可以代表某個事物。舉例來說,算數裡的「平方」(x^2),就是一個一元函數,其中 "x" 表示引元(在數學裡則稱為「引數」)。將某個數填入 "x" 的位置,例如 3,就得到 3^2。佛列格進一步指出,我們除了可以談論一般所說的事物之外(像是蘋果、李白、太陽),也可以談論函數。此時,函數本身就變成一種抽象化的「事物」。當概念被談論時,概念就變成了抽象存在的事物了。〈馬〉概念本身是一個一元函數。例如在「赤兔是一匹馬」這個語句裡,「赤兔」這個名字指涉到某匹實際存在的馬(就是《三國演義》裡關羽騎的那匹馬)。「＿＿是馬」這個一位述詞就表達了一個概念(一元函數)。我們當然也可以不談馬,而談「＿＿是馬」所表達的概念;此時,那個概念就變成一個被抽象化了的「事物」,不再是一個函數。佛列格那個令人困惑的語句就是在談論那個概念,將那個概念當作一個事物來談論。換句話說,在那語句裡,「〈馬〉概念」這個名詞片語指涉了那個函數,並且將那個函數抽象化,當作一個事物來看待,因此它不是「未飽滿的」,既然如此,它就不再是一個概念。

　　另外還有一種有別於佛列格的、將概念視為抽象物的主張,建立在莫爾關於「命題」的存有論之上❹。在語言哲學裡,有一個很

---

❸　英文是: The concept *horse* is not a concept.

❹　參 Moore (1953)。

重要的問題是:「意義」是什麼? 這也是一個存有論的問題。設老王分別用中文和英文寫了這句話:「水是液體」、"Water is liquid"。這兩個語句的書寫和讀音都不同,但我們都承認它們表達相同的意義。然而,被它們表達的那個「意義」是什麼呢? 在語言哲學界有一種主張,將「意義」當作一種元項,至於哪一種類型的元項,則分別有兩種立場: 將「意義」視為一種心理元項以及將「意義」視為一種抽象元項。莫爾就主張「意義」是一種抽象存在的事物,他稱之為「命題」。此外,命題是由概念構成的。例如,〈水是液體〉這命題是由〈水〉概念以及〈液體〉概念構成的;〈籃球是圓的也是紅的〉這命題是由〈籃球〉、〈圓〉、〈紅〉三個概念構成的❺。既然命題是抽象的,它的組成素自然也是抽象的。因此,依據莫爾這套存有論,概念也是抽象的事物。

從這裡的介紹不難發現,概念與語言有密切的關聯。一般來說,我們承認: (1)語言表達思想 (心理元項) 或者命題 (抽象元項),(2)概念是構成思想或者命題的組成素❻。從存有論的面向來看,如何理解語言表達的事物自然會影響到如何理解概念。

將概念視為抽象存在的事物會面臨哪些理論困難呢? 首先,如果概念是抽象存在的事物,我們如何擁有概念? 尤其,概念既然是抽象存在的,知覺概念就不會是透過感官知覺的運作而產生的。那

---

❺ 至於「也是」和「或者」等是邏輯裡所謂的「運算子」,不必當成概念,可當成操作的程序。

❻ 這裡還有一些複雜細膩的地方: 佛列格將語言表達的思想當作抽象存在的事物,不是當作心理事物。至於將思想當作心理事物 (亦即心理表徵) 的當代哲學家卻又常主張思維的對象是抽象存在的命題。

麼，我們是如何擁有這些知覺概念的？莫爾曾經主張，在我們理解一個語句時，我們能夠掌握到它表達的命題，而且我們知道那語句表達那命題。類比來說，當我們理解一個語詞時，例如「紅」，我們能夠「掌握」到它表達的概念，並且我們知道那個語詞表達了那個概念。然而，這並沒有真正回答問題。第一件引起質疑的當然就是「掌握」是什麼樣的認知？我們的心智系統究竟是如何認知到抽象事物的？另外，介於語詞和概念之間的「表達」關係要如何理解？一串符號或者聲音如何做到「表達」抽象事物的？這些都是很艱難的形上學問題，很難有令人滿意的回答。

其次，這種抽象存在的事物是沒有因果力的。但是，我們通常都願意承認，我們擁有的概念會影響我們的行為。例如，某些人之擁有〔蘋果〕概念和〔水梨〕概念使得他們有能力辨別蘋果和水梨，並對這兩類水果做出適當的分類。再例如，老王之擁有〔叔叔〕概念使得他能夠以叔姪之禮對待眼前的老先生。又例如，老陳之擁有〔質數〕概念使得他能夠思考並計算 139 是否為質數的問題。如果將概念視為抽象的、沒有因果力的存在物，擁有概念如何能夠使得我們進行某些相關的活動呢？

四、概念結構

如何理解概念的結構會影響到我們關於幾個問題的主張：㈠概念是如何習得的？㈡分類機制是如何運作的？這是要說明人類的分類行為。分類是一種認知機制，進行分類就是將概念用到被分類的事物。人類是如何做出這種行為的呢？關於分類的認知機制還有一

個相關的重要問題：有些事物要如何分類似乎是很難決定的。例如，番茄是要分到水果類還是食物類，並不容易決定。㈢概念如何談論到外在的事物？這是要說明如何決定概念的指涉的問題。

關於概念結構，哲學界和認知科學界有相當多的理論，本節簡單介紹定義論、原子論、原型論、理論說。這幾種理論都抱持概念是心理表徵的立場，並不將概念視為抽象物，也不將概念視為一種能力。

定義論

對於概念具有的結構，最常見的，也是一般人都不自覺接受的，是所謂的「定義論」。定義論主張：每個概念都有定義，亦即都是一組充分且必要條件的編碼。例如〔單身漢〕這概念的定義是：未婚的成年男子；或者說這個概念是〈未婚〉、〈成年〉、〈男性〉三個特徵的編碼。又例如，〔牸〕的定義是：母牛，亦即雌性的牛（另外一個定義是：被閹割的公牛）。按照這個定義，〔牸〕這個概念是〈雌性〉以及〈牛〉兩個特徵的編碼。

定義論如何說明「概念習得」呢？這問題不難回答。依據定義論，習得一個概念就是習得構成該概念的充分且必要條件。如果構成複雜概念的最基本要件是有關感官知覺的概念，則要習得這種複雜概念，就得經由感官知覺的運作，先產生相應的感官知覺的概念，藉由概念複合的機制，就可以習得這些複雜概念。

定義論對於分類行為的說明也相當清楚。任何一件事物之屬於某個類別，若且唯若，該事物滿足該類別的充分且必要條件。因此，將一件事物分到某個類別，就是要查核該事物是否具有該類別所需

的充分且必要條件。當我們擁有〔水果〕概念時，依據定義論，這概念是某組充分且必要條件的特徵的編碼。當我們看到桌上那顆蘋果時，我們將它分到水果類，亦即我們對它使用〔水果〕概念，是由於我們查核到它具有被這概念編碼的那組特徵。

定義論似乎是很直覺的，大多數人都喜歡追問定義，尤其當爭辯的時候，要求先將使用的概念定義清楚，似乎是大多數人都會做的❼。然而定義論有一些無法克服的困難，使得哲學界和認知科學界都已不再採用定義論來理解概念結構。

首先，定義論面臨無限後推的結果。如果每個概念都有定義，被使用到的概念本身必定會有定義，它們的定義所用到的概念又必定有定義⋯⋯。依此類推，定義論不得不造成無限後推的現象。然而如此一來，定義論不可能完整地說明任何概念。

其次，定義論無法說明我們是如何學到概念的。如果學習一個概念就是學到其定義，要學到其定義就要先學到在定義中使用到的概念，但是要學到在定義中使用到的概念，必須先學到這些概念的定義，但是我們又必須先學到這些定義本身使用的概念⋯⋯。依此類推，我們不可能真正學習到任何概念。這顯然是非常荒謬的，畢竟我們確實已經學到許多的概念。雖然前面提到，定義論可以訴諸感官知覺方面的概念作為複雜概念的組成素，不過這主張仍有一些缺陷，例如(1)有些概念與感官知覺並沒有直接的關聯，甚至很難說它們的充分且必要條件是涉及感官知覺概念的；(2)這些感官知覺概

---

❼　雖然有時候在討論當中我們必須對於所使用的概念做一些清楚的交代，不斷逼迫對手給定義所造成的結果往往只是流於字面之辯、口舌之爭，無助於討論。

念是如何習得的呢？依據定義論，它們勢必得來自於其他的概念，但定義論立刻面臨無限後推的理論困難。

換個方式來說，定義論恐怕最終得承認有些概念是沒有組成素的，這些概念必定是沒有定義的。若是如此，定義論是錯誤的。不但如此，定義論對於我們是如何習得這些概念的，將無法回答。

第三，我們之學到許多概念往往不是經由學到它們的定義而來的。試反省你擁有的許多概念，有多少是你經由學會其定義而學來的呢？

第四，除了某些概念是本身就以定義的方式引進之外，恐怕絕大多數概念是沒有辦法提供其充分且必要條件來加以定義的。〔蘋果〕概念的定義是什麼？〔野草〕概念的定義又是什麼？這個質疑恐怕可以追溯到柏拉圖。例如在《共和國》一書中，柏拉圖試圖找出〔正義〕概念的定義，但歷經層層轉折，始終沒有一個令人滿意的說法。或許這是由於〔正義〕概念太過複雜的緣故。但柏拉圖的討論似乎顯示，要為任何一個概念找出一個令人滿意的定義，並不是一件容易的事。在二十世紀，維根斯坦曾經舉〔遊戲〕概念作例子，他認為許多我們平常承認的遊戲彼此之間並沒有共通點，足以構成〔遊戲〕概念的充分且必要條件。各個遊戲之間僅有他所謂的家族相似性❽。

此外，在邏輯和數學使用的概念，基於理論嚴謹的要求，確實有為數不少的定義。例如〔空集合〕、〔圓〕、〔有效推論〕、〔邏輯蘊涵〕……概念，都有明確的定義。然而即使如此，這兩領域仍然不得不允許未定義的概念。例如，在集合論中〔屬於〕概念是不定義

---

❽　參 Wittgenstein (1953)。

的，它並沒有一組充分且必要條件。定義論無法說明這些沒有定義的概念。

　　第五，很多定義本身是可改變的。前幾年有關如何定義〔行星〕的爭論，改變了我們有關行星的概念，就是非常好的例子。在 2006 年天文學界起了一件很大的風波。一方面天文學家在爭議究竟冥王星是否應歸類為行星，另一方面天文學家在 2003 年發現了一顆星球，命名為 "2003 UB313"（現已正式命名為「戰神星」，取自古希臘神話中的女神之名）。在 2006 年的 8 月 17 日，國際天文學聯會的 12 名成員在捷克的布拉格開了一次會議，重新提出〔行星〕的定義：圓形、繞太陽周轉，而且不繞行其他星球的星體。然而根據這項定義，行星一共有 12 顆，不是原先大家一直認定的 9 顆。這項定義遭到美國天文學協會的行星科學組反對。經過一連串的討論與爭辯，最後在同年 8 月 24 日正式決議了新的定義，依據這新定義，太陽系的行星總共有 8 顆，冥王星和戰神星都因不符合定義而被剔除。

　　第六，定義論對於分類機制的說明是有問題的。根據認知科學的研究，人類的分類行為有一件特徵，稱為典型效應。以蘋果和榴槤來說，一般人將蘋果歸於水果類，比起將榴槤歸於水果類，更為快捷，因為蘋果之屬於水果類其典型程度大於榴槤之屬於水果類的典型程度。定義論如何說明為什麼我們的分類行為會有這種典型效應呢？

　　第七，定義論面臨共外延概念之難題：兩個概念有相同的外延，但依然是不同的概念。蒯因曾經舉了一個例子，〔有心臟的〕和〔有腎臟的〕有相同的外延（亦即適用於相同一組個體），但兩者是不同的概念。又例如，〔三角形〕和〔三邊形〕是兩個不同的概念，但適

用於同樣一組事物。如果概念是由充分且必要條件定義的，為什麼兩個不同的定義卻仍然適用於相同一組事物呢？

最後，帕南指出，在我們擁有關於某事物的概念的同時，我們仍有可能對於該事物的特徵所知有限，甚至認知錯誤。其實大多數人都擁有很多概念，但對於那些概念談到的事物的定義一無所知。例如，我們很多人都有〔狗〕概念，但有多少人知道構成狗的充分且必要條件的特徵呢？其他像是〔金子〕、〔松樹〕、〔薰衣草〕、〔蜂蜜〕、〔行星〕、〔紅〕、……，也是一樣。

我們也會擁有一些概念，但是對於該概念談到的事物有錯誤的認知。例如，從前的人認為鯨是魚類，他們擁有〔鯨〕概念，但對於鯨的瞭解是錯誤的。這表示他們對於〔鯨〕概念的學習並不是透過學習〔鯨〕概念的充分且必要條件的。

原子論

概念原子論的首要人物是哲學界與認知科學界的大師佛德。他認為我們的信念（以及其他的命題態度）都是以命題式心理表徵作為對象的。命題式的心理表徵則是由類似於字詞的表徵（亦即概念）構成的。此外，有些概念是複雜的，由比較簡單的概念複合出來的；最簡單的概念就是沒有結構的概念，稱為「原子概念」。依據概念原子論，概念除了是一種相當於字詞的心理表徵之外，還具有以下一些重要的特徵：

(1)概念不是區辨能力，也不是再認能力。概念是有語意性質的元項，是一種個物。所謂「元項」是事物、東西的意思，有別於能力、動作、現象、事件、歷程、事態、狀態等。所謂「個物」是存

在於某一時空區段的東西，例如這張桌子，那顆蘋果，有別於共性。這些都是形上學的概念。

⑵概念內容（或意義）是依據語意外在論來決定的。例如〔蘋果〕概念的內容是指蘋果類（所有蘋果的集合），〔蘋果〕概念與蘋果類之間具有定律式的因果關係。因此，概念不是用定義來理解的。

⑶概念具有語意可攜性，也就是說，概念在不同的脈絡下仍然具有相同的內容。例如老王相信蘋果很便宜，老王想要買蘋果，出現在他這兩個心理狀態裡的〔蘋果〕概念是相同的。即使老張認為蘋果很貴，不想買蘋果，他們兩人的〔蘋果〕概念仍然是相同的。

⑷概念原子論充分解釋了複雜概念以及命題表徵為什麼具有語意組構性。複雜概念的意義是由其組成概念的意義以及組合方式決定的，命題表徵的意義是由其組成概念的意義及其語法結構共同決定的。

⑸佛德認為所有概念都是先天的，是人生來就擁有的。個體與環境的交互作用，亦即個體知覺的運作，只是引發人本有的概念而已。這是非常極端的概念先天論的主張。不過，原子論未必要接受這麼極端的主張。

原子論面臨的最大困難莫過於未能清楚交代哪些概念是原子的、哪些概念是複合的。我們唯一的標準是：原子概念是沒有結構的概念。〔三邊形〕顯然是複雜概念，因為這概念至少使用到〔有邊的〕以及〔有形狀的〕這兩個概念。〔單身漢〕這個概念顯然也是複雜的，因為至少使用到〔單身〕以及〔成年男性〕兩個概念。〔紅〕似乎是原子概念。〔蘋果〕概念呢？它是原子概念還是複雜概念？〔水果〕是原子概念還是複雜概念呢？我們不該依據概念的語言標籤來

決定概念是原子的還是複雜的，例如英文的 "chiliagon" 表面來看，是一個單字，但它表達〔千邊形〕這個複雜概念。那麼，原子論有什麼方法可以幫助我們決定一個概念是原子的（沒有結構的），還是複雜的？

其次，原子論同樣難以說明人類分類機制以及分類行為的典型效應。設 C_1 和 C_2 是複雜概念，但 C_1 相對於 C_2 來說比較簡單。是否我們對於 C_1 事物的分類比起對於 C_2 事物的分類比較快捷？設 C_3 和 C_4 是原子概念，是否我們對於 C_3 事物的分類表現和我們對於 C_4 事物的分類表現是相同的？對於這兩個問題的答案似乎都是：「未必！」若是如此，原子論對於人類的分類行為能否提供比較好的理論解釋呢？

範例論

範例論主張概念是對於最典型範例的表徵，並且可以表徵多個典型的範例，這些範例之間有很高的「家族相似性」。什麼是「範例」呢？底下舉〔鳥〕概念為例 ❾。對美國人來說，〔鳥〕概念的範例包括知更鳥或者松鴉或者麻雀或者家裡養的寵物金絲雀。首先，〔鳥〕概念的表徵是一組選言。其次，前面列的三個是鳥類的子集合，是三個類別的鳥，但最後一個則是某隻特定的金絲雀。第三，對於前面三個類別的鳥分別再對其某些特徵進行表徵，例如對於知更鳥的表徵包括：有羽毛的、有翅膀的，對於家裡養的那隻金絲雀的表徵包括：有翅膀的、有羽毛的、會唱歌的、黃色的、關在籠子裡的。

與原型論對照來看，範例論對於概念的主張比較沒有那麼抽象

---

❾　參 Smith & Medin (1981)。

化。按照原型論，〔鳥〕概念是原型特徵的集合，原型特徵是統計上顯著的特徵，未必有哪一種鳥類甚至哪一隻鳥具備鳥的所有的原型特徵。但是依據範例論，概念是對於範例的表徵，範例是真實存在的事物（例如知更鳥和麻雀是〔鳥〕概念的範例），甚至可以是某個個別的事物（例如家養的那隻金絲雀是〔鳥〕概念的範例）。

　　範例論如何說明分類行為呢？文獻上目前提出的有「最佳範例釋模」以及「脈絡釋模」兩種說法。

　　設某人針對某物要進行分類（亦即對它使用某個類疇概念）。最佳範例釋模大致上主張：⑴該概念的所有範例都被擷取出來，以便於跟這事物比對。⑵該事物被分類到該概念之下，若且唯若，它至少跟某個範例有足夠的相似性。例如，在老王的〔鳥〕概念裡，典型的鳥包括鴿子、麻雀、鸚鵡、燕子。設老王在公園看到一隻動物。老王進行比對，發現牠跟鴿子很像，老王因而將牠歸到鳥類，亦即使用〔鳥〕概念來描述牠。

　　脈絡釋模則主張：⑴個體將某事物歸為某個類（對它使用某個概念 C），若且唯若，相對於其他的概念 C^* 來說，該事物就已經先行擷取出了足夠量的 C 的範例。⑵該事物會擷取出任何範例的機率值是由它和那範例之間的相似程度來決定的。例如，老王在公園看到一隻動物。相對於老王的其他概念，例如〔狗〕概念，這隻動物立刻先行擷取了老王的「鴿子」、「鸚鵡」、「麻雀」這三個〔鳥〕概念的範例；並且，老王的分類機制進行運作，估算該動物與各個範例的相似程度（這機制的運作不是有意識的）。最後，老王將那動物歸到鳥類，並可對牠使用〔鳥〕概念來描述。

　　範例論的困難是很明顯的。首先，範例論無法說明語意組構性。

其次，範例論對於哪些性質會跟哪個範例是有關聯的，並沒有提出限制。範例論對於同一個概念下，不同範例之間的關聯也沒有提出任何限制。例如，〔寵物〕概念的範例包括哪些？狗、貓、金魚、蜥蜴、迷你豬？一方面，狗的性質很多，有哪些是與寵物有關的呢？另一方面，這些範例之間的差異非常大，牠們之間是否有些共通的性質使得牠們都是寵物的範例呢？第三，設〔鳥〕概念的範例包括鴿子、麻雀、鸚鵡、燕子。那麼，〔鴿子〕概念的範例又包括哪些呢？設〔家具〕概念的範例包括餐桌、沙發、椅子、立燈、書櫃。那麼，〔餐桌〕概念的範例又包括哪些呢？這種問題如果繼續追問下去，我們是否會面臨最基本的概念、沒有範例的概念？

原型論

　　原型論同樣主張概念是一種心理表徵。與原子論不同的是，原型論主張：每個類疇（類別）都有原型特徵。所謂「原型特徵」是指一組該類疇的個體所具備的在統計上是顯著的特徵。例如，鳥類的原型特徵包括：〈會飛的〉、〈有羽毛的〉、〈有翅膀的〉、〈會築巢〉、〈會孵蛋〉、〈體型小〉等性質。每個類疇概念就是由表達這些原型特徵的次概念構成的。所以〔鳥〕概念包括以下次概念：〔會飛的〕、〔有羽毛的〕、〔有翅膀的〕、〔會築巢〕、〔會孵蛋〕、〔體型小〕。這些次概念談到的原型特徵從統計上來說，是大多數鳥都有的性質，但並不是每一隻鳥都擁有所有上述列出的特徵。企鵝和雞是鳥，但不會飛；有些鳥會將自己的蛋生在別種鳥類的鳥巢內，讓別種鳥幫牠孵蛋，牠自己並不去孵蛋。

　　顯然，原型特徵既不是鳥的充分條件，也不是鳥的必要條件。

這使得原型論與定義論不同。原型論也跟原子論不同，因為概念的意義並不是由概念與外在事物之間的定律式關聯來決定的。

　　從另一個面向來說，所謂「原型」是相對於類疇層級的。每個上層類疇有許多不同的下層類疇，例如在鳥類之下有麻雀類、老鷹類、鸚鵡類、雞類……。在眾多下層類疇當中，哪個才是鳥類的原型呢？就〔鳥〕概念來說，哪個下層概念才是它的原型概念呢？這涉及到典型評等。具有最高典型評等的才是〔鳥〕概念的原型概念。例如，雞雖然屬於鳥類，但雞類不會是鳥類的原型，因為相較於麻雀來說，雞具有的鳥類的原型特徵少於麻雀，雞的典型評等低於麻雀。因此〔雞〕概念不是〔鳥〕概念的原型概念。如果麻雀在各種鳥類中的典型評等是最高的，則麻雀可以視為「原型鳥」，〔麻雀〕可以視為〔鳥〕的原型概念。相對地，就「家禽」這類別來說，雞屬於家禽類，鴨和鵝也是屬於家禽類，麻雀則不是。如果相對於各種家禽來說，雞類的典型評等最高，則雞是「原型家禽」，〔雞〕概念是〔家禽〕概念的原型概念。

　　原型論與定義論和原子論這兩套學說相比，有個優勢：原型論充分說明了典型效應對人類分類行為的影響。在原型論裡，分類機制就是一種測度相似性並進行比較的過程。前面提到，一般人將蘋果歸於水果類，比起將榴槤歸於水果類，更為快捷，這是由於蘋果之屬於水果類其典型程度大於榴槤之屬於水果類的典型程度。我們掌握到的〔水果〕、〔蘋果〕、〔榴槤〕概念等，反映了這個現象。〔蘋果〕的原型特徵次概念，與〔水果〕的原型特徵次概念重疊的成分，大於〔榴槤〕的原型特徵次概念與〔水果〕的原型特徵次概念重疊的成分。為了容易理解，讓我們將「典型評等」簡化如下：設〔水

果〕的原型特徵次概念有：f_1、f_2、f_3、f_4、f_5、f_6、f_7、f_8，〔蘋果〕的原型特徵次概念有 f_1、f_2、f_3、f_4、f_5、f_{10}，〔榴槤〕的原型特徵次概念有 f_3、f_4、f_{10}、f_{11}。〔蘋果〕與〔水果〕一共有五個原型特徵次概念是相同的，但〔榴槤〕與〔水果〕一共只有兩個原型特徵次概念是相同的。這是為什麼我們將蘋果分類為水果會比將榴槤分類為水果更為快捷正確的緣故。

原型論的困難，正如佛德批評的，在於既無法說明思想具有的語意組構性，也無法承認概念表徵具有語意可攜性，更難說明複合概念是如何由簡單概念組合出來的。原型論之所以無法說明概念的語意組構性與概念複合機制，是由於原型特徵既無法組構亦未必能複合的緣故。例如，蜂鳥的原型特徵顯然不是由蜂的原型特徵與鳥的原型特徵複合而來的。當然，〔蜂鳥〕概念未必是由〔蜂〕概念與〔鳥〕概念複合出的，它只是碰巧使用了中文的「蜂」和「鳥」兩字來表示而已，英文就不是這麼寫的。（另外一個例子是中文的「熱狗」或者英文的 "hot dog"，兩者表達的是〔熱狗〕概念，但這概念不是由〔熱〕以及〔狗〕兩個概念複合出來的。）若是如此，這種例子不足以點出原型論的困難。不過，例子比比皆是。〔男護士〕有其原型特徵，但這原型特徵並不是由〔男〕的原型特徵以及〔護士〕的原型特徵組構出來的。

原型論的另一個困難稱為模態難題：有可能有個個體屬於某個類疇，但卻沒有這個類疇的原型特徵❿。例如白子老虎並沒有一般老虎黃黑相間的條紋，甚至，不具備老虎的任何原型特徵的老虎是

❿　這主張源自帕南和克理普奇的科學本質論以及他們關於自然類詞的語意理論。

可能的，這種老虎依然屬於老虎類。原型論之所以會面臨這個難題，是由於原型特徵通常並不是構成一個類別的本質性質。這個難題也影響到原型論對於分類機制的說明。人類的分類行為有很大的成分受到原型特徵的影響，但對於不具有那些典型特徵的事物，人類是如何進行分類的呢？例如，原型論如何說明我們是如何將白子老虎歸到老虎類的？

這難題又引起了原型論另外一個理論困難。按照原型論的主張，任何事物只要具備某個類疇的原型特徵，它就屬於那個類疇。但是既然原型特徵通常並不是一個類疇的本質性質，有可能有某個事物擁有某個類疇的原型特徵，卻不屬於那個類疇。可能有某個動物是肉食的、有黃黑相間的條紋以及其他老虎的原型特徵，但卻不是老虎。但按照原型論我們會將那動物分到老虎類。

當然，有一些概念恐怕並沒有原型特徵，或者是由於我們對於那類疇所知甚少，或者是由於我們本來就不知道該如何舉出它的原型特徵。例如，恐怕很少人對於遠志（一種中藥）有什麼瞭解，遠志會有什麼原型特徵呢？

一個類疇的原型概念會因不同地區而不同。以鳥概念為例，對於鄉下人來說，比起鴿子來，麻雀恐怕更可能是鳥的原型概念；對都市人來說，恐怕剛好相反；對於高原地區的人來說，恐怕他們常見的老鷹才是鳥的原型概念。我們是否因此要主張，這些人的〔鳥〕概念不一樣，因為他們對於鳥具有的原型特徵判斷不同？

原型論對於分類機制的說明看來並不是很令人滿意。關鍵的地方在於「分類」是相當複雜的工作，僅僅採用統計上顯著的特徵（相似程度）作為分類的依據，是會有很多疏漏的。科學界並不是以這

種方式進行分類，一般人的「分類」的認知機制似乎也不是僅僅考慮相似程度而已。心理本質論就認為人類的分類行為並不僅僅在作相似性的比較而已；人的分類行為雖然會依據可觀察到的相似性，但更重要的是人有一種內在傾向，會去注意事物的內在結構[11]。就對於分類機制的說明來看，如果心理本質論是可信的，我們需要一個比原型論更能與心理本質論融貫的概念理論。理論說正好是這樣一套學說。

理論說

　　理論說主張每個概念都是所謂的「理論建構物」[12]，亦即概念是由其在理論中的角色來決定的。至於概念具有的理論角色，則由其能夠參與的各種理論推論來決定。這是由於理論是一套信念（或者命題）構成的集合，而且這些信念之間具有推論關係。尤其，理論說將「概念」與科學的理論詞作類比。科學的理論詞談論到的理論元項，是由相關的科學定律來決定的；兩個科學理論詞之所以不同，是由於用以決定其談論到的元項的是兩組不同的科學定律。同樣地，一個概念談論到什麼，也是由與該概念相關的一套信念系統來決定的。請回顧第五章第二節路易斯關於理論等同的主張。

　　理論說對於「概念」是如何習得的說法明顯與上述幾派理論不同。「概念」既不是原型特徵的集合，也不是充分且必要條件的定義，而是人類心理機制運作的結果。什麼心理機制呢？理論說主張概念

---

[11]　參 Medin & Ortony (1989)。

[12]　參 Murphy & Medin (1985)、Carey (1991)、Gopnik (1996) 關於理論說的主張。

的習得機制（或者概念的定立機制）就是形成理論假設並加以測試的機制，亦即假設的核驗機制。對於假設的測試或者假設核驗的運作方式，理論說引用了科學哲學界有關科學方法論的研究來說明❸。簡單說，核驗一個假設就是找出恰當的證據以支持該假設的成立，它是一種機率的關係。

此外，理論說將人的概念發展類比於科學的發展。這一派學說主要是接受孔恩對於科學史提出的典範變遷的學說，主張科學理論的變遷僅僅是典範的轉移，並不意味著科學的進步（亦即更能掌握住有關物理世界的真理）。不同典範之間具有語意之不可共度性。每個理論詞的意義是由其理論角色定義的（由一組使用該理論詞的定律定義的）。設 $\Im_1$ 和 $\Im_2$ 是兩個不同的理論，但用到某個相同的理論語詞 t。既然它們是不同的理論，它們的定律是不同的，因此，t 在 $\Im_1$ 中的意義和它在 $\Im_2$ 中的意義是不同的。這兩個理論只是用到了相同的語詞來表達不同的概念。同樣地，認知發展也是階段性的。每個階段的概念表徵的基本型態有根本的差異，認知發展就是這種不斷進行階段轉移的過程，從概念表徵的某種型態轉換到另一種概念表徵的型態。不過，這種主張受到嚴厲的批判，因為人的概念發展似乎不是這種階段式的轉移。關於這個問題，在第十章第五節會有進一步的解說，這裡暫且按下。

理論說最大的問題在於無法說明概念如何能夠維持不變。由於理論是會改變的，改變前的理論和改變後的理論將會是不同的理論。因此，如果概念是由其理論角色來決定的，理論改變前後的概念是不同的。在不同發展階段的概念同樣具有語意之不可共度性。這是

---

❸ 請參彭孟堯 (2009) 第十一章第四節和第五節關於「科學核驗」的解說。

頗令人訝異的主張。我們成年人現在有很多概念是小時候就學來的，這些概念從小到大一直都是一樣的。我們現在的科學對於蘋果有相當多的說明。但是如果有一天我們的科學對於蘋果的說明改變了，是否我們的〔蘋果〕概念跟著改變了？設老王在關於蘋果的科學理論改變之前，認為蘋果是好吃的水果，在科學理論改變之後，他依然認為蘋果是好吃的水果。在老王這兩次想法裡出現的〔蘋果〕概念是不同的嗎？若要說老王前後的〔蘋果〕概念是不同的，似乎很難讓人信服。

　　另一方面，理論說很難處理新概念帶來的問題。既然每個概念就是一套理論，當個體學到新概念時，即改變了個體原有的理論，這勢必改變了他原有概念的意義。但我們通常認為新概念的習得不會影響舊概念的意義。當老王學到〔紅龍果〕概念時，他原有的〔蘋果〕概念就跟著改變了嗎？當老王學到〔隨身碟〕概念時，他原有的〔電腦〕概念也跟著改變了嗎？這相當令人難以置信。

　　不但如此，通常我們承認不同的理論是可以就其解釋力和預測力來進行比較的。但是要能進行比較，就必須先能確定它們使用相同的概念。可是既然概念是由其理論角色決定的，不同的理論不會有相同的概念（即使我們使用相同的語詞），因此不可能對於兩個理論進行比較。這明顯與一般人的想法不同。

　　這個問題可以延伸到認知主體的信念系統。一般來說，兩個不同的個體所具有的信念系統是不一樣的。設老王和老張都使用相同的語詞，例如「蘋果」，來表達他們的〔蘋果〕概念。由於通常來說，他們的信念系統是不同的，依據理論說，老王使用「蘋果」表達的〔蘋果〕概念，將會跟老張使用「蘋果」表達的〔蘋果〕概念

不同。簡單說，只要任何兩個個體的信念系統是不同的，他們的任何概念都是不同的。若是如此，當老王和老張使用相同的中文「蘋果」一詞時，他們並不是在談相同的事物。這顯然與大多數人的看法相違背。

不但如此，認知主體自己的信念系統是會改變的：認知主體有增加新信念的時候，也有放棄舊信念的時候。認知主體信念的增減，會改變他的整個信念系統，他的概念具有的理論角色也隨之改變，因此他的概念也隨之改變。但這太令人難以置信。當老王持續學到與蘋果有關的事情時，他的〔蘋果〕概念就持續改變。他每次學到一些與蘋果有關的新想法時，在他前後兩次想法裡出現的〔蘋果〕概念都是不同的。然而我們一般會主張，不論老王對於蘋果的知識是否愈來愈豐富，他的那些想法都是關於蘋果的想法。即使是理論概念，像是〔電子〕或者〔磁場〕，也是一樣，這些概念並不是隨著理論的改變而改變。儘管我們對於事物的理解在改變，但是這些理解都是針對相同事物在進行的，在這些理解裡使用的概念仍然是相同的。事實上，若是採取理論說，我們將無法主張我們對於事物的瞭解會愈來愈精準、愈來愈正確，犯的錯誤愈來愈少。

五、概念的複合

如何說明概念複合的心理機制是當代心與認知哲學以及認知科學的一大課題。不論我們對於概念結構採取哪種立場，很明顯地，有些概念是複雜的，由一些比較簡單的概念複合而成。因此，任何概念理論都必須說明複雜概念是如何出現的？亦即，概念的複合機

制是如何運作以產生複雜概念的？在文獻上對於概念複合機制的解釋主要有內含釋模以及推論釋模兩種說法。

內含釋模

所謂概念 C 是由 $X_1, X_2, ..., X_n$ 等概念複合的，意思是說，C 內含 $X_1, X_2, ..., X_n$ 為其成素，亦即任何擁有概念 C 者必定擁有 $X_1, X_2, ..., X_n$ 等概念。

例如，〔叔叔〕概念內含〔父親〕概念以及〔弟弟〕概念。因此，根據內含釋模，任何人只要擁有〔叔叔〕概念必定擁有〔父親〕概念以及〔弟弟〕概念。當然，由於〔弟弟〕概念內含〔男性〕概念，擁有〔叔叔〕概念因而也蘊涵擁有〔男性〕概念。

內含釋模似乎對於我們如何理解概念複合的機制沒有太大的幫助。因為我們想知道的是：〔弟弟〕概念和〔父親〕概念是如何複合出〔叔叔〕概念的。雖然〔叔叔〕概念是由〔父親〕概念與〔弟弟〕概念複合出來的，後兩概念卻可以複合出不同的複雜概念：〔弟弟的父親〕以及〔父親的弟弟〕。複合的次序會影響複合的結果。內含釋模如何處理複合的次序呢？

另一套解釋是所謂的「推論釋模」。

推論釋模

所謂概念 C 是由 $X_1, X_2, ..., X_n$ 等概念複合的，意思是說，擁有 C 就是擁有一種推論傾性，能將 X_1 或 X_2 或 ... 或 X_n 等概念應用在任何 C 能應用到的事物上。

設老王認為老張是某人的叔叔，老王具有〔叔叔〕概念，並用在老

張身上。依據推論釋模，老王具有一種推論傾性能將〔弟弟〕概念應用在有關老張的描述或信念，亦即老王會有推論傾性認為老張是某人的弟弟。老王也具有一種推論傾性能將〔父親〕概念應用在有關老張的描述或信念，亦即老王會有推論傾性認為老張與某人的父親有關聯。

推論釋模同樣面臨複合次序的問題。當老王將〔父親〕概念和〔弟弟〕概念用在老張身上時，亦即老王會有推論傾性認為老張是某人的弟弟，也會有推論傾性認為老張與某人的父親有關聯時，他並不是認為老張是某人的弟弟的父親，而是認為老張是某人的父親的弟弟。但推論釋模如何做出這件區別？

有關概念複合的理論還有另外一個問題是我們先前遇到的：有沒有純粹的簡單概念？亦即不是由其他概念複合出來的、沒有結構的概念呢？我們是否有原則來決定一個概念究竟是純粹簡單的呢？還是複合的呢？前面所說關於事物性質的概念似乎就是簡單概念，例如〔圓〕、〔紅〕、〔平滑〕等。但這也未必如此。凡是圓的事物都是有形狀的事物，也都是有大小（尺寸）的事物。依據內含釋模，如果擁有〔圓〕概念蘊涵擁有〔形狀〕概念，也蘊涵擁有〔大小（尺寸）〕概念，似乎我們得說〔圓〕概念是由〔形狀〕概念和〔大小（尺寸）〕概念複合出來的，因此它不會是一個簡單概念。我們似乎可以質疑：擁有〔圓〕概念蘊涵擁有〔形狀〕概念，也蘊涵擁有〔大小（尺寸）〕概念嗎？是否有可能有人擁有〔圓〕概念，但不擁有〔形狀〕概念？是否可能有人擁有〔圓〕概念，但不擁有〔大小（尺寸）〕概念？

最後必須釐清一點：概念複合和語意組構是不同的。「概念複合」

指的是某種心理機制的運作，其結果就是從比較簡單的概念產生複雜的概念。「語意組構」則是語意學的性質，意指複雜概念的意義是由其組成素的意義及其語法結構共同決定的，乃至於命題的意義是由其組成素的意義及語法結構共同決定的。所謂語意學的性質是指直接使用到「指涉」、「意義」、「真」、「內容」、「外延」、「內涵」等概念來說明的性質，或者間接使用到這些概念的，例如「表徵」、「訊號」、「信息」等。「語意組構」並不從心理機制的運作來理解。這一組對照也適用於我們的信念。一方面，由於我們的信念具有內容（意義），信念具有語意組構的特性；另一方面，由於我們會有複雜的信念，因此複雜信念是如何產生的，需要從心理機制的角度來說明。

本章重點回顧

- 定義論 definitionism
- 原子論 atomism
- 原型論 prototype theory
- 範例論 exemplar view
- 理論說 theory theory
- 分類 categorization
- 未飽滿的 unsaturated
- 莫爾 George Edward Moore (1873–1958)
- 編碼 encoding
- 家族相似性 family resemblance
- 典型效應 typicality effect
- 共外延概念之難題 problem of co-extensive concepts
- 範例 exemplar

- 類疇 category
- 典型評等 typicality rating
- 模態難題 modal problem
- 心理本質論 psychological essentialism
- 孔恩 Thomas Kuhn (1922–1996)
- 典範變遷 paradigm shift
- 語意之不可共度性 semantic incommensurability
- 內含釋模 containment model
- 推論釋模 inferential model

第十章　心智構造

　　在心與認知哲學以及認知科學裡，關於心智構造，至少出現兩大爭議❶：首先，心智構造是古典論式的，還是聯結論式的？本章第一節會介紹這個爭議。這個爭議源自 1988 年佛德和普立辛對於聯結論提出的批駁，其關鍵在於「語意組構性」❷。古典論主張心智系統具有這件特徵，並且為這特徵提供了理論說明。古典論進一步認為聯結論無法說明心智系統的這件特徵，因此聯結論是錯誤的。「聯結論」一詞是哲學界比較慣用的名詞，在人工智能界則多半以「類神經網路」稱呼，在認知科學界，「平行分配處理」是比較熟悉的名詞。這三個名詞講的是同樣一個學派，本書使用「聯結論」這個名詞。

　　另外一個爭議是：心智構造有多大成分是模組的？這爭議涉及模組性這個概念，本章第二節會先解說心智構造，然後在第三節解說「模組」具有的九件特徵。佛德論證指出：㈠輸入分析器的心理機制都是模組的，但是㈡中央系統的機制大多不是模組的。他的第二點主張引發了認知科學界的重要爭議，有些學者提出與佛德相反的看法，主張中央系統有很大成分是模組的，在文獻上稱為大量模

---

❶　另外還有一個重大爭議與先天論有關：認知構造有多少成分是先天的？本書略過。

❷　參 Fodor & Pylyshyn (1988)。

組假設。本章第四節會解說這件爭議❸。在最後一節則補充有關認知發展的議題。

一、古典論與聯結論之爭

佛德是古典論的主要人物。古典論的主張就是計算心理學派，加上佛德的思維語言假設。這兩項主張都已經在第五章介紹過了，就不再重複。

古典論與聯結論有什麼差異呢？古典論的核心主張，認為心理機制是計算機制，計算機制操作的是心理表徵，心理表徵既是計算單位，也是語法單位，更是語意單位。但是對聯結論來說，心理表徵雖然是語意單位，卻未必是計算單位。

依據克拉克的說法，聯結論的發展分為三個時期❹：第一個時期的網路特徵是應用所謂「後傳反饋機制」；第二個時期的網路引進了時序，其特徵是應用了所謂的前饋迴圈的機制；第三個時期更進一步發展了所謂的「動態系統網路」。聯結論的發展相當複雜，無法專門介紹，本節僅介紹聯結論的基本主張❺。

---

❸　參彭孟堯 (2010) 的討論。

❹　參 Clark (2001): Ch.4。

❺　關於聯結論的理論與應用，McClelland, J. L. & Rumelhart, D. E. (Eds.)(1986) 是經典之作。

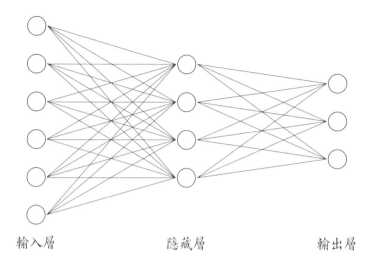

輸入層　　　　　　　隱藏層　　　　　　　輸出層

說明:

　㈠計算系統是一張網路，由許多網點以及它們之間的聯結構成的。

　㈡每個網點的活化都設定有門檻值；每個網點都有輸出值；通常網點的輸出值就是它的活化門檻值。

　㈢網點之間的聯結是有強度的，並且分為正面的聯結，稱為激化，以及負面的聯結，稱為抑制。

　㈣每個網點都會透過聯結而接受來自其他網點的輸入。

　㈤網點分為三層：輸入層、隱藏層、輸出層。

　㈥「表徵」有在地式的，也有分配式的，後者又稱為「次符號表徵」。在地式的網路中的網點就是一個表徵；分配式的網路其表徵是分配於各個網點的，指的是網路的活化樣態。聯結論的發展趨勢是以分配式表徵為主。

㈦分配式表徵具有疊合的特徵。表徵是疊合於網點之上的，亦即每個網點都參與許多表徵。

底下是一個在地式聯結論網路的例子，稱為互斥或網路（XOR網路）❻：

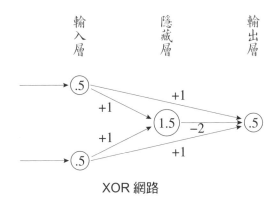

XOR 網路

茲說明如下：

㈠這個網路有四個網點，以圓圈表示，並分為三層。每個圓圈中的數字表示該網點的活化門檻值。箭頭表示網點之間的聯結，其數字表示權重，正數代表「激化」、負數代表「抑制」。

㈡設定當網點活化時，送出的輸出值為 1 單位。

㈢所謂 P 與 Q 具有互斥或的關係，意思是說，或者 P 為真，或者 Q 為真，但不會兩者同真，也不會兩者同假。這個網路就是在表徵「互斥或」的關係，當輸入層的兩個網點僅僅只有一個活化時，

---

❻　自從 Minsky & Papert (1969) 指出當時的類神經網路無法處理「互斥或」之後，類神經網路便一蹶不振，直到八〇年代初期，類神經網路理論的突破（引進隱藏層）解決了這問題之後，才使得類神經網路成為主流。

則輸出層的網點也會活化；但是當輸入層的兩個網點都活化，或者都不活化時，輸出層的網點不會活化。底下是計算方式：

1.設輸入層只有一個網點已經活化。該網點送出 1 單位到隱藏層的網點，以及送出 1 單位到輸出層的網點。隱藏層的那個網點接收的總輸入值因而等於 $1 \times 1 + 0 \times 1 = 1$。由於沒有超過該網點的活化門檻，所以該網點沒有活化。因此，輸出層的網點接收的總輸入值等於 $1 \times 1 + 0 \times 1 + 0 \times (-2) = 1$，由於已經超過它的活化門檻，因此它會活化。

2.設輸入層的兩個網點都已經活化。這兩個網點分別送出 1 單位到隱藏層的網點，並且分別送出 1 單位到輸出層的網點。因此，隱藏層的網點接收的總輸入值等於 $1 \times 1 + 1 \times 1 = 2$，由於已經超過該網點的活化門檻，該網點會活化，並且送出 1 單位到輸出層的網點。因此，我們可以算出，輸出層的網點接收的總輸入值等於 $1 \times 1 + 1 \times 1 + 1 \times (-2) = 0$，由於小於該網點的活化門檻，該網點不會活化。

3.設輸入層的兩個網點都沒有活化。因此，隱藏層的網點接收的總輸入值等於 $0 \times 1 + 0 \times 1 = 0$，由於沒有超過該網點的活化門檻值，該網點不會活化。因此，我們可以算出，輸出層的網點接收的總輸入值等於 $0 \times 1 + 0 \times 1 + 0 \times (-2) = 0$，由於小於該網點的活化門檻值，該網點不會活化。

這個例子在文獻上非常有名，因為早期的聯結論只有兩層網點而已，這種網路由於不能處理「互斥或」的問題，使得其發展一度受到重大挫折。直到三層網路的出現，才解決了這個難題。

以上對於聯結論的介紹當然是非常粗淺的，這個「互斥或」網

路的例子也不足以彰顯現在的聯結論複雜的網路結構，但應該足以提供一點直覺，聯結論關於「計算」以及「表徵」的主張跟古典論是相當不同的。聯結論跟古典論一樣，都主張心智系統是一個計算兼表徵系統。但是它的「計算」是一種「平行」的方式，亦即多個網點同時在進行演算，類神經網路並不是語法驅動的系統。此外，聯結論並不認為心智構造具有命題模組性（請回顧第四章第五節）。對於分配式網路來說，表徵依然是語意的單位，卻不是計算的單位，而是計算的結果。

　　古典論為何反駁聯結論呢？我們已經知道，依據古典論的看法，心智系統是具有語意組構性的。古典論進一步主張：只有古典論才能夠說明心智構造如何具有這件特徵；聯結論或者只是一套有關具現層次的理論，在具體實現古典論所說的心智構造，或者聯結論的網路無法呈現語意組構性，因而無法說明心智構造。不論是哪一種情形，就心智構造這主題來說，聯結論是失敗的。

　　聯結論真地失敗了嗎❼？

二、認知系統的構造

　　當代關於心智構造的研究首推佛德。他首先將人的心智構造依其功能區分為三個部分：感覺轉引器、輸入分析器、中央系統。這三個部分同時也是資訊流通的順序。資訊流動的過程大致如下：

---

❼　古典論的挑戰很快引起了眾多聯結論學者的回應，有興趣的讀者可以參閱 van Gelder (1990)、Smolensky (1991)。

遠刺激→近刺激→感覺轉引器→輸入分析器→中央系統→行為

所謂「遠刺激」指的是外在環境中的物體；所謂「近刺激」是指外在物體經由光波、聲波等「撞擊」在感覺轉引器（如視網膜）的物理能量。（請留意，這裡關於「遠刺激」與「近刺激」的說法跟第四章第五節的說法稍有不同。）

感覺轉引器是一種類比系統，它的輸入是近刺激，它的輸出是腦神經訊號（腦神經脈衝），又稱為「感覺編碼」。這些感覺編碼與近刺激之間具有定律式共變的關係，是對於近刺激的表徵，稱為「感覺表徵」。

輸入分析器有時稱為「周邊系統」，有時也稱為「心—境介面系統」。輸入分析器以感覺編碼為輸入，以知覺項為輸出。「知覺項」是對於外在世界的知覺表徵，就是我們一般說的知覺經驗。請留意「感覺表徵」與「知覺表徵」的差異：前者純粹是物理的，亦即腦神經脈衝；後者是心理的，是一種功能狀態。

從細部來看，輸入分析器包括視知覺、聽知覺、嗅知覺、味知覺、觸知覺以及語言理解；從更細部來看，以視知覺為例，輸入分析器指的是色彩視知覺、形狀視知覺、立體視知覺、物體移動的視知覺……。

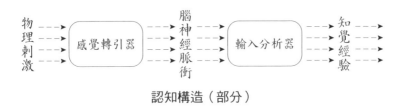

認知構造（部分）

　　中央系統則包括概念形成機制、信念定立機制、規劃、問題解決、推論……心理機制。所謂「定立一個信念」就是指形成一個具有某特定內容的信念，例如老王相信桌上放著一只圓形的淡黃色紙杯。老王要產生這樣一個具有特定內容的信念，除了要先經由老王的感覺轉引器以及輸入分析器的運作，以使得老王對於外在世界的那個紙杯產生知覺項之外，還涉及老王本人所擁有的一些背景資訊，例如他相信當時的視覺情境相當良好、他相信他的視覺相當可靠……。（這些信念未必都是浮現出來，為老王意識到的。）老王對於外在世界的那個紙杯所形成的知覺項進入他的中央系統之後，經過中央系統的計算，才定立了他那個信念。

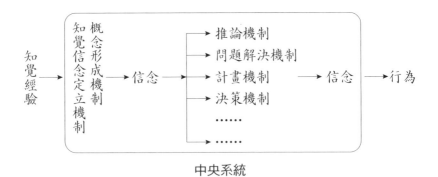

中央系統

　　知覺信念定立機制的輸出是信念，並且可以與認知主體原本具有的其他心理狀態共同作為其他中央機制的輸入，例如推論機制，以產生新的信念（或者其他心理狀態），最後使得認知主體產生某些行為。例如，老王看到桌上有顆蘋果，老王相信他看到的是一顆蘋果，老王相信那是一顆蘋果，老王嘴饞想吃那顆蘋果，於是老王伸手拿了那顆蘋果來吃。這一串認知過程源自那顆蘋果進入老王的視覺範圍，引起老王的注意，進而引起老王的知覺信念，最後老王的知覺信念與他嘴饞想吃蘋果的欲望共同促成老王做出「伸手拿那顆蘋果」的動作。

三、模組性

　　最早有系統闡述「模組」概念的是佛德。他用「計算模組」來說明心智構造，認知科學對於「模組」的探討，也是源自他的理論。這裡所說的是「計算模組」，是指具備「模組性」的計算機制（請勿與第四章第五節提到的「命題模組」概念相混淆）。

　　佛德針對心智構造舉出五個問題，並建議以依序回答這五個問題的方式來研究心理機制：

　　1.該機制具備論域特定性？或者該機制的運作是跨論域的？

　　2.該機制是先天的（亦即由基因決定的）？還是經由學習而建構出來的？

　　3.該機制是由其他系統裝配出來的？還是存在有一個具現（具體實現）它的腦神經結構？

　　4.該機制是直接由硬體執行的？還是可由任何等力的神經機制

所具現？所謂一認知機制是直接由硬體執行的，意思是說，存在一個特定的、在大腦中有固定區位的神經結構來執行該系統。所謂兩個機制是等力的，意思是說，給予它們相同的輸入，則它們會給出相同的輸出。

　　5.該機制具備計算自主性？還是該機制跟其他機制共享某些資源？例如記憶是一種與其他機制共享資源的機制，並不具備計算自主性。

　　依據對於上述五個問題的回答，佛德指出，一個具備模組性的認知機制是具有論域特定性的、先天的、不是被其他次系統裝配出來的、直接由硬體執行的、計算自主的。佛德接著作更進一步的分析，指出具備模組性的機制具有九項特徵。

模組的特徵

　　佛德指出，如果一個心理機制是模組的，則它具備九項特徵，其中最為重要的莫過於論域特定性與資訊膠封性。由於輸入分析器具有模組性，底下的說明以輸入分析器為例：

　　1.輸入分析器具有論域特定性：模組的一個基本想法是：要執行某種特定類型的功能就由某種機制專責那種功能；這表示該機制專責處理某種類型的輸入，也就是說，該機制具有論域特定性。輸入分析器就具有這種特徵。每一個輸入分析器只以某個特定領域的刺激作為它的輸入，不會處理兩種以上不同領域的刺激。換句話說，如果某輸入分析器只接受 S_1 類型的刺激，則只有 S_1 類型的刺激才能啟動該輸入分析器，其他類型的刺激都無法啟動該輸入分析器。例如，視覺的運作具有論域特定性，視覺機制只處理與視覺有關的

外在刺激；聽覺也是一樣，聽覺機制只處理與聽覺有關的外在刺激。更細膩一點來說，色彩視覺機制就是一個僅僅接受色彩刺激的輸入分析器：只有波長落入可見光譜的光波在撞擊視網膜後產生的感覺編碼才能啟動色彩視知覺的機制。其他與視覺有關的機制，像是形狀視覺機制、對於同類的臉孔辨識機制等，也都是具有論域特定性的。處理色彩視覺的機制並不處理與形狀有關的刺激；所有視覺方面的機制當然更不會處理聲波方面的刺激。

　　2.輸入分析器的運作是強制的：對任何一個輸入分析器來說，除非另有障礙，否則只要它能處理的刺激出現，它就會自動地、被強制啟動，去處理該刺激。例如，當老王周遭有聲響時，他的聽覺系統不得不處理那些聲響——除非他戴上某種耳罩阻斷了聲波進入他的聽覺系統。

　　3.中央系統對於輸入分析器所計算的表徵僅僅具備有限的達取：所謂「輸入分析器所計算的表徵」指的是感覺轉引器針對近刺激而輸出的腦神經脈衝，亦即感覺表徵或者感覺編碼，並不是指輸入分析器計算後輸出的知覺項（亦即知覺表徵）。中央系統很難能夠達取感覺編碼。我們不太可能意識到自己視網膜的輸出，也很難對於該輸出做出認知判斷。感覺轉引器的輸出結果必須經過輸入分析器處理之後，才能進入中央系統做進一步的處理。只有經由輸入分析器處理後而輸出的知覺表徵，才能作為中央系統要處理或者計算的對象。

　　4.輸入分析器的運作相當快捷：這是相對於中央系統的運作來說的。這可能是由於輸入分析器的運作具有強制性以及它是由硬體直接執行的緣故。

　　5.輸入分析器具備資訊膠封性：資訊膠封又稱為認知之不可穿透性，意思是說，這個機制的運作不會受到個體原本擁有的資訊（例如信念、期待等）的影響。佛德甚至主張：資訊膠封乃是模組的本質❽。

　　輸入分析器具有「資訊膠封」這項特徵，因為視覺、聽覺等知覺的運作不會受到我們信念、欲望、期待等心理狀態的影響。然而很多研究指出，有時候我們的信念和期待確實會影響到我們的知覺。例如知覺心理學裡有名的「鴨兔圖」顯示，我們的信念會影響我們如何知覺那個圖形：有時候我們會將那圖形看做是一隻鴨子，但有時候我們也會將那圖形看做是一隻兔子。若是如此，這一類視覺機制並不具有資訊膠封性。佛德考慮了另外一個例子：在語言學的研究裡有所謂的「音素還原」現象：設老王正在跟老張說話，當他說出 "legislature" 這個字時，剛好有人咳嗽，掩蓋了 "s" 的聲音，所以事實上老張並沒有聽到老王發出的 "s" 這個音。儘管如此，老張仍然聽到老王說了 "legislature" 這個字而且同時聽到咳嗽的聲音。語言學的解釋是：老張有關 "legislature" 這個字的背景資訊，亦即老張有關「聽到 "legislature" 的心理期待」，反饋到他語言方面的輸入分析器，使得他「聽到」了 "legislature" 這個字。若是如此，這一類機制同樣不具有資訊膠封性。這兩個例子稱為「資訊反饋」。

　　資訊反饋的現象經常被用來反對佛德關於輸入分析器是模組的主張。佛德的回應相當繁瑣，這裡簡單說明兩點：

　　首先，儘管有些時候會出現資訊反饋的現象，佛德認為必定仍然存在有一些機制，其運作並不受到信念或心理期待的影響，它們

---

❽　參 Fodor (1983): 71。

具有認知的不可穿透性。佛德舉了一個有名的視錯覺為例：

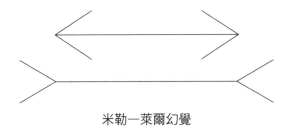

米勒─萊爾幻覺

這是文獻上非常有名的米勒─萊爾幻覺。在這個例子裡，下面的橫線看起來比起上面的橫線要長，但是任何人將兩條線測量之後，就會發現（相信）兩條線的長度是一樣的。然而儘管如此，這信念並不會改變知覺的結果，視覺的運作結果仍然是：下面的橫線看起來比上面的橫線要長。在這方面，視覺機制的運作是資訊膠封的，具有認知的不可穿透性。

　　更重要的是，「資訊反饋」並不是「資訊不膠封」或者「認知可穿透」。即使一個機制的運作會出現資訊反饋的現象，並不表示它是認知可穿透的。按照前面提到「資訊膠封」的意思，如果一個機制是資訊不膠封的，或者認知可穿透的，表示在這機制運作的過程中，資訊（亦即信念、期待等）就已經進入該機制，並與原有的輸入共同運作以產生輸出。就任何一個輸入分析器來說，如果它是資訊不膠封的，表示它的運作過程中同時處理了腦神經脈衝以及信念，然後再產生它的輸出（知覺項）。然而「資訊反饋」並不是指這種情形。「資訊反饋」是指一個機制同時處理知覺項以及信念，進而產生新的信念。以剛剛的「音素還原」現象為例：老張聽到老王發出一串聲音以及咳嗽聲（知覺項），但老張也有關於 "legislature" 的完整發

音的知識，這資訊反饋並與那知覺項共同使得老張相信他聽到老王說了 "legislature" 這個字。資訊反饋現象的發生是在輸入分析器之後，因此這現象的出現並不表示輸入分析器是資訊不膠封的。

6.輸入分析器的計算結果是「淺」輸出：輸入分析器的輸出是知覺項；「深／淺」這組形容詞是指知覺項所能編碼的侷限。例如視覺系統處理物體大小、形狀、顏色、方位……（淺輸出），在這些機制運作之後，才另外有機制對於處理的結果進行更高階的整合（深輸出）。

7.輸入分析器與固定的神經結構相連結(相對應)：這意思是說，輸入分析器是直接由硬體執行的，是區位化的，不是由其他次系統裝配出來的。

設某機制 M 是由 M_1 和 M_2 裝配出來的，而且其中 M_1 和 M_2 都不是被任何其他機制裝配出來的，則(1)存在一組腦神經結構 N_1 具現 M_1，亦即 M_1 和 N_1 有直接對應的關係；而且，(2)存在一組腦神經結構 N_2 具現 M_2，亦即 M_2 和 N_2 有直接對應的關係；但是，(3) M 不跟任何腦神經結構 N 有直接對應的關係，不存在任何腦神經系統直接具體實現並執行該機制 M。

輸入分析器之與固定的神經結構相連結（相對應），說明了輸入分析器為什麼是先天的（受基因決定的），也解釋了為什麼模組的運作是強制的、快捷的。

8.輸入分析器有其特殊的故障模式：這顯然是由於輸入分析器是直接由硬體執行的緣故。例如，視覺系統的受損故障模式與聽覺系統的受損故障模式是截然不同的。由於每個輸入分析器都有其固定的故障模式，因此，當某個輸入分析器故障時，並不會影響其他

輸入分析器的運作。例如，當視覺系統受損時，並不會影響聽覺系統的運作。

9.從個體發生學的角度來看，輸入分析器展現出特定的發展步調與發展次序：由於每個輸入分析器都是直接由硬體執行的，由某個固定的神經結構執行，隨著個體的成長，大腦神經系統的發育有其一定的步調和排序，所以輸入分析器自然也展現出特定的發展步調與發展次序。

以上說明了「模組」概念，以及輸入分析器為什麼是模組的，其中最重要的是「資訊膠封性」以及「論域特定性」兩大特徵。接著，讓我們來看看有關中央系統的機制其模組程度的爭議。

四、中央系統的非模組性

嚴格來說，佛德並不否認中央系統裡有些機制（簡稱「中央機制」）是模組的，他主張的是大多數中央機制都不是模組的❾。佛德指出，各個輸入分析器的處理結果，亦即對於視覺、聽覺……涉及不同論域的機制最後處理的結果，勢必要在某處整合，這個進行整合的機制因此必定是跨論域的。佛德將這機制稱為「知覺信念定立機制」。例如，老王看到某人在煮東西的同時聞到某種味道，他這些視知覺機制與嗅知覺機制的運作結果匯入他的知覺信念定立機制，最後使得老王產生了「那人在煮臭豆腐」的信念。「知覺信念定立機制」是中央系統裡非常重要的機制，因為這機制的輸出是信念，可進一步作為其他中央機制的輸入。例如老王的這個信念可以再進入

❾　參 Fodor (1983): 101–111 的討論。

他的推論機制，與他所處的其他心理狀態共同作為推論的前提（通常這些都不是浮現出來，被老王意識到的過程），進而使得老王做出一些相關的行為，像是坐下來叫一盤臭豆腐來吃。推論機制的運作因而跟信念定立機制一樣，也是跨論域的。由於「論域特定性」是模組的重要特徵，我們似乎可以主張知覺信念定立機制、推論機制，乃至於其他的中央機制都不具有模組性。

　　從上面的說明可以看出，中央機制大概都不具有論域特定性。但中央機制也是資訊膠封的嗎？有可能某個機制是跨論域的，但依然是資訊膠封的嗎？依據前面的解說，「論域特定性」與「資訊膠封性」是不同的特徵，因此原則上是可以允許有這種可能性的。由於佛德甚至將「資訊膠封性」視為模組的本質，因此嚴格來說，對於知覺信念定立機制、推論機制，乃至於其他的中央機制，僅僅論證它們都是跨論域的，還不足以支持中央機制是模組的主張。若是如此，佛德將如何建立他關於「中央系統大多不是模組」的主張呢？

　　佛德採取的論證策略大致如下：(1)大多數的中央機制都有兩大特徵：等方位的以及整體論的；(2)這兩大特徵使得中央機制都不會具備論域特定性以及資訊膠封性。首先，中央機制都是一種進行核驗的機制。中央機制在接收輸入之後，測試各種「假設」，最後將最恰當的假設作為輸出。其次，「核驗」並不是資訊膠封的，因為「核驗」既是等方位的也是整體論的。因此，我們不得不下結論說：中央機制不具有模組性。茲將佛德的論證詳細解說如下：

　　將中央機制視為一種進行核驗的機制，是很多哲學家和認知科學家都接受的主張，因此關鍵顯然在於如何理解：(1)為什麼「核驗」既是等方位的也是整體論的？以及(2)為什麼任何既是等方位的又是

整體論的機制就不是資訊膠封的?底下依序說明「核驗」、「整體論」、「等方位性」,以便回答這兩個問題。

　　「核驗」簡單說,就是以證據(搭配輔助假設)來測試某個假設的意思,係指存在於證據與假設之間的支持關係。科學哲學界對於「核驗」早期採取假設演繹法,後來則引進機率概念來說明「核驗」,在機率進路下的核驗理論引進貝氏定理來決定假設和證據之間的機率關係,在文獻裡稱為貝氏論❿。為免離題太遠,這裡簡單將核驗關係抽象表示,並以假設演繹法為例(以 H 表示受核驗的假設、C 表示該假設可成立的初始條件、A 表示輔助假設、P 表示預測、E 表示證據):

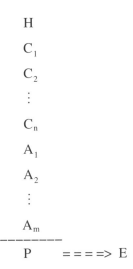

$$H$$
$$C_1$$
$$C_2$$
$$\vdots$$
$$C_n$$
$$A_1$$
$$A_2$$
$$\vdots$$
$$A_m$$
$$\overline{\qquad\qquad}$$
$$P \quad ====> E$$

如果預測 P 與證據 E 相符,則 E 核驗了假設 H;否則,E 反核驗了

H（亦即使得我們拒斥 H）。

　　科學哲學界大致上都同意「核驗」是整體論的，以上述的架構來看，如果預測失敗，推翻假設並非是唯一的作法，因為我們可以否定某些初始條件 C_i，也可以推翻某些輔助假設 A_i。換個方式來說，在核驗某假設的過程中，所有用到的資訊都與是否接受該假設有關。這情形在關於「核驗」的機率進路裡也是一樣的。

　　「核驗」之具有整體論的特徵顯示它不具有論域特定性。一方面用以核驗一個假設的證據未必侷限在單一的某個論域；另一方面，在核驗過程中用到的輔助假設通常（但未必一定）是來自於其他的科學領域。（例如，天文學家為了核驗其有關某些天文現象的假設，會使用天文望遠鏡來收集證據，但天文望遠鏡的運作涉及光學理論。）因此，我們可以主張：一般來說，核驗機制是跨論域的。

　　「整體論」這項特徵與「資訊膠封」的關係呢？有趣的是，正如佛德注意到的，有可能一個資訊膠封的機制仍然是整體論的。儘管輸入分析器是資訊膠封的，由於它們也是一種進行核驗的機制，它們具有整體論的特徵。這一點不難明瞭。「資訊膠封」意指認知的不可穿透性，整體論則是指該機制的運作勢必受到它所能處理的所有資訊的影響，但這並不表示來自中央系統的資訊也能被它處理。如果一個機制所能處理的所有資訊都在它原本的論域內，不包括來自中央系統的信念，則它的運作既是整體論的，又同時是認知之不可穿透的。因此，「資訊膠封」與「整體論」是相容的。輸入分析器既然也是計算機制，它們的運作具有整體論的特徵，但這既不表示它們是資訊膠封的，也不表示它們不是資訊膠封的。

　　「等方位性」這概念更為重要，也需要比較多的說明。所謂「核

驗」是等方位的，意思是說，在進行核驗時，任何資訊（包括源自感官知覺的以及源自任何科學的資訊）都是相干的。

在科學哲學裡相干難題一直是無解的難題：無論是什麼主題，我們都沒有任何原則可以決定哪些資訊與這主題相干，哪些是不相干的。相干難題不僅是科學哲學的重大難題，也造成人工智能理論發展的一大障礙⓫。在實務上，一般人大概不會認為這會構成太大的困難。例如，如果南美洲某條河流裡的魚大量暴斃，「河川遭到污染」或者「某種魚才有的疾病突然肆虐」等，是一般人都同意的相干因素，應該不會有人認為今年冬天北歐特別冷跟這現象是相干的。又例如，如果要解釋為什麼在某時某地出現了大海嘯，一般人或許會同意海底發生地震是相干的，但太陽黑子的運動週期大概是不相干的。

然而，這是由於一般人以醒目的資訊作為相干資訊的緣故。但「醒目」是知識論的概念，不是存有論的概念⓬。所謂一件資訊相對於某個主題是醒目的，意思是說，當大多數人思考那個主題時，那件資訊是最為大多數人提到的。然而，「相干性」並非這個意思。試考慮下列三件資訊：美國新墨西哥州某處沙漠在五千多年前曾經是一片雨林、在該沙漠地底有許多石筍和鐘乳石、太陽黑子的運動週期大約十年一次。就「為何美國新墨西哥州某處現在是一片沙漠」這個主題來說，「該地在五千多年前是一片雨林」、「在該沙漠地底有許多石筍和鐘乳石」、「太陽黑子的運動週期大約十年一次」這三件資訊顯然並不是醒目的。但是，這三件資訊卻是相干的。科學家的

⓫ 人工智能學界將這難題稱為框架難題。

⓬ 參 Salmon (1984)。

研究大致上是這樣的：太陽黑子的運動週期大約十年一次，在太陽黑子運動時產生的能量被地球的海洋吸收，長期下來吸收的能量飽和後，海洋釋放出能量，造成該地氣候的變遷，進而使得五千多年前原本是雨林的地帶變成了一片沙漠。科學家進一步從該沙漠地底的石筍年輪的變化作為氣候變遷的證據。在科學家提出這項解釋之前，沒有人認為這三件資訊是相干的，但這項解釋找出了三者之間的相干性。從這個例子可以看出，「相干難題」之所以是個重大的理論困難，就在於我們找不出任何原則來決定哪些資訊是相干的，哪些是不相干的。太陽黑子運動的週期屬於天文學和物理學的知識，石筍的年輪代表氣候的變遷則是氣象考古學的一個典型例子。科學家在解決「為何五千多年的雨林現在是一片沙漠」這個難題時，使用了天文學、物理學、氣象考古學的知識。

　　佛德將「等方位性」視為機制運作時所能達取資訊的限制。他所說的「等方位性」又比「相干難題」更為激進。就相干難題來看，我們至少還承認：針對任何主題來說，有些資訊是相干的，有些資訊是不相干的。我們的困難在於沒有任何原則可藉以做出區別。然而，當佛德提出「核驗」具有（高程度的）等方位性時，他的意思是：無論是針對什麼主題（或者假設），任何資訊都有可能是相干的，都有可能作為核驗該假設的前提。對於一個高程度等方位的機制來說，它能達取的資訊幾乎沒有任何限制。佛德這說法是建立在一個形上學的主張上：這個物理世界具有嚴密的因果結構，任何現象都與其他現象有直接或間接的因果關聯；簡單說，這個世界所有的現象組成了一張綿密的因果網絡。因此，對於任何一件現象來說，任何其他現象都必定是直接或間接與之相關的。然而，我們人類並未

窮盡關於現象與現象之間相關聯的知識。若是如此，當一個假設接受經驗證據的測試時，任何資訊都有可能試著用來作為核驗該假設的證據，「核驗」因而勢必是跨論域的，不會具有論域特定性。不僅如此，既然任何資訊都是等方位的，在核驗的結果產生之前，在中央系統原有的資訊隨時都有可能進入核驗機制之中，與原有的資訊共同決定核驗的結果。因此，核驗必定不是資訊膠封的。

　　既然核驗具有「整體論」與「等方位」兩個特徵，這兩個特徵表示核驗不會具有論域特定性和資訊膠封性，而且中央機制的運作就是一種核驗的過程，顯然中央機制不會具有論域特定性和資訊膠封性，中央機制因而不會具有模組性。

五、大量模組假設與演化心理學

　　相對於佛德，科拉索斯提出大量模組假設，主張心智系統有很高程度的模組性，即使是中央系統也不例外。表面來看，他的主張與佛德是相對立的。不過，事實不然。從底下對於他理論的解說就可以看出來❸。

　　科拉索斯首先將「資訊膠封」區別為「窄域的」以及「寬域的」。所謂「窄域的資訊膠封」就是佛德原本主張的「資訊膠封」的意思。所謂「寬域的資訊膠封」是說，這機制可以在運作時用到所有可用的外部資訊，但並不是一次可以使用所有可用的外部資訊。依據科拉索斯的理論，任何一個具備模組性的機制有五件特徵：論域特定性、強制性、中央系統的有限達取、區位化、有固定的故障模式。

---

❸　參 Carruthers (2006)。

佛德式的資訊膠封性並不是他所謂的「模組性」具有的特徵，取而代之的是他所謂的「寬域的資訊膠封性」。科拉索斯關於「模組性」的理論不但比起佛德所說的「模組性」少了四個特徵，而且對於「資訊膠封性」的說法也與佛德不同。

　　科拉索斯接著指出，任何機制的運作不論是具備窄域的資訊膠封性，還是寬域的資訊膠封性，都是模組的。而且，他同意中央機制的運作確實不是窄域的，亦即不具備佛德式的資訊膠封性。但他接著指出：輸入分析器中央機制的運作具有寬域的資訊膠封性，因此心智系統具有高程度的模組性，這是他所謂的「大量模組假設」。

　　從這點來看，科拉索斯的「大量模組假設」並沒有與佛德關於「中央系統大多是非模組」的主張相衝突，因為科拉索斯只是用了相同的「模組性」這個語詞，卻給予不同的定義：除了具備窄域的資訊膠封性的機制是模組的之外，任何具備寬域的資訊膠封性的機制同樣也是模組的。但是當佛德主張中央系統的機制大多是非模組時，佛德是針對窄域的資訊膠封性來說的。科拉索斯的學說並沒有真正反駁了佛德的主張。正如普林茲說的，科拉索斯誤用了「模組」這個語詞❶。中央系統的機制究竟是否具備佛德式的資訊膠封性才是問題的癥結。不論是重新定義了「模組」概念、誤用了「模組」概念、還是濫用了「模組」概念，都沒有真正回應佛德的主張。

　　演化心理學主張「達爾文式模組」，指的也是計算心理學派所說的機制，故而也是一種計算模組。與佛德模組不同的是，演化心理學家並不要求達爾文式模組要具備資訊膠封的性質，但他們要求達爾文式模組必須具備演化適應性的特徵。當然「論域特定性」還是

演化心理學非常重視的「模組」應具備的性質。基於這個緣故，塞謬斯將演化心理學整理出四大要義：計算理論、先天論、適應論以及大量模組假設❶。演化心理學之所以會主張先天論（模組是先天的），固然是由於自佛德以來，模組的先天性一直都是廣為接受的，另一個重要原因是演化心理學抱持適應論，主張模組是經由演化歷程而出現的。他們當然會承認模組是先天的。

令人訝異的是，佛德和演化心理學家雖然大量使用了「論域特定性」的概念，他們卻很少對於這個概念做過清楚的說明。我們或許可以從下列佛德曾經批駁過的一個說法來搜尋一些線索。這個說法是：如果存在有特異的一組資訊可以構成一個論域，則我們應該可以承認，存在有處理這個特定論域的心理機制，而且這機制是一種特定目的計算器，亦即一個模組❶。以視覺為例，視覺處理的資訊是從物體折射光線，進入視網膜，經過感覺轉引器處理後，而產生的神經脈衝。聽覺（輸入分析器）所處理的資訊，則是由聲波進入感覺轉引器處理後，而產生的神經脈衝。由於這兩類神經脈衝所代表的資訊差異極大，可以分別構成不同的論域，所以按照上述說法，應該有兩種不同的心理機制分別處理這兩類資訊，也就是視覺系統與聽覺系統，它們因而是模組的❶。

佛德認為上述說法其實是不太恰當的。他指出，雖然模組大概

---

❶ 參 Samuels (1998)。

❶ 參 Fodor (1983): 49–52。

❶ 嚴格來說，這裡所舉的知覺系統應該要更為細緻，例如色彩視覺的機制、形狀視覺的機制、物體運動的視覺機制……。聽覺系統及其他知覺系統也相同。讓我們暫時別計較這一點。

都是針對特定論域而運作的，但是從存在有特定論域，不足以推論出存在有僅以該論域為處理對象的模組❶。例如跟下棋有關的資訊大概可以構成一個特定的領域，但是我們很難承認存在有一個具備模組性的心理機制，是專門用來下棋的。

從佛德的反對來看，他所論證的是：不能單單從機制的論域特定性推論出機制的模組性。但是這似乎不表示佛德並不反對該說法中所謂的「論域特定性」。在知覺的例子裡我們也不難看出，「論域特定性」概念似乎可以從存有論的角度來瞭解。上述由光波經由感覺轉引器產生的資訊跟由聲波經由感覺轉引器產生的資訊，在存有論上可以分類為不同的領域，畢竟它們分屬於不同的物理類。這是為什麼我們願意承認處理這兩類資訊的機制都具有論域特定性。因此，我們可以這樣思考：假設存在有某特定的資訊領域構成一個論域，而且只有該論域才會啟動某個心理機制，則我們說該心理機制具有論域特定性。

至於佛德在批評不能從存在有特定論域來推論出存在有模組機制之後，他主張單單「論域特定性」不足以作為一個機制是不是模組的特徵，而必須另有獨立的考量。佛德指出，這個考量就是該機制必須還具備資訊膠封性。佛德論證輸入分析器的機制具備資訊膠封的特徵，因為輸入分析器在進行計算程序時，僅僅針對由感覺轉引器產生的資訊進行，並不會將信念、欲望等意向狀態作為其計算的輸入。由於這個緣故，佛德將輸入分析器的資訊膠封等同於普立辛所說的，知覺具有認知之不可穿透性❶。也由於這個緣故，輸入

---

❶　參 Fodor (1983): 52。

❶　參 Pylyshyn (1980)。

分析器具備模組性。在佛德的學說裡，一個心理機制要具備模組性，必須具備論域特定性以及更為重要的資訊膠封性。如果不特別考慮輸入分析器，我們可以說，一個心理機制是模組的，若且唯若，該機制是針對其相應的特定論域而運作的，而且該機制不將該論域以外的其他資訊列入它的計算程序中。

　　演化心理學從另一個方向，藉由「演化適應」概念的提出，來彌補上述被佛德批評的說法的不足。不過演化心理學家並沒有真正論述如何從「演化適應」的概念來說明「論域特定性」的概念，在這個文獻裡，他們僅僅各自使用這兩個概念而已。不過本書認為可以為演化心理學家用「演化適應」概念來說明「論域特定性」概念。這個想法是這樣的：在承認存在有特定論域，以及提出心理機制是在演化歷程中，為了解決適應難題的主張下（適應論），應該演化出具備特定功能的心理機制（亦即上述的「特定目的計算器」），藉由處理某個特定論域，來解決該演化適應的難題。如寇斯米迪斯與圖比論述的[20]：不同的適應問題通常都要求不同的最佳解決方案，因而不同的問題解決機制來提供相應的最佳解決方案會更有效。尤其，他們認為，當兩個適應難題要求不同的最佳解決方案時，單一的通性的最佳解決方案，比不上不同的兩個最佳解決方案（這跟效率有關）。因此我們可以說，一個機制之所以具有論域特定性，是由於該機制所要解決的適應難題定義了它所能計算的資訊。

　　最後，演化心理學家另外提出了一個論證，來建立中央系統是大量模組的假設。這個論證如下[21]：

---

[20]　參 Cosmides & Tooby (1992: 179)。

[21]　參 Cosmides & Tooby (1992)。

演化論證

前提一：人類的心智系統是天擇的結果。

前提二：人類的祖先必須解決許多演化適應的難題，始能
　　　　存活與繁衍。

前提三：就解決對於演化適應難題來說，比較快捷、有效、
　　　　可靠的方式是發展出模組的機制，而不是發展出
　　　　非模組的機制。

因此，天擇的機制會傾向於演化出大量的模組。

因此，人類的心智系統是大量模組的。

這個論證表面看起來確實相當令人信服，唯一能夠質疑的就只有第三個前提。

　　一方面，到目前為止，我們沒有任何證據可以支持：具備模組性的機制是比較能解決演化適應難題的，這一點恐怕還需要等待認知人類學進一步的研究成果。

　　另一方面，從理論角度來看，儘管具備模組性的機制比較快捷，就解決演化適應難題來說，非模組機制的運作未必就是效益比較低的。例如，推論、慎思、規劃、決策等機制的運作雖然不是即時而快捷的，但是從長遠效益來看，這些機制的運作恐怕更有益於人類的存活。無論如何，在對於這個生物學哲學的議題出現更明確的主張之前，接受第三個前提似乎過於急躁了❷❷。

---

❷❷　請參彭孟堯 (2011)，對於演化論證有詳細的討論。

六、認知發展

　　早期心理學對於人類認知發展的研究，主要包括皮亞傑、維科斯基、魏而納以及布魯納[23]。這些認知發展心理學家的研究雖然有其差異，但大致來說，有三個共同的主張：(1)人的認知發展是有階段的；(2)這種認知發展的階段性是以一種認知蛻變的方式進行；(3)這種認知在個體發生學的轉換上是直線的、不是循環的，是由未分化的到分化的，由具體的到抽象的。

　　讓我們舉維科斯基的學說為例。維科斯基主張個體概念（或者認知）的發展歷經三個階段[24]。個體在第一個階段的認知（對於環境的表徵）是「侷限於個例的」，個體擁有的概念不能脫離實際存在的物體。在第二個階段，個體擁有的概念已經略具抽象性，個體對於各個個例之間的整體相似性經由抽象的認知活動而產生概念，並藉以表徵外在世界。在第三個階段，個體的認知是純抽象的、命題式的，個體擁有的是具備邏輯關聯的概念結構。

　　大致來說，皮亞傑和維科斯基等人都主張個體的認知發展具有類似的階段性，每一個階段都有其獨特的認知結構，個體的認知發展從一個階段到下一個階段的歷程是一種認知結構轉換的歷程。個體對於外在世界的認知所經歷的「個體發生學的轉換」是從基礎的、未分化的概念結構逐步發展到精緻的、有區隔的概念結構。由於每個階段的概念結構或表徵型態有根本的差異，而認知發展既然是從

---

[23]　參 Piaget (1929)、Vygotsky (1934/1986)、Werner (1957)、Bruner (1966)。

[24]　參 Vygotsky (1934/1986)。

一階段到下一階段，認知的發展意味著個體會經歷認知結構和概念的表徵型態的根本轉換；個體的認知發展必定歷經這種階段間的質變，而不是概念的累積。這就是所謂的「認知蛻變」。

　　歷經五十年的研究，心理學對於人類認知發展的瞭解比起維科斯基等人的理論更為豐富與成熟❷。認知科學家對於人類概念／認知的發展已經有不同的看法。傳統關於認知發展的學說在七〇年代受到強烈的質疑，新的認知發展理論也逐步提出，其中尤以佛德為最關鍵的人物，他對於前述認知發展的學說提出了強烈的批評❷。雖然他那篇經典的論文是針對維科斯基的，不過他的批評不僅適用於其他皮亞傑等人的學說，對於認知發展理論更具有啟發性。佛德的批評主要有四點：

　　將概念當作是由一組充分且必要條件所定義的說法是錯誤的。這些認知發展學者認為人類關於各種「類」，如自然類、人工類、功能類等，所具有的概念，就是對於那個類的充分且必要的性質進行表徵。但是當代認知科學已經很難接受這種主張。概念定義論的困難在第九章第四節已經說明，就不再贅述。

　　此外，認知蛻變蘊涵發展階段的不相容，使得這些認知發展學說面臨所謂發展之不相容難題。依據這些認知發展學說，早期發展階段的概念的表徵型態跟後期發展階段的概念的表徵型態是截然不同的，這也表示兒童的認知結構與成人的心智結構是截然不同的。但這是錯誤的，因為如果兒童的心智結構與成人的心智結構是截然不同的，則理論上兒童與成人之間將不可能存在任何的溝通。另一

❷　參 Keil (1989)。

❷　參 Fodor (1972)。

方面，對同一個個體來說，如果他自己早期發展階段的認知結構與概念的表徵型態跟他自己後期發展階段的認知結構與概念的表徵型態是截然不同的，他如何可能擷取他小時候的記憶呢？

不但如此，既然認知蛻變蘊涵發展階段的不相容，但是如果發展階段之間是不相容的，個體的學習是如何發生的？似乎學習僅僅能發生在同一個階段而已，學習將不可能是跨階段的。依據這些認知發展學說，個體在不同階段對於世界的表徵型態有根本的差異，則學習不可能是認知結果的累積。而且，這些認知發展學說無法以學習來說明個體是如何從一個階段發展到下一個階段的，當然更無法說明不同階段對於世界的表徵型態的差異是如何可能發生的。這些認知發展學者原本企圖藉由學習的可能來說明認知發展的現象，現在卻反而在理論上必須放棄學習所扮演的角色。

第四點是方法論的批評。佛德指出，這些認知發展學者的實驗主要都是在人造的特定情境進行。例如維科斯基的實驗是要不同年齡層的受試者在觀察各種形狀和顏色的積木之後，將積木分類。比較幼小的兒童其分類多半是依據單一的特徵，例如某種顏色或者某種形狀；年齡較大的兒童在分類時則能跳脫個別積木的特徵，而考慮整體的相似性。但是佛德指出，這類實驗充其量只是在要求受試者找出實驗者心中既定的分類規則而已，談不上是對於受試者如何形成概念（如何表徵／認知世界）的實驗。

如果這些認知發展的學說是錯誤的，認知科學家只有兩個方向可以繼續研究：第一、放棄認知蛻變的說法，改而主張發展的階段性不是質變的過程；或者第二、承認造成這種質變的機制純粹是個體生理成長（大腦發展成熟）的緣故，進而放棄學習在個體認知發

展上所扮演的角色。佛德自己的主張是第一個方向，他認為認知發展的現象可以從當代計算心理學派來解說。依據這學說，不論哪個階段的個體其心智大致上都是相同的一種計算表徵系統，個體的認知發展現象不是這種內在認知架構的改變，而是使用這系統的能力逐步增強，使用的範圍愈來愈廣的緣故。

本章重點回顧

- 模組性 modularity
- 大量模組假設 Massive Modularity Hypothesis
- 先天論 nativism; innatism
- 克拉克 Andy Clark
- 網點 node
- 活化 activation
- 激化 excitation
- 抑制 inhibition
- 在地式的 local
- 分配式的 distributed
- 活化樣態 activation pattern
- 疊合 superposition
- 互斥或 XOR; exclusive or
- 感覺轉引器 sensory transducers
- 輸入分析器 input analyzers
- 中央系統 central system
- 類比系統 analog systems
- 知覺項 percepts
- 論域特定性 domain-specificity

- 等力的 equipotential
- 有固定區位的 localized
- 資訊膠封性 informational encapsulation
- 認知之不可穿透性 cognitive impenetrability
- 米勒—萊爾幻覺 Muller-Lyer illusion
- 等方位的 isotropic
- 整體論的 Quinean; holistic
- 假設演繹法 hypothetico-deductive method
- 貝氏定理 Bayes' Theorem
- 貝氏論 Bayesianism
- 相干難題 problem of relevance
- 醒目的 salient
- 框架難題 frame problem
- 科拉索斯 Peter Carruthers (1952–)
- 塞謬斯 Richard Samuels
- 計算理論 theory of computation
- 適應論 adaptationism
- 特定目的計算器 special purpose computers
- 寇斯米迪斯 Leda Cosmides
- 圖比 John Tooby
- 皮亞傑 Jean Piaget (1896–1980)
- 維科斯基 Lev Vygotsky (1896–1934)
- 魏而納 Heinz Werner (1890–1964)
- 布魯納 Jerome Bruner (1915–)
- 認知蛻變 cognitive metamorphosis
- 個體發生學的轉換 ontogenetic shift
- 發展之不相容難題 problem of developmental incompatibility

第十一章　心與認知的哲學與科學研究

　　從西方哲學史的發展來看，一些原本屬於哲學研究的領域逐漸脫離哲學，成為一門科學研究。這其中的一部分原因當然是在歷史上哲學研究是無所不包的，但是當科學研究方法進步之後，有些議題才成為科學研究的領域。在二十世紀英美哲學的發展過程中，很重要的一個趨勢是自然論的立場，在知識論和心與認知哲學尤其明顯。哲學跟科學的發展互相影響、息息相關。

　　二十世紀對於心與認知的研究，從純粹哲學的思考，到與計算科學和人工智能的互動，到認知神經科學的加入，到認知科學的興起與昌盛，到認知發展心理學對於幾個星期大的嬰兒，甚至幾天大的嬰兒的認知研究，到語言學對於語言能力的研究，到演化心理學引入演化理論來探討心的問題，到認知動物行為學探索動物心智，我們看到的是：哲學家與科學家共同思考心究竟是什麼的問題。儘管對於問題的探討與研究方式，哲學和科學的研究明顯有區隔，心智研究裡的一些重大問題其實已經很難區別究竟是屬於哲學的問題，還是屬於基礎科學的理論問題。哲學與科學彼此影響頻繁而深入，對於心智的研究見證了哲學與科學如何攜手合作，並獲得了豐碩的成果。我們對於心智的認識，已經比起五十年前進步非常非常得多。

　　我們已經看過功能論、心腦同一論、行為主義以及各種物理論

的學說，在心與認知哲學的研究上佔有的地位，以及提出的實質貢獻。這一章將以推論心理學以及演化心理學如何研究推論機制的問題，作為一個例子，以進一步瞭解哲學與科學二合一的心與認知的研究。第一節先介紹認知科學界有名的「四張卡片」實驗，第二節簡單介紹這些實驗結果對於人類理性問題的一些理論蘊涵。

一、四張卡片實驗

雖然只有少數人才有福爾摩斯那麼厲害的推論能力，來解決懸案，一般人在日常生活所需的推論工作上表現是很好的。不過有些科學家並不這麼想。認知科學家對於人類推論的研究，在八〇年代曾經引起相當大的論戰，至今仍未有定論。

科學家對於「人類推論」的研究最早起自魏森從 1966 年開始，所發展的選擇任務實驗，又稱為「四張卡片實驗」。這類實驗專門研究人類的「條件推論」。所謂「條件推論」是以「如果……，則……」這種條件句作為推論的主要前提❶。這種「四張卡片」的實驗法很快成為研究人類條件推論的主要實驗方法。

「選擇任務」實驗（亦即「四張卡片實驗」）包括：四張卡片的內容，某個以條件句型態呈現出來的陳述或規則，以及任務（受試者被要求作的選擇）。底下是個例子：

---

❶　參 Wason (1966)。當然還有其他類型的推論，以「……或……」為主要前提的「選言推論」就是其中之一。

實驗一：

有四張卡片呈現給受試者。每張卡片的一面是英文字母，其另一面是阿拉伯數字。這四張卡片呈現如下：

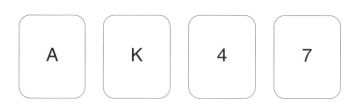

條件句：如果卡片的一面是母音，則該卡片的另一面是偶數。

任務：哪一張卡片，或者哪一些卡片，必須翻過去檢查其另一面，才能決定這個陳述為真或者為假？

實驗一是所謂的「陳述條件句的推論」。從初階邏輯來看，正確的選擇是：同時選擇 A 卡以及 7 卡。研究結果顯示，受試者在類似這個實驗中的表現相當糟糕，幾乎不到 25% 的受試者能夠給出正確的答案。在更早的研究中，甚至只有不到 10% 的受試者能夠給出正確的答案。

有趣的是，實驗發現，受試者有兩種典型的選擇：⑴單獨選擇 A 卡；以及⑵同時選擇 A 卡和 4 卡。這些典型選擇顯示三個問題：㈠為什麼絕大多數人都會選擇屬於正確答案的 A 卡?㈡為什麼有多數人會選擇不屬於正確答案的 4 卡?㈢為什麼絕大多數人都不選擇屬於正確答案的 7 卡?典型選擇的現象顯示：人類在做這類型條件推論的時候，似乎有一定的思考模式。心理學家的一個重要工作就是將這種推論思考的模式找出來。

　　進一步的研究還發現，受試者在這類型實驗中的表現，遠低於受試者在「義務條件句推論」這種類型的實驗表現。所謂「義務條件句推論」，顧名思義，自然也是一種條件句的推論，不過，跟上述的例子有兩點不同。首先，實驗一中的條件句推論是抽象的，亦即沒有具體內容的；但是在義務條件句的推論實驗中的條件句是有具體內容的。其次，在實驗一的條件句推論裡，詢問的問題跟該陳述的真假有關；但是義務條件句推論實驗要求思考的條件句是具有規範性的規則，所詢問的則是該規則有沒有被違反。以下是很有名的一個例子。

實驗二：
你人現在某家酒吧裡。你注意到有位警察也在這間酒吧，而且正在查詢酒吧裡的人是不是違反了政府的規定。酒吧裡有四個人的資料以卡片呈現給受試者。卡片的一面寫著那個人所喝的東西，另一面寫著他的年齡。

條件句（規則）：如果這個人喝的是啤酒，則他年滿 19 歲。

任務：哪一張卡片，或者哪一些卡片，必須翻過去檢查其另一面，才能決定上述的政府規定是否有被違反？

實驗二是一個很有名的義務條件句推論的研究。它在初階邏輯上的正確答案是：同時選擇 啤酒 卡以及 16 歲 卡。實驗發現，當受試者對於這一類型的義務條件句進行推論的時候，給出正確回答的比例明顯提高許多，有超過 75% 的受試者能正確回答。這個現象引起了許多人的注意，為什麼受試者在義務條件句推論實驗中的表現，遠較受試者在陳述條件句推論實驗中的表現要好很多？這個差異具有什麼理論意義呢？

　　比較實驗一和實驗二，認知科學家觀察了兩點：⑴在實驗一中，受試者面臨條件推論任務時，所思考的是抽象的、沒有具體內容的陳述。但是在實驗二中，受試者面臨條件推論任務時，所思考的是有具體內容的規則。⑵在實驗一中，受試者所思考的陳述和問題都使用了「真」和「假」的概念。但是在實驗二中，受試者面對的是具有規範性的規則，所思考的是該規則有沒有被違反。此外，實驗中也提到警察在現場進行檢查。這個資訊可能也影響到受試者在該實驗中的思考。這兩點觀察構成了解釋受試者在這兩種條件句推論工作表現差異的關鍵所在。

　　針對第一點，認知科學家提出所謂的「內容效應」（又稱為「主題促進效應」）來解釋。對一般人來說，進行推論時，推論工作如果是有具體內容的，比起純抽象（沒有內容）的，要容易得多。人類在進行推論的時候，有很大的程度受到推論內容的影響，純抽象的思維似乎不是一般人的專長。那麼，這是由於先天認知結構的差異所造成的嗎？還是說後天的教育訓練能夠提升人的抽象思維？對於第二個問題，認知科學家認為實驗二用了受試者比較熟悉、比較生活化的題材。一般人對於「違反規則」比較熟悉，畢竟這種情形在

日常生活中較為常見。相較之下，一般人並不習慣對於一個陳述進行「真」或「假」的判定。

　　認知科學如何解釋主題促進效應呢?目前在認知科學的文獻裡，主要是近年演化心理學家提出的社會契約論❷。以社會契約論來解釋義務條件推論，乃源自寇斯米迪斯與圖比兩人共同持續對於社會契約論關於義務條件推論進行探討，他們兩人同時也可說是演化心理學的創始者❸。

　　大致來說，社會契約論主張，個體在進行義務條件句推論的時候，即進入所謂社會交換（或稱「合作」或「互惠」）的情境。任何兩個個體在社會交換情境中，藉由合作互惠的方式，彼此獲益。要獲得收益，自然必須付出代價。社會交換關係的建立，相當於社會契約的簽訂。要演化出這種社會契約的情境，不可能不演化出所謂「偵測騙徒」的心理機制。所謂「騙徒」，不一定是指一般人所說的詐騙、斂財之徒。「騙徒」一詞在這裡指的僅僅是沒有付出代價，但卻獲得收益的個體❹。發展出偵測騙徒的心理機制，才能發揮社會交換或者合作互惠的社會功能。演化心理學就是從這套社會契約論來看待義務條件句的推論。在四張卡片的選擇任務實驗中，演化心理學家將受試者進行義務條件推論時所面臨的規範性規則，理解為「收益—代價」的規則，也就是一項社會契約。這種規則或社會契約有兩類:

---

❷　比較早期的是實用推論套式理論。

❸　參 Cosmides & Tooby (1987; 1992; 2002)。

❹　個體的這種行為是有心的還是無意的，是道德的還是不道德的，並不影響研究。

(1)標準社會契約：若某個體獲得收益，則該個體必須付出代價。

(2)反向社會契約：若某個體付出代價，則該個體應該獲得收益。

依據這套理論，受試者在四張卡片的實驗中，如果面臨的規則是以標準社會契約呈現的，則啟動受試者偵測騙徒的心理機制（這種「啟動」並非是有意識的、也不是刻意的），個體因而會傾向於選擇描述條件句前件的卡片以及描述其否定後件的卡片。當受試者面臨的規則是以反向社會契約的型態呈現時，而且受試者的偵測騙徒的機制啟動時，個體會傾向於選擇描述否定前件的卡片以及描述後件的卡片。由於實驗二所做的義務條件推論，使用的規則屬於標準社會契約的型態，個體因而會傾向於選擇 啤酒 卡和 16 歲 卡。

社會契約論相當成功地解釋了義務條件句推想的四張卡片實驗，它提出的「騙徒偵測機制」對於解釋其他的類似實驗結果也相當成功❺。

如果人類是群居的族類，社會關係的維繫，包括社會交換（合作、互惠）是必要的，否則將導致社群的崩潰。而由於人是群居的族類，所以社群的崩潰不僅意味著個體無法生存，也蘊含人種的滅絕。如何持續社會交換（合作、互惠），以維繫社會關係，成為人類演化的一個適應難題。在人類的心智構造中演化出偵測騙徒的心理機制，解決了這個適應難題。演化心理學提出的社會契約論，主張人類的義務條件推論是一種偵測騙徒的心理機制，自然符合他們所謂達爾文式模組的要件，因為它的演化適應性來自於它解決的演化

---

❺ 本文第二節雖然沒有介紹以反向社會契約的型態呈現的規則，來進行義務條件推想的實驗，對於本文的論旨並無影響。

適應難題，而這個適應難題定義了一個特定的論域，作為騙徒偵測
機制的運作對象。

二、推論與人類理性

　　眾所周知，亞理斯多德將「人」定義為「理性的動物」，主張「理
性」構成人之所以為人的本質。對於「理性」問題的探討是一項獨
立的研究主題，需要專書處理，這一節只能作一些簡單的引論。

　　在前面介紹「四張卡片」實驗時，就已經看到一些實驗的結果
顯示，人類的推論表現並不是很理想。從魏森開始，就已經指出，
受試者就連使用初階邏輯最根本的肯定前件律來進行推論，都會產
生系統性的錯誤。在八〇年代以凱納門和威爾斯基為首的一群認知
科學家，依據他們對於人類演繹推論以及機率歸納推論的研究，大
膽宣稱：「人類是不理性的！」❻

　　他們的研究顯示：人類在演繹推論以及機率統計推論上的表現，
並不如自己認為的是那麼好。正相反地，人類會犯下一些非常基本
的推論謬誤而不自知。一方面，這些謬誤不是表面的，而是深層的，
不是偶發的，而是系統的；另一方面，這種推論謬誤即使是學過邏
輯或機率學的高級知識分子也仍然有很高的比例會犯下。多年來認
知科學家所「發現」的相當基本的推論謬誤包括：機率連言律之謬
誤、初始機率之謬誤、不當換位條件句之謬誤……。人類是不理性
的！亞理斯多德之將「人」定義為「理性的動物」並不是過於樂觀，
而是犯了根本的錯誤！

---

　　❻　參 Kahneman, D., Slovic, P., & Tversky, A. (1982)。

　　對於人類推論的研究成果為什麼會跟人類理性的問題有關呢？傳統上，哲學家（其實一般人也一樣）認為一個人的思考合不合乎邏輯，乃是他理性（或者不理性）的一個重要規準，甚至認為思考之完全合乎邏輯乃是理性最高狀態的必要條件之一。這種主張在哲學界被稱為理性的「古典觀」。在理性的古典觀裡，理性的要件包括「普遍性」、「必然性」以及「規律性」。符合邏輯的思考模式正好具備這三大要素❼。

　　所謂理性具有普遍性，意思是說，如果對於某個問題的某個解決方式是正確的，則任何採用相同方式以解決相同問題的人都會得到正確的答案。當然，每個人採用的解決方式，任何人都可以發展出他自己解決問題的方式。但，這不會影響理性之具有普遍性。

　　所謂理性具有必然性，意思是說，如果你解決那問題的方式是正確的，則那方式必然能解決那類型問題。理性既然具有普遍性與必然性，其之具有規律性就不難明瞭了。以邏輯證明為例。設老王面臨一組前提，以推導出某個結論。老王經由一步一步的推演，最後終於將結論有效地推論出來。老王的推論是依據一套邏輯規則的；任何人採用他的推論步驟都會推導出相同的結論；他的推演既然是有效的，則他的推演必然可以導出那個結論。這種現象對任何人都是一樣的。儘管擁有理性不保障我們能夠解決所有的問題，不過，只要是理性能夠解決問題的地方，擁有理性保障任何人在相同情境下都能解決類似的問題。

　　儘管有很多人對於「理性」的想法跟古典觀相當接近，有些哲學家認為古典觀是錯誤的：符合邏輯並不是「理性」的唯一標準。

❼　參 Brown (1988)。

　　在前面對於四張卡片實驗的介紹，我們可以清楚看到，依據凱納門、威爾斯基和其他認知科學家的研究成果，大致來說，人類確實在演繹推論以及歸納推論方面系統地犯下許多錯誤。但是我們為什麼要求人類的推論非得符合抽象邏輯和機率學呢？

　　首先，一般人經常以為邏輯是研究人類思考的學問，那是非常大的誤解。邏輯研究的不是人類的推論，研究人類推論的是批判思考以及推論心理學。邏輯這門學問是純粹抽象的，研究符號操作的形式科學，它建立的符號系統以及推導理論早就超越了一般人的思考模式。正如同一般人對於生物的瞭解相當膚淺，比起生物學家差得非常遠，同樣地，一般人的推論比起邏輯研究的也相差甚遠。另一方面，各種邏輯系統的建立，其價值不在於發明了哪些符號，而在於每套邏輯系統的建立都有其企圖解決的哲學問題，有它的哲學動機。因此，不同的邏輯系統各自有其適用的領域和主題。既是如此，以人類推論是不是合乎邏輯來作為決定人類是不是理性的規準，似乎過於嚴苛。

　　「人是不是理性的？」這個問題本身是很複雜的，因為我們可以從很多面向來考慮理性的問題。從知識論的面向來看，與「理性」有關的問題包括：人類在追求真理的過程中使用的方法、手段、策略等，是不是真地能讓人類獲得知識，讓人類達到掌握真理的目的？從行動的面向來看，與「理性」有關的問題是：人類要如何進行決策、採取行動，才能達到所欲求的目的？所以，要回答一個人是不是理性的，恐怕必須考慮我們是在哪個面向來問問題的。人類推論的表現僅僅是人類眾多特性的一種而已，雖然重要，但還不足以讓我們輕易全盤否認人類的理性。

　　正如另外一些科學家的研究顯示的，人在涉及規範的推論工作
上表現是不錯的。這方面的推論表現恐怕才是研究心與認知哲學家
所在乎的，因為人的理性尤其表現在跟生活息息相關的課題。設老
王第一次到沙漠旅行時，感到口渴。儘管身邊的水喝完了，老王並
沒有將附近的仙人掌剖開來取水。這並不表示老王是不理性的，因
為這種取水的方式並不在老王日常生活的思考範圍裡。簡單說，人
是不是理性的，涉及到人是如何思考的，而人的思考除了涉及認知
機制本身是如何運作的之外，也涉及到背景知識如何進入認知機制，
作進一步的處理。

　　如何說明人類推論機制的運作，有待認知科學家進一步的探討，
目前這方面的研究還是以算機功能論為基本理論假設。至於人類是
不是理性的？理性與人類推論行為之間的關係是什麼？理性有哪些
要素？這些是哲學家的工作，有待哲學家進一步論述人類理性的特
徵，還要作更深入的探討，不是這裡三言兩語可以解決的❽。

　　這一章以人類推論行為、推論機制以及人類理性為例，希望為
哲學與科學在心智研究上如何相互影響，作一個見證。

本章重點回顧

・魏森 Peter C. Wason (1924–2003)
・選擇任務 Selection task
・社會契約論 social contract theory
・寇斯米迪斯 Leda Cosmides

---

❽　關於如何討論「理性」以及「理性」的一些重要性質，可參彭孟堯 (2009)
　　第十四章的介紹。

- 圖比 John Tooby
- 社會交換 social exchange
- 實用推論套式理論 theory of pragmatic reasoning schema

參 考 書 目

1. Aristotle. *De Anima*. 譯為《論靈魂》。

2. Armstrong, D. M. (1966). The Nature of Mind. In D. M. Armstrong, *The Nature of Mind and Other Essays*. Ithaca: Cornell University Press.

3. Avramides, A. (2001). *Other Minds*. Routledge.

4. Block, N. & Fodor, J. A. (1972). What Psychological States Are Not. *Philosophical Review, 81*, 150–181.

5. Block, N. (1980). Troubles with Functionalism. In Block (Ed.) (1980), 268–306.

6. Block, N. (1986). Advertisement for a Semantics for Psychology. *Midwest Studies in Philosophy, 10*: 615–678.

7. Block, N. (1990). The Computer Model of the Mind. In D. Osherson & E. Smith (Eds.). *Thinking—An Invitation to Cognitive Science*, vol. 3. Cambridge, MA: The MIT Press, 247–289.

8. Block, N. (1996). What is Functionalism? A revised version of the entry on functionalism in *The Encyclopedia of Philosophy Supplement*, Macmillan.

9. Block, N. (Ed.) (1980). *Readings in Philosophy of Psychology*. Cambridge, MA: The MIT Press.

10. BonJour, L. (1998). *In Defense of Pure Reason*. Cambridge: Cambridge University Press.

11. Boolos, G., Burgess, J., & Jeffrey, R. C. (2002). *Computability and Logic*, 4th edition. Cambridge: Cambridge University Press.

12. Brentano, F. (1874). *Psychology From an Empirical Standpoint*. Routledge.

13. Brown, H. (1988). *Rationality*. London: Routledge.

14. Bruner, J. S. (1966). *Toward a Theory of Instruction*. Cambridge, MA: Harvard University Press.

15. Burge, T. (1977). Belief De Re. *Journal of Philosophy, 74* (6): 338–362.

16. Butchvarov, P. (1966). *Resemblance and Identity: An Examination of The Problem of Universals*. Bloomington: Indiana University Press.

17. Carey, S. (1991). Knowledge Acquisition: Enrichment or Conceptual Change? In S. Carey & R. Gelman (Eds.). *The Epigenesis of Mind*. Hillsdale, N.J.: Lawrence Erlbaum, 257–291.

18. Carnap, R. (1952). Meaning postulates. In his *Meaning and Necessity*, 2nd edition (1956). Chicago: University of Chicago Press.

19. Carruthers, P. (2006). *The Architecture of the Mind*. Oxford: Oxford University Press.

20. Causey, R. L. (1972). Uniform Microreduction. *Synthese, 25*, 176–218.

21. Causey, R. L. (1977). *Unity of Science*. Dordrecht: D. Reidel.

22. Chisholm, R. M. (1957). *Perceiving: A Philosophical Study*. Ithaca, NY: Cornell University Press.

23. Christensen, S. M. & Turner, D. R. (Eds.) (1993). *Folk Psychology and the Philosophy of Mind*. New Jersey: Lawrence Erlbaum.

24. Churchland, P. M. (1979). *Scientific Realism and the Plasticity of the Mind*. Cambridge: Cambridge University Press.

25. Churchland, P. M. (1981). Eliminative materialism and Propositional Attitudes. In Churchland (1989b), 1–22.

26. Churchland, P. M. (1988). *Matter and Consciousness*. Cambridge, MA: The MIT Press.

27. Churchland, P. M. (1989a). Folk Psychology and the Explanation of Human Behavior. In Churchland (1989b), 111–128.

28. Churchland, P. M. (1989b). *A Neurocomputational Perspective*. Cambridge, MA: The MIT Press.

29. Clark, A. (1993). *Associative Engines: Connectionism, Concepts, and Representational Change*. Cambridge, MA: The MIT Press.

30. Clark, A. (2001). *Mindware: An Introduction to Philosophy of Cognitive*

Science. Oxford University Press.

31. Cosmides, L. & Tooby, J. (1987). From Evolution to Behavior: Evolutionary Psychology as the Missing Link. In J. Dupré (Ed.). *The Latest on the Best: Essays on Evolution and Optimality*. Cambridge, Mass: The MIT Press.

32. Cosmides, L. & Tooby, J. (1992). Cognitive Adaptations for Social Exchange. In J. Barkow, L. Cosmides, & J. Tooby (Eds.). *The Adapted Mind*. Oxford: Oxford University Press, 163–228.

33. Cosmides, L. & Tooby, J. (2002). *What is Evolutionary Psychology? Explaining the New Science of the Mind*. London: Weidenfeld & Nicolson.

34. Cottingham, J., Stoothoff, R., & Murdock, D. (Eds.) (Trans.) (1988). *The Philosophical Writings of Descartes, 3 vols*. Cambridge: Cambridge University Press.

35. Crane, T. (Ed.) (1996). *A Debate on Dispositions*. London: Routledge.

36. Cummins, R. (1989). *Meaning and Mental Representation*. Cambridge, MA: The MIT Press.

37. Cummins, R. (1996). *Representations, Targets, and Attitudes*. The MIT Press.

38. Davidson, D. (1970a). Mental Events. In N. Block (Ed.) (1980), 107–119.

39. Davidson, D. (1970b). Semantics for Natural Languages. In D. Davidson & G. Harman (Eds.) (1975). *The Logic of Grammar*. Encino, CA: Dickinson.

40. Davidson, D. (1987). Knowing One's Own Mind. In *Subjective, Intersubjective, Objective*. New York: Oxford University Press, 15–38.

41. Dennett, D. C. (1981). Three Kinds of Intentional Psychology. In his (1987b), 43–68.

42. Dennett, D. C. (1987a). Evolution, Error, and Intentionality. In his (1987b), 287–322.

43. Dennett, D. C. (1987b). *The Intentional Stance*. Cambridge, MA: The MIT Press.

44. Dennett, D. C. (1988). Quining Qualia. In Lycan (Ed.) (1990), 519–547.

45. Dennett, D. C. (1991). Two Contrast: Folk Craft Versus Folk Science, and Belief Versus Opinion. In Greenwood (1991b), 135–148.

46. Descartes, R. (1637/1988). *Discourses on Method.* In J. Cottingham,R. Stoothoff , & D. Murdock (Eds.) (Trans.) (1988).

47. Descartes, R. (1644/1988). *Principles of Philosophy.* In J. Cottingham, R. Stoothoff, & D. Murdock (Eds.) (Trans.) (1988).

48. Descartes, R. (1644/1996). *Meditations on First Philosophy*, trans. by John Cottingham. Cambridge: Cambridge University Press.

49. de Sousa, R. (2002). Twelve Varieties of Subjectivity: Dividing in Hopes of Conquest. In J. M. Larrazabal & L. A. Perez Miranda (Eds.). *Knowledge, Language, and Representation.* Dordrecht: Kluwer.

50. Dretske, F. I. (1980). The Intentionality of Cognitive States. In P. A. French, T. E. Uehling, & H. K. Wettstein (Eds.). *Midwest Studies in Philosophy, vol. 5,* 281–294.

51. Dretske, F. I. (1985). Machines and the Mental. Western Division APA Presidential Address. In *Proceedings and Addresses of the APA, vol. 59,* 23–33.

52. Dretske, F. I. (1995). *Naturalizing the Mind.* Cambridge, MA: The MIT Press.

53. Dretske. F. I. (1986). Misrepresentation. In Lycan (Ed.) (1986), 129–143.

54. Fodor, J. A., & Pylyshyn, Z. (1988). Connectionism and Cognitive Architecture: A Critical Analysis. *Cognition,* 28, 3–71.

55. Fodor, J. A. (1972). Some Reflections on L. S. Vygotsky's *Thought and Language. Cognition* 1: 83–95.

56. Fodor, J. A. (1974). Special Sciences. In Fodor (1980), 127–145.

57. Fodor, J. A. (1975). *Language of Thought.* Harvard University Press.

58. Fodor, J. A. (1980). *Representations: Philosophical Essays on the Foundations of Cognitive Science.* Cambridge, MA: The MIT Press.

59. Fodor, J. A. (1983). *The Modularity of Mind.* MA: The MIT Press.

60. Fodor, J. A. (1984). Semantics, Wisconsin Styles. In Fodor (1990c), 31–50.

61. Fodor, J. A. (1986a). Psychosemantics: Or Where Do Truth Conditions Come From. In Lycan (Ed.) (1990), 312–338.

62. Fodor, J. A. (1986b). Why paramecia Don't Have Mental Representations. In P. A. French, T. E. Uehling, & H. K. Wettstein (Eds.). *Midwest Studies in Philosophy, vol. 10*, 3–23.

63. Fodor, J. A. (1987). *Psychosematics*. Cambridge, MA: The MIT Press.

64. Fodor, J. A. (1990a). A Theory of Content, I: Problem. In Fodor (1990c), 51–88.

65. Fodor, J. A. (1990b). A Theory of Content, II: Theory. In Fodor (1990c), 89–136.

66. Fodor, J. A. (1990c). *A Theory of Content and Other Essays*. Cambridge, MA: The MIT Press.

67. Fodor, J. A. (1998). *Concepts: Where Cognitive Science Went Wrong*. Oxford University Press.

68. Fodor, J. A. (2008). *LOT 2: The Language of Thought Revisited*. Oxford: Oxford University Press.

69. Frege, G. (1892a). On Sense and Reference. In Geach & Black (1952).

70. Frege, G. (1892b). On Concept and Object. In Geach & Black (1952): 42–55.

71. Geach, P. & Black, M. (1952). *Translations From the Philosophical Writings of Gottlob Frege*. Oxford: Blackwell.

72. Gendler, T. S. & Hawthorne, J. (Eds.) (2002). *Conceivability and Possibility*. Oxford University Press.

73. Gopnik, A. (1996). The Scientist as Child. *Philosophy of Science, 63*: 485–514.

74. Greenwood, J. D. (1991a). Introduction: Folk Psychology and Scientific Psychology. In Greenwood (1991b), 1–21.

75. Greenwood, J. D. (1991b). *The Future of Folk Psychology: Intentionality and Cognitive Science*. Cambridge: Cambridge University Press.

76. Haugeland, J. (1981a). *Mind Design*. Cambridge, MA: The MIT Press.

77. Haugeland, J. (1981b). Semantic Engines: An Introduction to *Mind Design*. In

Haugeland (Ed.) (1981a), 1–34.

78. Haugeland, J. (1995). Mind Embodied and Embedded. In Y.-H. Houng & J.-C Ho (Eds.). *Mind and Cognition*. Taipei: Academia Sinica, 3–38.

79. Hawthorne, J. (1998). Cartesian Dualism. In P. van Inwagen & D. Zimmerman (Eds.) (1998). *Metaphysics: The Big Questions*. Blackwell, 87–97.

80. Heil, J. (1991). Being Indiscrete. In Greenwood (1991a), 120–134.

81. Hempel, C. G. (1949). The Logical Analysis of Psychology. In N. Block (Ed.) (1980). Readings in the Philosophy of Psychology. Cambridge, MA: Harvard University Press, 15–23.

82. Hempel, C. G. (1969). Reduction. In S. Morgenbesser, et al. (Eds.), *Philosophy, Science, and Method*. N.Y.: St. Martin's, 179–199.

83. Hooker, C. A. (1981). Towards a General Theory of Reduction. *Dialogue*, 20, 38–59; 201–236; 496–529.

84. Horgan, T. & Woodward, J. (1985). Folk Psychology is Here to Stay. In Lycan (Ed.) (1990), 399–419.

85. Houng, Y.-H. (1993). Eliminative Materialism and Connectionism. In Y.-H. Houng & J.-C Ho (Eds.). *Mind and Cognition*. Taipei: Academia Sinica, 91–119.

86. Hoyningen-Huene, P. (1989). Epistemological Reductionism in Biology: Intuitions, Explications, and Objections. In P. Hoyningen-Huene & F. M. Wuketits (Eds.). *Reductionism and Systems Theory in the Life Sciences*. Dordrecht: Kluwer, 29–44.

87. Hull, D. (1972). Reduction in Genetics—Biology or Philosophy? *Philosophy of Science*, *39*, 491–499.

88. Hull, D. (1974). *Philosophy of Biological Science*. N.J.: Prentice-Hall.

89. Huxley, T. H. (1874). On the Hypothesis that Animals are Automata, and its History. *The Fortnightly Review*, 16: 555–580. Reprinted in *Method and Results: Essays by Thomas H. Huxley* (New York: D. Appleton and Company,

1898).

90. James, W. (1890). *The Principles of Psychology*. Harvard University Press. 譯為《心理學原理》。

91. Jackson, F. (1982). Epiphenomenal Qualia. *American Philosophical Quarterly 32*(127): 127–136.

92. Jackson, F. (1986). What Mary Didn't Know. *Journal of Philosophy, 83*(5): 291–295.

93. Jackson, F. (1998). Postscript on Qualia. In his *Mind, Method, and Conditionals*. London: Routledge.

94. Kahneman, D., Slovic, P., & Tversky, A. (1982). *Judgment under Uncertainty: Heuristics and Biases*. New York: Cambridge University Press.

95. Keil, F. C. (1989). *Concepts, Kinds, and Cognitive Development*. Cambridge, MA: The MIT Press.

96. Kim, J. (1993). *Supervenience and Mind*. Cambridge University Press.

97. Lehrer, K. (1974). *Knowledge*. Oxford University Press.

98. Lewis, D. (1972). Psychophysical and Theoretical Identifications. In Block (Ed.) (1980), 207–215.

99. Lewis, D. (1980). Veridical hallucination and prosthetic vision. *Australasian Journal of Philosophy, 58*(3), 239–249.

100. Lewis, D. (1988). What Experience Teaches. In Lycan (Ed.) (1990), 499–519.

101. Lipton, P. (2004). *Inference to the Best explanation*, 2nd edition. London: Routledge.

102. Locke, J. (1689/1975). *Essay Concerning Human Understanding*. Oxford: Oxford University Press.

103. Loux, M. (2006). *Metaphysics*, third edition. Routledge.

104. Lowe, E. J. (2000). Causal Closure Principles and Emergentism, *Philosophy, 75* (294), 571–586.

105. Lycan, W. (1974). Mental States and Putnam's Functionalist Hypothesis.

Australasian Journal of Philosophy, 52, 48–62.

106. Lycan, W. (1987). The Continuity of Levels of Nature. In Lycan (Ed.) (1990), 77–96.

107. Lycan, W. (Ed.) (1990). *Mind and Cognition*, first edition. Oxford: Basil Blackwell.

108. Malcolm, N. (1962). Knowledge of Other Minds. In V. C. Chappel (Ed.). *The Philosophy of Mind*. Englewood Cliffs: Prentice-Hall.

109. Margolis, E. & Laurence, S. (Eds.) (1999). *Concepts: Core Readings*. Cambridge, MA: The MIT Press.

110. Marr, D. (1982). *Vision: A Computational Investigation into the Human Representation and Processing of Visual Information*. W. H. Freeman.

111. McClelland, J. L. & Rumelhart, D. E. (Eds.) (1986). *Parallel Distributed Processing: Explorations in the Microstructure of Cognition*. Cambridge, MA: The MIT Press.

112. Medin, D. & Ortony, A. (1989). Psychological Essentialism. In S. Vosniadou & A. Ortony (Eds.). *Similarity and Analogical Reasoning*. Cambridge: Cambridge University Press, 179–195.

113. Millikan, R. (1984). *Language, Thought, and Other Biological Categories*. Cambridge, MA: The MIT Press.

114. Millikan, R. (1989a). In Defense of Proper Functions. *Philosophy of Science, 56*(2), 288–302.

115. Millikan, R. (1989b). Biosemantics. *Journal of Philosophy, 86*, 281–297.

116. Millikan, R. (2009). Biosemantics. In B. McLaughlin (Ed.). *Oxford Handbook in the Philosophy of Mind*. Oxford University Press.

117. Minsky, M. & Papert, S. (1969). *Perceptrons: An Introduction to Computational Geometry*. Cambridge, MA: The MIT Press.

118. Mohr, H. (1989). Is the Program of Molecular Biology Reductionistic? In P. Hoyningen-Huene & F. M. Wuketits (Eds.). *Reductionism and Systems Theory*

in the Life Sciences. Dordrecht: Kluwer, 137–160.

119. Moore, G. E. (1953). *Some Main Problems of Philosophy*. N.Y.: Collier.

120. Morick, H. (Ed.) (1967). *Wittgenstein and the Problem of Other Minds*. McGraw-Hill.

121. Murphy, G. & Medin, D. (1985). The Role of Theories in Conceptual Coherence. In Margolis & Laurence (Eds.) (1999), 425–458.

122. Nagel, E. (1961). *The Structure of Science: Problems in the Logic of Scientific Explanation*. N.Y.: Harcourt, Brace and World.

123. Nagel, T. (1974). What Is It Like to Be a Bat? *Philosophical Review, 83,* 435–450.

124. Newell, A. & Simon, H. (1976). Computer Science as Empirical Inquiry: Symbols and Search. In Haugland (Ed.) (1997). *Mind Design II*. Cambridge, MA: The MIT Press, 81–110.

125. Oppenheim, P. & Putnam, H. (1958). Unity of Science as a Working Hypothesis. In R. Boyd, P. Gasper, & J. D. Trout (Eds.). *The Philosophy of Science*. Cambridge, MA: The MIT Press, 405–428.

126. Papineau, D. (1987). *Reality and Representation*. Oxford: Basil Blackwell.

127. Papineau, D. (1993). *Philosophical Naturalism*. Oxford: Blackwell.

128. Piaget, J. (1929). *The Child's Conception of the World*. NY: Harcourt & Brace.

129. Place, U. T. (1956). Is Consciousness a Brain Process? *British Journal of Psychology, 47,* 44–50.

130. Prinz, J. J. (2006). Is the Mind Really Modular? In R. Stainton (Ed.). *Contemporary Debates in Cognitive Science*. Oxford: Blackwell, 22–36.

131. Putnam, H. (1960). Brains and Behavior. In his (1975a), 325–341.

132. Putnam, H. (1967). The Nature of Mental States. In his (1975a), 429–440.

133. Putnam, H. (1973). Philosophy and Our Mental Life. In his (1975a), 291–303.

134. Putnam, H. (1975a). *Mind, language, and Reality*. Cambridge: Cambridge University Press.

135. Putnam, H. (1975b). The Meaning of "Meaning". In his (1975a), 215–271.

136. Pylyshyn, Z. (1980). Computation and Cognition: Issues in the Foundation of Cognitive Science. *The Behavioral and Brain Sciences, 3*, 111–132.

137. Ramsey, W., Stich, S., & Garon, J. (1991). Connectionism, Eliminativism, and the Future of Folk Psychology. In Greenwood (1991a), 93–119.

138. Rorty, R. (1965). Mind-Body Identity, Privacy, and Categories. *Review of Metaphysics, 19*(1), 24–54.

139. Rosenberg, A. (1994). *Instrumental Biology or the Disunity of Science*. Chicago: The University of Chicago Press.

140. Ryle, G. (1949). *The Concept of Mind*. Chicago: University of Chicago Press. 譯為《心的概念》。

141. Salmon, W. C. (1984). *Scientific Explanation and the Causal Structure of the World*. N.J.: Princeton University Press.

142. Samuels, R. (1998). Evolutionary Psychology and the Massive Modularity Hypothesis. *British Journal for the Philosophy of Science, 49* (4): 575–602.

143. Searle, J. (1980a). Minds, Brains, and Programs. In Haugeland (Ed.) (1981a), 282–306.

144. Searle, J. (1980b). Response to Comments on "Minds, Brains, and Programs". *The Behavioral and Brain Sciences, 3*, 450–456.

145. Searle, J. (1983). *Intentionality: An Essay in the Philosophy of Mind*. Cambridge: Cambridge University Press.

146. Searle, J. (1992). *The Rediscovery of the Mind*. Cambridge, MA: The MIT Press.

147. Shaffer, J. A. (1968). *Philosophy of Mind*. N.J.: Prentice-Hall.

148. Smart, J. J. C. (1959). Sensations and Brain Processes. *The Philosophical Review, 68*(2): 141–156.

149. Smith, E. & Medin, D. (1981). The Exemplar View. In Margolis & Laurence (Eds.) (1999), 207–221.

150. Smolensky, P. (1991). Connectionism, Constituency and the Language of Thought. In B. Loewer & G. Rey (Eds.). *Meaning in Mind: Fodor and His Critics*. Oxford: Blackwell, 201–228.

151. Sober, E. (1985). Putting the Function Back into Functionalism. In Lycan (Ed.) (1990), 97–106.

152. Stampe, D. (1977). Toward a Causal Theory of Linguistic Representation. In P. A. French, T. E. Uehling, & H. K. Wettstein (Eds.). *Midwest Studies in Philosophy: Studies in the Philosophy of Language, vol. 2*. Minneapolis: University of Minnesota Press, 81–102.

153. Stephan, A. (1992). Emergence—A Systematic View on its Historical Facets. In A. Beckermann, H. Flohr, & J. Kim (Eds.). *Emergence or Reduction? Essays on the Prospects of Nonreductive Physicalism*. Berlin: de Gruyter, 25–48.

154. Stich, S. (1983). *From Folk Psychology to Cognitive Science: The Case Against Belief*. Cambridge, MA: The MIT Press.

155. Turing, A. (1950). Computing Machinery and Intelligence. *Mind, 59*(236): 433-460.

156. Tye, M. (1997). *Ten Problems of Consciousness: A Representational Theory of the Phenomenal Mind*. Cambridge, MA: The MIT Press.

157. Van Fraassen, B. C. (1983). *The Scientific Image*. Oxford: Clarendon.

158. Van Fraassen, B. C. (1989). *Laws and Symmetry*. Oxford: Oxford University Press.

159. Van Gelder, T. (1990). Compositionality: A Connectionist Variation on a Classical Theme. *Cognitive Science, 14*: 355–384.

160. Van Gulick, R. (1993). Understanding the Phenomenal Mind. In N. Block, O. Flanagan, & G. Guzeldere (Eds.). *The Nature of Consciousness: Philosophical Debates*. Cambridge, MA: The MIT Press, 559–566.

161. Van Gulick, R. (2004). So Many Ways of Saying No to Mary. In P. Ludlow, Y. Nagasawa, & D. Stoljar (Eds.) (2004). *There's Something About Mary: Essays*

on Phenomenal Consciousness and Frank Jackson's Knowledge Argument. Cambridge, MA: The MIT Press, 365–405.

162. Vygotsky, L. S. (1934/1986). *Thought and Language.* Cambridge, MA: The MIT Press.

163. Wason, P. C. (1966). Reasoning. In B. M. Foss, *New Horizons in Psychology.* Harmondsworth: Penguin.

164. Werner, H. (1957). The concept of development from a comparative and organismic point of view. In D. Harris (Ed.), *The concept of development.* Minneapolis, Minn: University of Minnesota Press.

165. Wilkerson, T. (1995). *Natural Kinds.* Ashgate.

166. Wilkes, K. V. (1991). The Relationship Between Scientific Psychology and Common Sense Psychology. In Christensen & Turner (1993), 167–187.

167. Wittgenstein, L. (1953). *Philosophical Investigations.* Oxford: Blackwell.

168. 王文方 (2007),〈虛擬條件句理論述評〉,《台灣大學哲學論評》, 33: 133–182。

169. 彭孟堯 (1996),〈微化約與科學統合〉,《歐美研究》, 26(4): 99–137。

170. 彭孟堯 (2009),《知識論》, 台北: 三民書局。

171. 彭孟堯 (2010),〈心智構造模組性的爭議〉,《台灣大學哲學論評》, 40: 29–64。

172. 彭孟堯 (2011),〈蒼涼蘊涵與天擇論證〉,《台灣大學哲學論評》, 41。

中英名詞索引

◎ 形上學　王文方／著

　　長久以來，中文學界一直缺乏一本內容夠深入，範圍夠廣泛，而且能夠與西方當代分析哲學相接軌的形上學教科書，而本書做到了。本書內容皆為當代分析哲學界所熱烈討論的問題，如真理、自由意志、共相與殊相、等同問題等。透過本書的介紹，讀者們足以一窺當代形上學討論的全貌。

◎ 基本倫理學　林火旺／著

　　對任何想過美好生活的人而言，倫理學是最重要且無法逃避的問題。它影響了我們生活的方式，更決定了我們的為人。本書介紹西方兩千多年來主要的倫理思想，希望經由這些不同的倫理主張，開拓我們的視野和深度，豐富我們生命的內容，並藉此重新回到人的本質，找回追尋幸福的基本方向。

◎ 西洋哲學史　傅偉勳／著

　　本書是一部批評性質的西洋哲學史，特從現代哲學的嶄新觀點剖示自泰利斯至黑格爾為止的西方哲學問題發展動向，且對各家各派的哲學思想予以內在的批判。通過哲學史的鑽研，我們能夠培養足以包容及超克前哲思想的新觀點、新理路，且能揚棄我們自己可能有的褊狹固陋的觀念與思想。

◎ 想一想哲學問題　林正弘／主編

　　當人類追根究底地去探索世界的各個面向，開始會碰到一些既無法用常識性的方法來解答，也無法以科學實驗或數學演算來證明的問題。它們雖然很難有確定的答案，但卻與人類所關心的議題密切相關，吸引了許多人的興趣。這些問題就是哲學問題。本書藉由十五則趣味提問來引發你對哲學探究的興趣，與你共度一段美好而安靜的沉思時光。